OEUVRES

DE

N.-F. BELLART.

TOME V.

PARIS, IMPRIMERIE DE DECOURCHANT,
RUE D'ERFURTH, N° 1, PRÈS L'ABBAYE.

OEUVRES

DE

N.-F. BELLART,

PROCUREUR-GÉNÉRAL

A LA COUR ROYALE DE PARIS.

MERCURIALES ET DISCOURS DE RENTRÉE.

ACTES D'ACCUSATION.

PARIS,

J.-L.-J. BRIERE, LIBRAIRE-ÉDITEUR,

RUE SAINT-ANDRÉ-DES-ARTS, N° 68.

JANVIER 1828.

DISCOURS

*Pour l'installation de la Cour royale de Paris,
le 10 octobre 1815* [1].

MONSEIGNEUR,

Les cérémonies, pour la multitude, sont un vain spectacle dans lequel elle cherche principalement le plaisir des yeux, avides des pompes extraordinaires, ou, tout au plus, le plaisir presque aussi frivole de l'esprit, s'attachant à juger des phrases académiques. Combien doit nous inspirer de plus graves idées la solennité qui nous rassemble! Des magistrats sont donnés au peuple qui vont prononcer sur ses intérêts de chaque jour. En leur nom sont exprimés, par les organes que l'usage appelle à cet honneur, les sentimens que le corps entier apporte dans cette redoutable fonction et les devoirs qu'il s'impose envers la société. Auprès de ces grandes pensées, qu'importent ou la splendeur des rites ou l'arrangement des mots et tous les artifices d'un talent de parole plus ou moins heureux? Nous n'avons eu que trop de ces hommes à facultés brillantes dont le mouvement d'es-

[1] M. le garde-des-sceaux Barbé-Marbois avait fait l'installation.

1.

prit a bouleversé la France. Un peu moins de talent ;
un peu plus de vertu, un peu plus de ces qualités
obscures mais utiles, qui répandent le bien de tous
côtés sans qu'on en aperçoive distinctement la source.
La connaissance des lois, l'amour de la justice, de la
paix publique et du pays, voilà ce que les citoyens
doivent desirer de trouver dans ceux qui disposeront
de leur sort. Et voilà, Messieurs, aussi ce qui dirigea
vers vous l'auguste volonté qui vous institue. Qu'à
cette occasion il nous soit permis d'exprimer (le mot
m'échappe ; il peut m'échapper puisqu'il n'est plus
suspect de flatterie) notre admiration pour la rare
pureté de vues qui a présidé à la composition définitive de cette première des cours royales de la
France.

Le pouvoir, ne nous le dissimulons pas, dans ces
momens où il distribue des dignités et comme des
grâces, est assiégé de séductions qui concourent à le
détourner des bons choix. L'affection qui conseille
des préférences injustes, trop de docilité pour des
sollicitations qu'on craint ou qu'on se lasse de repousser, l'insouciance, la légèreté, le desir de se donner des créatures, trop souvent influent sur des pro-
motions que devrait seule désigner la considération
du bien public. Cette fois, Messieurs, et les faits parlent, toutes les petites passions ont été courageusement sacrifiées à la conscience. Le pouvoir s'est redouté lui-même ; il a tremblé de se laisser entraîner,
à son insu, vers un arbitraire d'autant plus décevant
qu'il sait, au besoin, revêtir les couleurs de la justice.
Pour s'en défendre, l'autorité voulut se tracer quelques règles abstraites auxquelles dût être soumise sa

propre volonté; bien sûre que les principes donnent moins de mauvais conseils que les hommes, et que s'il est un moyen de se préserver de l'erreur, il consiste à se lier par un système indépendant des considérations personnelles.

Le premier de ces principes fut le respect pour la possession. On crut, avec raison, que des magistrats tout formés à l'application de nos lois nouvelles, assez heureux, d'ailleurs, pour avoir donné, au milieu de la lutte des partis, des garanties de leur soif de la justice comme de leur esprit de modération, avaient des droits particuliers à l'institution royale. L'on sait, d'ailleurs, que l'habile et sage architecte suscité par la Providence pour recomposer notre édifice social a pris dans son cœur non moins que dans sa raison cette rassurante devise, *Réparer sans démolir*. Il refuse, par-dessus tout, de se jouer de la destinée des hommes. La fixité des états est une loi qu'il veut ne souffrir d'exception que de la nécessité. Lui qui ne recule devant aucun sacrifice, hélas! devant aucune douleur quand il s'agit de la patrie, il voudrait qu'il n'en coutât jamais un sacrifice à ses sujets, et s'effraie de leur causer une douleur.

Peu de retraites ont donc été données, l'âge les détermina presque toutes. Quelques-unes, en petit nombre, eurent d'autres motifs qui sont sages, par cela seul qu'on les devine. Dans ces motifs, d'ailleurs, il faut compter le projet de tirer un plus grand parti de certains talens en les dirigeant vers des carrières auxquelles ils fussent mieux appropriés. Et alors même la bonté paternelle est venue se placer à côté de la puissance, pour offrir des consolations dans des pensions qu'on assure et des titres honoraires qu'on permet d'espérer.

Mais c'est dans la manière dont les vides ont été remplis que s'est manifestée la droiture qui consomma les choix.

La part a été faite à tous les intérêts dont se compose l'intérêt public.

Des magistrats vraiment dignes de ce nom par leur vertu politique ainsi que par leur vertu privée, des magistrats restés ici sous le glaive même de l'usurpateur, avaient eu le noble courage ou de refuser ses honteux bienfaits, ou de professer hautement leur fidélité. Placés dans les premiers rangs au jour du combat, ils durent garder les premiers rangs au jour du triomphe ; et, leur nom, en effet, quelques-uns déjà l'honneur de l'ancienne magistrature, tous l'honneur de la nouvelle, répandent sur la Cour cette double splendeur qui naît de l'éclat des races et de la magnanimité des individus.

Tout près de ces noms en est inscrit un autre dont la gloire, liée dans nos fastes à l'épouvantable catastrophe qui priva la France du meilleur et du plus malheureux de ses rois, semble être devenue une sorte de propriété des corps judiciaires qu'ils doivent en effet se disputer pour conserver au milieu d'eux un souvenir vivant propre à servir tout à la fois d'encouragement et d'exemple.

Cette grande vue d'encouragement fut encore appliquée sous d'autres rapports. Au fond des départemens, dans un cercle moins élevé, mais tout aussi nécessaire, une magistrature laborieuse pratiquait jusque ici, sans récompense, ses vertus modestes et ses

utiles fonctions. Trop souvent, en ces lieux retirés
où la renommée n'a ni voix ni échos, une vie pleine
de services s'écoulait sans qu'ils eussent été remarqués par d'autres que par ceux qui en profitèrent.
C'en est assez, sans doute, pour quelques hommes
énergiques dans le bien, du témoignage de leur conscience et des bénédictions de leurs voisins. La multitude des hommes même probes a besoin d'un autre
mobile. Le savoir veut être jugé. Le dévoûment
s'entretient par l'estime. Une noble ambition alimente
l'amour du travail. Pour entretenir cette desirable
émulation, la sagesse du Roi revêt de la pourpre quelques magistrats inférieurs, déjà tout couverts de l'estime de leurs concitoyens, et dont l'élévation promet
au public tous les fruits d'une science long-temps
éprouvée, et à leurs collègues, aujourd'hui moins
heureux, un avenir rempli d'espérance.

Tandis qu'on allait ainsi chercher au loin le mérite caché pour lui décerner les distinctions qu'il avait
droit d'attendre, le mérite plus connu n'en pouvait
être privé. Sous les yeux mêmes de la Cour et dans ses
rangs subordonnés vit une jeunesse brillante, stu-
dieuse, forte de principes et de doctrine, et je me
complais à proclamer cette vérité si consolante pour
la société au milieu de la dépravation dont nous avons
tant de peine à sortir, une jeunesse l'espoir le plus
cher de la magistrature dont elle perpétuera la dignité.
Employée, tour à tour, dans les diverses fonctions du
ministère de la justice, elle a de nombreuses occasions,
que son zèle ne refuse jamais, de donner et la mesure
de ses forces et le secret de ses moyens. Ces jeunes
magistrats qui compensent le temps par le nombre

des travaux, et la longue pratique par l'emploi de tous les momens, n'ont pas dû être oubliés. Ils ne l'ont pas été ; et leur dévoûment va prendre des forces nouvelles dans la certitude qu'ils vivent sous un gouvernement qui ne laisse perdre ni un service ni une vertu.

Vous n'avez pas été oubliée non plus, profession à laquelle je m'enorgueillis d'avoir appartenu si longtemps, qui m'avez donné mon premier enthousiasme, qui serez l'une de mes affections dernières ; profession dont l'immortel d'Aguesseau faisait un éloge que m'interdit de répéter la modestie solidaire de ceux qui l'exercèrent ; profession dont je puis dire, du moins sans encourir le reproche de la trop relever, qu'au milieu des temps les plus désastreux elle s'est distinguée par d'honorables regrets, comme elle s'est distinguée par de généreux élans aussitôt que la fidélité a pu se montrer. Votre Roi, qui n'oublie rien que ses injures, a sur vous aussi porté un regard de protection. Des vétérans de travail et de doctrine, honorés pour leurs saines opinions, honorés pour leur vie toute de probité, ont été appelés, prouvant par leur élévation que c'est du fond du cœur que notre Roi, dans cette Charte, monument de son esprit éclairé, a promis d'accorder également à tous, tous les emplois, sans autre condition que de s'en montrer dignes.

Ainsi ont été épuisés tous les moyens de former une magistrature vigoureuse. Les noms historiques, les actions généreuses, la bonne conduite, le savoir, les vertus éclatantes, les vertus obscures l'ont emporté sur les sollicitations, au point que plus d'un magistrat a reçu sa nomination sans avoir supposé qu'on songeât à lui, parce que dans l'excès de sa modestie.

qui ne faisait qu'ajouter à ses droits, il ne songeait pas à lui-même.

Le Gouvernement, Messieurs, a donc rempli ses devoirs.

Magistrats, notre tour est venu de remplir les nôtres, tous les nôtres.

Peuple qui nous entendez ! nous les remplirons.

La religion si dignement représentée par un pontife, l'un de ses plus beaux ornemens, et qui ne sut jamais que bénir; l'autorité royale reflétée dans un ministre que ses mœurs antiques et son austère vertu désignaient, comme d'elles-mêmes, encore plus que sa haute fonction, pour présider à une aussi sainte cérémonie, ont reçu nos sermens. Nos sermens ne seront pas vains. Notre bouche les prononça; notre cœur les répétait.

Daignez dire à notre bon Roi, Monseigneur, que ses magistrats de la Cour royale de Paris ne violeront jamais le contrat qu'ils forment aujourd'hui avec lui et son peuple. Une barrière à jamais indestructible séparera, pour nous, le passé de l'avenir. Les temps ont été mauvais. Les hommes n'ont pas su lutter contre les temps. Au milieu des doctrines perverses qui nous empoisonnèrent dès le berceau, les esprits, fourvoyés par ces guides trompeurs, n'ont plus retrouvé la vraie voie. Les consciences elles-mêmes, tout en en gémissant, ne se sont pas senties assez vigoureuses pour revenir à la justice. La colère du Ciel s'est épuisée sur nous. Le génie du mal a été déchaîné. Ses prestiges ont étonné la France et l'Europe, les peuples et les trônes. La Fatalité est venue se placer à ses côtés pour faire cesser toutes les résistances ; pour entraîner, dans un même torrent, guerriers, magistrats, Français, étrangers, sujets et souverains; pour dessécher, enfin, jusqu'au germe de l'espérance. La constance elle-même s'éteint par le désespoir. Nous sommes tombés dans le découragement, non dans la déloyauté. Nous avions assisté à tant de crimes, que nous avons regardé comme de la vertu de ne commettre que des fautes. Nous avons vu la faiblesse de tout le Continent, et nous n'avons pas imaginé qu'une seule nation, alors abandonnée par toutes les autres, pût ne pas fléchir sous le destin. Tous, tous, nous avons failli. Deux fois, nous avons été pardonnés. Pourrions-nous être assez dégénérés de nos ancêtres pour avoir besoin de l'être une troisième? Non, Monseigneur, nous le jurons : cette flétrissure ne nous atteindra pas. Éclairés par une tardive expérience, nous n'avons que trop appris à nos dépens que le bonheur des familles a pour base la stabilité des gouvernemens, et que les peuples, dans les révolutions, ne périssent pas moins que les rois. Sentinelles avancées des principes, nous professerons désormais avec courage tous ceux qui importent au salut de la France. La fidélité au trône, l'attachement à la Charte, la religieuse observation des lois, une impartiale distribution de la justice, seront placés au premier rang de nos devoirs. Puisse, puisse cette assurance, qui ne sera pas trompée, verser quelques consolations dans ce cœur royal qu'ont abreuvé tant d'amertumes! et puissions-nous, nous-mêmes, quand nos soins auront été couronnés par le succès, entendre notre père nous dire, pour récompense de nos efforts, qu'il est satisfait de la conduite de ses magistrats.

DISCOURS

Prononcé à la rentrée des Chambres de la Cour royale de Paris, le 3 novembre 1815.

DE L'ESPRIT DE MODÉRATION.

Messieurs,

Les vertus héroïques n'ont pas besoin d'être appelées : elles se produisent d'elles-mêmes. Au premier coup d'œil, cette proposition peut paraître un paradoxe. Si on veut bien l'examiner, on trouvera que c'est une vérité. Les grandes actions ne manquent jamais de fixer l'attention universelle. Elles sont proclamées par la Renommée, la Gloire les paie. Le goût du bien et un noble amour propre sont toujours d'accord pour les inspirer ; et il est peu d'hommes heureusement nés, que ce double mobile ne porte, sans qu'ils s'en doutent eux-mêmes, à desirer les occasions de développer un beau caractère et la sublimité de leur ame.

Ce sont les vertus sans éclat, et pour ainsi dire imperceptibles, qu'il faut recommander souvent : elles ne retentissent point. Leur pratique n'offre nulle jouissance à la vanité : et comme elles ne portent pas avec elles leur actuelle récompense, on trouve quelquefois trop chers, pour le prix qu'on en reçoit, les sacrifices inconnus qu'elles exigent.

Ce sont ces vertus pourtant qui font davantage pour le bien-être habituel des familles et pour la prospérité *courante* (si cette expression est permise) de la société. A tout prendre, le genre humain pourrait se passer de héros. Des siècles s'écoulent sans qu'on ait besoin d'un Brutus ou d'un d'Assas. Chaque jour, au contraire, on éprouve un grand bien de se trouver en contact avec ces stoïques qualités qui donnent à ceux qu'elles décorent le courage très-difficile, parce qu'il est perpétuel et ignoré, de dominer leurs passions, pour traiter les autres avec une constante justice.

Parmi ces belles dispositions de l'ame, une des plus propres à entretenir l'harmonie entre les hommes, c'est l'esprit de modération.

O vous qui, sous les yeux des magistrats, exercez cette grande profession que tous les âges et tous les peuples se sont accordés à couvrir d'honneurs, comme un refuge incessamment ouvert à l'opprimé, avocats, c'est surtout en vous distinguant par votre modération, que vous vous montrez plus dignes du respect de vos concitoyens !

Le devoir de la développer dans votre ministère commence au premier acte que vous en faites. C'est dans ce premier acte qu'elle peut devenir plus nécessaire ; c'est-à-dire à l'instant même où un plaideur, encore plein quelquefois de sa colère, souvent aussi plein de son iniquité, et toujours bercé par de grandes espérances, vient vous solliciter de donner votre appui au procès qu'il médite. L'avocat vulgaire se passionne auprès de ses cliens. Toutes leurs allégations, il les prend pour des preuves. Il approuve tous leurs moyens, toutes leurs prétentions. Quelquefois il enflamme leur cupidité, et se rend par son assentiment le complice de leurs injustices. Pour lui, il n'est ni obstacle à leurs succès, ni difficulté sur les questions, ni droit de nulle espèce en faveur de l'adversaire. Plus animés que jamais, ils plaident donc. Le procès se soutient avec le double acharnement de la partie et du défenseur. Un revers, à la fin, dément les trompeurs avis de celui-ci, et détruit la sécurité de celle-là, dont quelquefois, pour comble de malheurs, il ébranle ou renverse la fortune. Alors, convertissant sa confiance en mépris, et ses respects en injures, le client déçu ne sait plus que maudire le conseil indiscret qui redoubla son aveuglement. Il donne le signal d'une désertion qu'imitent beaucoup d'autres, qui, par leurs clameurs réunies aux siennes, chargent bientôt la Renommée de signaler au moins comme incapable celui dont, peut-être, après tout, le tort unique fut d'avoir immodérément épousé leurs querelles.

Il n'en est pas ainsi de l'avocat qui pèse d'abord au poids de la raison, et les récits qu'on lui transmet, et les contestations qu'on veut entamer. En défiance contre les passions humaines, et même contre l'entraînement de son propre zèle, il interroge avec impartialité ceux qui le consultent. Il scrute leurs consciences; il apprécie froidement leurs droits et leurs moyens. Loin de se laisser séduire avec eux par les ruses de l'intérêt personnel, il leur montre avec discernement le côté faible de leurs prétentions, balance les espérances par les craintes, les avantages d'un sacrifice, qui finira tout en prévenant les haines, avec les chances d'un procès qui, après avoir tout brouillé, ne fera peut-être que devenir une source de ruine pour celui-là même qui veut l'intenter. Il en est temps encore. Sa sagesse opère. La passion du plaideur s'amortit. Celui-ci éprouve peut-être un mouvement de contradiction, dont la réflexion ne tarde pas à faire justice. Vaincu par l'irrésistible puissance de la franchise unie à la science, il cède, il abandonne d'hostiles projets dont il aperçoit les dangers, et tout au plus n'insiste que sur ceux que l'équité peut avouer ; ou bien, s'il persiste dans ses imprudentes résolutions, lorsqu'elles ont eu une issue malheureuse, il ne l'attribue qu'à lui-même, et, redoublant de soumission pour les avis d'un tel patron qu'il avait invoqué, c'est encore à lui qu'il revient, à propos d'embarras nouveaux, bien déterminé, cette fois, à ne pas placer témérairement son propre jugement au-dessus de celui de cet ami si sûr, dont il publie partout l'estimable loyauté.

Le premier pas dans la route de la modération, le véritable avocat ne le fait pas pour reculer. C'est dans la défense que doit surtout se faire remarquer cette vertu.

Le plus grand moyen de succès de l'orateur se trouve dans le bonheur qu'il a d'inspirer de la confiance à ses juges. Comment la refuser à ce défenseur éloquent, mais discret, dont chaque parole porte avec elle l'accent de la vérité, parce qu'elle a celui de la sagesse ? Nulle passion ne l'agite : l'amour de la justice n'en est pas une. On ne peut refuser de croire en lui ; car dans l'espèce de soin religieux qu'offre son action tout entière à ne rien dire ni de dangereux pour l'ordre public, ni de choquant pour ses adversaires, on sent une ame nourrie de prudence et de droiture, incapable de tromper les autres, parce qu'elle a commencé par se travailler elle-même, pour ne point se tromper. Il parle principalement à la raison : la raison l'écoute et l'accueille. La douce persuasion coule de ses lèvres. Il n'est pas jusqu'à ses adversaires même qu'il a ménagés, qui ne plient sous l'ascendant de sa vertu, et qui ne lui décernent quelquefois la plus flatteuse de toutes les couronnes, en venant se livrer eux-mêmes au noble ennemi dont la générosité les a conquis.

Plus de bonheur encore lui est réservé. Le tumulte de l'audience a cessé. Les flots d'auditeurs qui sont venus payer leur tribut d'enthousiasme à un beau talent se sont écoulés. Les airs ont fini d'emporter ces applaudissemens qui ont pu séduire la raison du plus sage. Celui qui en fut enivré quelques momens rentre dans sa retraite. Il y rentre encore doucement ému du plaisir d'avoir obtenu l'approbation générale. Quelle que puisse être sa modestie, ce sentiment persiste, pendant qu'à la lueur de la lampe il passe la nuit, livré, dans la solitude et le recueillement, à de nouveaux travaux auxquels il promet des succès pareils ; de temps en temps, pour donner quelques minutes de relâche à une trop forte contention d'esprit, il pose la plume. Une pensée alors le saisit, et c'est toujours la même, parce qu'elle est le produit d'une sensation encore présente. Il n'est pas le maître de choisir ses distractions ; ce sont les souvenirs de la journée qui les lui donnent. Il est seul avec sa conscience et son amour propre. Qu'il est véritablement heureux ! son amour propre et sa conscience sont en paix. Il a fait du bien : il n'a pas fait de mal. Les jouissances de son orgueil ne coûtent pas même un soupir à sa probité. Et prenant dans ce témoignage qu'il peut se rendre à lui-même une vigueur nouvelle pour suivre la route qu'il s'est tracée, il voit, dans les autres travaux qui l'occupent, d'autres occasions, qu'il ne laissera point échapper, de continuer la double réputation qu'il ambitionne, et que l'Orateur romain n'accorde qu'à ceux de son art auxquels peut s'appliquer avec justice cette définition fameuse : *Vir probus dicendi peritus*.

Au lieu d'un de ces athlètes magnanimes qui combattent sans cruauté comme sans perfidie, placez un rhéteur furibond, dont la meurtrière éloquence ne sait qu'allumer les passions autour de lui. La discorde est son génie : elle seule semble l'inspirer. Il ne dit pas un mot qui ne sème une haine, et qui ne fasse germer le désespoir ou le desir de la vengeance. A sa voix toujours tonnante, l'on tremble ou l'on s'irrite. Les familles se divisent; les époux se jurent une guerre à mort; les amis se séparent; les ennemis deviennent plus irréconciliables ; des plaideurs qui ne luttaient ensemble que pour un modique intérêt sur lequel peut-être, sans la pernicieuse intervention d'un tel défenseur, ils se fussent facilement entendus, aigris par les sanglantes diatribes dont un forcené s'est rendu l'organe, s'acharnent les uns contre les autres. plus désormais pour assouvir leur fureur mutuelle que pour défendre un intérêt qui a cessé d'être la véritable cause de leur combat.

Cependant, je l'avoue, la malignité quand l'habileté

sait aiguiser les traits dont elle est armée, usurpe souvent de faux applaudissemens.

Malheureux incendiaires ! vous avez aussi vos succès : mais vous avez aussi votre solitude : c'est là que je vous attends. Rentrez, rentrez à votre tour dans ce laboratoire, où, sous le fouet des furies, vous allez distiller de nouveaux poisons. L'ivresse de l'audience est dissipée. Vous n'entendez plus ces trépignemens de rage et ces applaudissemens mêlés de rires impurs que vous avez arrachés. Vous voilà seuls enfin, seuls avec votre conscience. Que vous dit-elle ? Osez-vous bien l'écouter ? Non, vous n'avez pas ce courage ; vous vous réfugiez dans votre vanité : vain asile ! vous n'êtes pas sauvés. Malgré vous, devant votre char de victoire, vous entendez ce héraut à qui la sagesse d'un peuple ancien avait ordonné de crier aux oreilles du triomphateur les fautes qu'il avait commises. A vous, ce ne sont pas des fautes que cette voix importune vous reproche ; elle vous reproche les larmes de sang que vous faites couler dans des familles dont vous avez détruit le repos ; les malheurs domestiques que vous avez créés ; les dissentions inextinguibles qui, à votre voix, ont séparé des cœurs bien unis jusque là ; les catastrophes peut-être que vos fureurs ont produites. Auprès de tels souvenirs, que devient le misérable orgueil d'avoir remporté quelques applaudissemens honteux, et comment vous resterait-il même quelques jouissances d'amour propre, lorsque ces applaudissemens eux-mêmes sont un crime encore, et doivent vous donner un remords de plus ! que prouvent-ils en effet ? Ils prouvent que vous n'avez point été méchans tout seuls, et que, par la magie de votre déplorable talent, vous vous êtes fait autant de complices que vous avez eu d'auditeurs qui ont approuvé votre méchanceté.

Après ce tableau, chargé peut-être à dessein d'inspirer plus d'horreur pour le genre affreux qu'il retrace, je me sens pressé d'ajouter qu'heureusement les exemples de ce genre furent toujours rares au barreau de Paris. Lui-même il frémirait sans doute, et il ferait justice de ces excès, s'ils se commettaient dans son sein. Mais il faut en parler pourtant, parce qu'au dessous de ces excès coupables, il peut encore exister un défaut de mesure qui, quoique moindre, ne doit pas dégrader l'honorable profession d'avocat, et que c'est en ayant toujours présent à la pensée le dernier terme où, de pas en pas, on pourrait être entraîné par le défaut de modération, que l'on se met plus en garde contre le danger de faire le premier pas qui écarte de la vraie route.

A Dieu ne plaise pourtant que je cherche jamais à enchaîner cette noble véhémence, qui est l'un des plus beaux caractères de l'art oratoire, quand elle poursuit le crime heureux, ou défend l'innocence opprimée !

La religion a ses saintes colères, le barreau sa sainte indignation.

Il est des circonstances, heureusement rares, où les actions judiciaires deviennent, par leur nature, des combats corps à corps, dans lesquels il faut discuter et les caractères et les personnes, tantôt pour désarmer un tyran domestique d'une autorité qu'il veut faire dégénérer en despotisme, tantôt pour démasquer des imposteurs qui méditent un grand forfait. Cependant, en ces occasions même, le goût trace la ligne qu'il ne faut pas franchir, et la conscience doit rejeter tout ce que la conviction et la nécessité n'ordonnent pas.

C'est ainsi qu'à travers les malheurs de l'âge dans lequel nous vivons, nous avons eu plus d'une occasion de voir cette distinction respectée par quelques avocats qui, tenant de la nature une chaleur qu'on eût pu quelquefois trouver surabondante, surent pourtant lui conserver toute son innocence, en la réservant exclusivement pour la défense des victimes de nos troubles civils. Pourquoi faut-il que cette idée rappelle au barreau une perte qu'il a faite cette année[1] dans un orateur recommandé pour long-temps à notre souvenir par la pureté de ses mœurs, par son énergie un peu vive, à la juger selon les règles du goût, mais qui jamais ne fut offensante pour personne ; par cette franchise touchante de discours et de manières qui décelait un cœur bon, droit et sincère ; par son attachement aux meilleurs principes, dont il a fini par devenir victime..... Hélas ! ajouterons-nous par une catastrophe ?.... Mais il faut s'arrêter. La religion l'ordonne ; et tout noble que peut être, au jugement des hommes, le principe d'un égarement qu'elle condamne, ce n'est pas dans le sanctuaire des lois, qui est aussi celui de la morale, qu'on peut honorer une erreur qui ne doit qu'ajouter à nos regrets.

La modération de l'avocat ne doit pas seulement s'appliquer à ses adversaires, ce sont encore les magistrats qui doivent en être l'objet. Il est quelques

[1] Me Julienne.

génies étroits qui, confondant l'orgueil et la dignité, croient que celle-ci est perdue toutes les fois que celui-là est offensé. Ces esprits ombrageux sont toujours prêts soit à relever avec amertume et sans ménagement un mot inconvenant selon eux, qui pourrait être échappé au magistrat dans l'exercice de son ministère, soit à censurer aigrement un arrêt qui a le malheur de choquer leur sentiment ou leurs passions. Les magistrats sont hommes. Ils se trompent, sans doute, et leurs erreurs sont un mal pour la société. Mais ce qui serait un mal plus grand encore, ce serait leur déconsidération. Ce n'est pas à ceux qui exercent cette profession, dont la noblesse est en quelque sorte solidaire avec celle de la magistrature, et qui devient honorable elle-même en proportion de ce que la magistrature est plus grande et plus respectée, que peut être réservé le rôle de donner le signal de l'irrévérence qui nuirait à toutes deux. La véritable fierté ne consiste pas à secouer le joug de l'ordre, non plus qu'à violer les règles de la hiérarchie ; elle consiste à porter l'un sans bassesse, et à se respecter soi-même dans le degré que l'autre vous assigne. Ainsi le sentent, ainsi agissent les hommes forts. Jamais ils ne se croient avilis, parce qu'ils savent que les avilir ne doit être dans la volonté et ne saurait être au pouvoir de personne. La médiocrité seule est toujours en effroi sur ses prétendues prérogatives, parce qu'elle sait que sans elles elle ne serait plus rien. Avoir raison en présence de l'opinion, quand la justice ou le juge a failli, avoir raison en voulant garder le silence par amour pour l'ordre, quand il eût été excusable peut-être de le rompre par un juste ressentiment, c'est la plus noble de toutes les justifications, la seule qui convienne aux grandes ames en pareilles circonstances; et c'est aussi ce que l'exemple confirmerait, si nous voulions ressaisir à cet égard tous nos souvenirs. Nous y retrouverions que, dans ces débats fâcheux, on cite rarement d'autres noms que des noms qu'on ignorait avant qu'ils eussent été cités.

Cette modération qu'il faut garder avec les parties durant le combat, avec les magistrats après la défaite, il faut l'observer encore avec ses rivaux au moment du triomphe.

Triompher durement n'est point d'un généreux vainqueur.

Telle est l'imperfection de l'espèce humaine, que les esprits les plus justes, quand ils ont succombé dans une thèse même mauvaise, en conservent, quelques momens du moins, un sentiment pénible qu'il faut donner à la réflexion le temps d'emporter. Il est délicat de ménager ces premiers momens de sensibilité. Dans les rapports de controverse, comme dans les rapports politiques, l'insolente maxime *væ victis* ne peut produire que des malheurs. Entre États, elle appelle des fureurs; entre particuliers, elle fonde des haines. La modération du triomphateur, au contraire, l'espèce de déférence qu'il a la générosité de conserver encore pour l'opinion qu'il a vaincue, sont des consolations qu'il jette dans l'ame de son adversaire. Celui-ci se laisse entraîner par l'exemple. Défait, mais non humilié, préservé de toute amertume, dont le prétexte lui manque, il ne tarde pas à tendre la main, le premier, au modeste rival dans lequel il ne peut plus voir qu'un ami.

Il est, avocats, un autre genre de modération dont je rougirais presque d'avoir à faire autre chose que de vous l'indiquer : c'est celle qui s'applique aux rétributions dues à vos travaux. Délaissons toutes ces hypocrites doctrines sur le désintéressement absolu, et ne rendons pas inaccessible la vertu, puisque c'est jusqu'à elle qu'il faut arriver. Non ! il n'est pas honteux au travail, quelque noble qu'il soit, de recevoir son salaire; mais dans ces hautes professions, dont l'ame est la générosité de sentimens, il serait véritablement ignominieux de n'être qu'un mercenaire. Il y faut deux parts, l'une pour la société et pour l'honneur, l'autre pour la famille et pour la fortune. Dans la profession d'avocat, c'est la première qui doit être la plus forte, et cette part même ne serait pas tout ce qu'elle doit être, si l'on se croyait quitte envers la délicatesse par la gratuité de l'assistance donnée au pauvre. La reconnaissance du riche lui-même doit être mesurée par la justice; et cette justice, c'est à l'avocat de la faire, en s'opposant à l'exagération du client, si celui-ci consulte plus ses sentimens que ses moyens ou la vraie valeur du dévoûment qu'il apprécie.

Cette matière est loin d'être épuisée; mais ce n'est pas en parlant aux hommes auxquels je m'adresse que j'ai besoin de l'approfondir. Moi qui naguère encore recevais leurs leçons et m'efforçais de profiter de leurs exemples, en leur retraçant des idées que je tiens d'eux, je n'ai voulu que leur prouver que j'étais un disciple fidèle, et que je n'ai point oublié une doctrine que, toute ma vie, je m'honorerai d'avoir apprise à leur école.

Et vous, avoués, quand j'ai parlé de délicatesse et

de modération, vous avez été présens à ma pensée : vous méritiez de l'être. Des préventions populaires, je le confesse, se sont attachées à votre profession. Vengez-la, vengez-vous, en prouvant qu'elles sont loin de vous atteindre. Une conduite droite est la meilleure réponse à faire aux déclamateurs. S'il était parmi vous, comme il en est dans toutes les corporations, quelques dissidens qui voulussent résister à l'esprit général de modération, votre règle, comme celle des avocats, c'est vous-même que la Cour appelle au soin d'en faire justice, et elle associe votre honneur au maintien de la discipline. Elle sait qu'elle peut s'y fier : c'est un témoignage qu'elle aimera toujours à vous rendre. Dans les temps difficiles que nous avons traversés, il a été doux pour elle de remarquer votre attachement aux bons principes. Les avoués, elle doit le dire, furent fidèles à la monarchie : comment ne seraient-ils pas fidèles aux devoirs de leur profession ? La vertu publique est une garantie de l'accomplissement des devoirs privés ; et celui-là toujours est un homme de bien, qui commence par être un loyal ami de sa patrie et de son roi.

MERCURIALE DE 1815.

DE LA DISCRÉTION DU MAGISTRAT.

MESSIEURS,

Chaque fois que la Cour rentre dans le cercle de ses travaux annuels, la loi veut que le procureur-général lui rende compte de la manière dont la justice a été rendue pendant l'année qui s'est écoulée. Des circonstances, qui s'expliquent d'elles-mêmes, s'opposent à ce que, cette année, un tel compte vous soit présenté. Il y aurait, de ma part, une impardonnable présomption à vous l'offrir : ce ne serait pas des lumières, ce seraient des erreurs que je pourrais seulement vous apporter. Mais un usage presque aussi respectable que la loi nous ordonne aussi de rouvrir nos travaux, en méditant en commun sur l'importance de nos fonctions, et sur les saintes dispositions dont nous devons nous pénétrer, afin de nous préparer, par une sorte de recueillement religieux, à l'exercice du sacerdoce qui nous est confié, et afin de ne nous laisser jamais perdre de vue des vertus qu'on ne fait pas au magistrat l'injure de supposer qu'il viole, mais dont il est bon d'entretenir dans son esprit l'habitude salutaire de les contempler.

Parmi ces vertus, Messieurs, la conscience en rend quelques-unes toujours présentes à la mémoire, comme l'amour de la justice, l'impartialité, l'incorruptibilité. Ce ne sont pas celles-là qu'il sera nécessaire de nous rappeler jamais.

Mais il en est d'autres qui, par leur *ténuité*, ont plus besoin d'être attentivement signalées, parce que, s'il est honorable et nécessaire de les pratiquer, les séductions du siècle entraînent facilement à les mettre en oubli, et que le monde, dans son excessive légèreté, remarque à peine leur absence, toute dommageable qu'elle est à la société. Une de celles-là que nous devons recommander à notre attention, et nous bien expliquer à nous-mêmes, c'est la *discrétion*.

Cette vertu offre de premières nuances tellement sensibles, qu'il faudrait plaindre le magistrat qui ne saurait pas les apercevoir. A quel juge vraiment digne de sa fonction pourrait-il donc devenir nécessaire d'apprendre qu'un secret impénétrable doit environner l'opinion qu'il se forme sur une cause qu'il est appelé à juger, lorsque l'arrêt n'est point encore rendu? que de dangers pour la justice sortiraient de cette connaissance anticipée, donnée aux parties du sort qui les attend! l'opinion du juge est connue; la partie qu'elle condamne multiplie ses efforts, peut-être ses intrigues, pour l'en faire changer. Le magistrat est assiégé par des importunités et des agitations de toute espèce. On sait qu'il a une certaine faiblesse de caractère, puisqu'il a laissé échapper le secret de la justice; on conçoit l'espérance de le vaincre, à force de sollicitations; on prend la liberté de combattre son

jugement et d'argumenter contre lui. Partout, sur ses
pas, se trouvent des solliciteurs, gens du monde, parens, amis quelquefois, qui, tous, le tourmentent pour
le contraindre à changer d'avis. L'intrigue et la mauvaise foi ne se mêlassent-elles pas de cette espèce de
lutte dans laquelle on l'engage, cette lutte toute seule,
un peu dégradante d'ailleurs pour la dignité du magistrat qu'on fait descendre de son siége pour le citer
à tant de petits tribunaux particuliers, et ces discussions passionnées dont on le fatigue, seraient un très-
grand mal. Assez de doutes, nés soit de l'incertitude
du fait, soit quelquefois de l'obscurité du droit, viennent troubler les méditations du magistrat. Qu'il se
garde d'ajouter à ces difficultés par celles qu'y peuvent jeter encore tous les sophismes de désespoir que
font arriver jusqu'à lui des plaideurs menacés de la
perte de leurs procès. Dans ces momens qui précèdent
celui où l'arrêt va décider du sort d'une famille, le
magistrat éprouve plus que jamais le besoin de rentrer
en lui-même, de se refroidir de la chaleur et du prestige des plaidoiries, de recouvrer ce calme profond au
milieu duquel le jugement exerce une action plus
ferme et plus impartiale sur les idées devenues plus
nettes et réduites à leur juste valeur. Il ne faut donc
pas qu'il se livre au danger de voir s'agiter de nouveau
autour de lui les passions dont le silence est désormais
nécessaire à l'accomplissement de l'œuvre de la justice. Or, pour n'avoir pas ce danger à courir, il faut
qu'il s'impose à lui-même la plus extrême réserve. Il
n'y a pas jusqu'à l'amitié qui ne doit pas recevoir ses
confidences. Le devoir du secret n'admet pas d'exception, l'intérêt du secret ne l'admet pas davantage. Le

secret le mieux gardé est celui que l'on se garde à soi-même. Comment d'ailleurs un homme du siècle se croirait-il plus obligé de jeter un voile sur les choses saintes, lorsque le prêtre de la justice a déchiré celui qui déjà les couvrait? et le magistrat aura-t-il le front de reprocher à son ami d'avoir parlé, lorsque c'est lui qui lui a donné l'exemple de cette faiblesse?

L'indiscrétion quelquefois est ingénieuse à tromper celui qui la commet : et tandis qu'en réalité le magistrat ne fait que se laisser aller au besoin d'épancher son cœur surchargé du poids du secret, il s'abuse lui-même au point de se donner à croire qu'il ne livre son opinion à un étranger que pour appeler plus de lumières et pour se mieux assurer qu'il n'est pas dans l'erreur. Vain subterfuge! si le magistrat est indécis, s'il a besoin de conférer pour éclaircir des points sur lesquels sa propre doctrine le laisse en défaut, il a des confidens nécessaires : ce sont ses collègues, juges comme lui du procès qui l'occupe. C'est avec eux qu'il peut, dans des conversations intimes, mûrir l'opinion qu'il doit former. Conférer avec eux, c'est amour de la justice et de la vérité, c'est vertu; conférer avec un étranger, c'est effusion d'un babil indigne de la gravité du juge; c'est oubli du devoir. Comment pourrait-il hésiter sur le choix de ses confidens?

Cette obligation de mettre le sceau sur ses lèvres, ne finit même point par la décision des procès. Avant que l'arrêt soit porté, le secret doit être maintenu pour l'intérêt de l'impartialité : après l'arrêt il faut se taire, même sur son opinion, pour l'honneur de la justice.

Avant que l'arrêt existe, il n'est pas seulement permis, il est ordonné par la conscience, à chaque juge, de défendre son sentiment avec énergie. Un lâche seul pourrait sacrifier sa profonde conviction, même au respect ou à la confiance que méritent ses collègues.

Jusqu'à la formation de la décision définitive, il est bien d'attaquer l'opinion d'autrui et de défendre la sienne. Il peut y en avoir autant qu'il y a de juges. Mais quand la majorité a décidé, quand l'arrêt est déterminé, la diversité d'opinions cesse ; il n'y en a plus qu'une : c'est celle de l'arrêt. L'arrêt devient l'opinion, extérieure du moins, de tous. Tous doivent également le défendre. Affecter ensuite, dans les cercles, de s'en séparer, le renier, publier qu'on est d'un avis différent, c'est être à la fois un mauvais collègue et un mauvais magistrat. *Un mauvais collègue,* puisque cette éclatante défection de celui-là même qui devrait naturellement défendre le résultat de la délibération commune, est toute propre à faire blâmer avec plus d'acharnement encore les magistrats dont l'opinion a prévalu. *Un mauvais magistrat,* car si c'est un devoir pour la société entière de soumettre ses jugemens aux jugemens de la justice, un magistrat ne mérite plus ce nom, quand lui-même il ne sait pas donner l'exemple de ce respect pour l'ordre et pour la vérité judiciaire. Il est fâcheux, sans doute, que les magistrats se trompent : et ce doit être un de leurs plus grands soins de se garantir de l'erreur ; mais quelque chose est pire que l'erreur des arrêts : ce serait le mépris qu'on permettrait à la multitude d'en faire ; ce mépris, qui ne s'attache jamais à l'autorité publique sans que l'ordre social en reçoive un grand dommage. Or, ce n'est pas du moins par un digne magistrat que le signal peut en être donné. Dans ces blâmes d'ailleurs d'un des juges censurant avec amertume l'opinion qui a prévalu, il y a je ne sais quoi de présomptueux et d'immodeste, qui ne déconsidère pas moins le magistrat même qui se donne une telle licence que ses collègues sur lesquels il l'exerce. Et de quel droit ce téméraire élève-t-il donc ainsi sa propre sagesse au-dessus de la sagesse de la magistrature en corps? quelle est son autorité pour citer à son tribunal ses égaux en dignité et ses supérieurs en nombre, peut-être ses supérieurs en lumières et en raison? celui qui manque de modestie ne peut-il pas manquer de logique? et lorsque la majorité a prononcé contre son avis, n'est-ce pas un acte d'orgueil vraiment répréhensible, de s'attribuer à soi tout seul plus d'infaillibilité qu'à tous les autres réunis, et de se présenter comme l'homme unique qui raisonne mieux, qui en sait plus, et qui voit plus juste que ses collègues? par cela même qu'on se laisse aller à un tel mouvement d'excès de bonne opinion pour soi-même, on devient suspect d'un peu de défaut de justesse dans le jugement. Aux yeux des hommes qui réfléchissent, loin que, par cette espèce d'abjuration déplacée du respect dû aux décisions judiciaires, on se sauve de la censure qui, après tout, à propos de tel arrêt, ne peut jamais s'attacher certainement à tel magistrat dont l'opinion reste inconnue, on encourt la censure méritée qui poursuit les hommes assez imprudens pour violer publiquement la religion du secret judiciaire et les convenances de leur état : en sorte que, par le plus mauvais de tous les calculs, on échange un blâme aveugle et vague, dont la justice n'est jamais démontrée, à l'égard de tel magistrat en particulier, puisqu'on ne sait jamais quelle fut sa pensée, contre un blâme très-éclairé et très-déterminé, que ne peut repousser celui qu'il atteint, parce que l'action qui le lui mérite est certaine et connue.

Un silence profond est la seule arme que doive opposer dans le monde, à ces témérités de l'opinion des cercles, un magistrat qui ne doit compte de son avis qu'à Dieu et qu'à sa conscience. C'est aussi la meilleure conduite pour désarmer les frondeurs. Ils finissent par respecter la magistrature qui se respecte elle-même. Cette réserve pleine de dignité leur en impose. On sent la barrière, et soit par une sorte de pudeur qui retient les plus emportés à l'aspect de la modération, soit parce qu'il ne peut y avoir de longue controverse là où l'on se refuse à la discussion des objections, ces discussions, toujours affligeantes pour la magistrature et pour la société, avortent dans leur germe, faute d'alimens qui les développe.

Une telle résolution prise par les magistrats, de ne jamais accuser l'arrêt qui rejette leur propre avis, opère sous un autre rapport un très-grand bien. Si les arrêts sont l'ouvrage de tous, l'honneur des magistrats devient solidaire. Tous ils voudront les plus sages décisions, puisque, d'avance et par un noble dévoûment qu'appelle la nature de leurs fonctions, ils se résigneront à prendre leur part dans la responsabilité d'opinion de toutes les décisions. Chacun alors, attachant son honneur à l'œuvre commune, mettra plus de courage encore à se dégager de toute prévention : et la vertu s'augmentera de toutes les forces

d'un orgueil qu'il faut louer cette fois, puisqu'en
inspirant une plus grande pureté, il assurera, d'une
manière plus infaillible, le triomphe de la justice.

Cette idée nous mène à une autre qui en est toute
voisine. S'il y a de la force à conserver dans la société
la réserve qui jamais ne doit quitter un juge, il y aurait plus de force encore et une dignité plus grande
à ne se montrer que rarement dans le monde. Ne nous
le dissimulons point : un magistrat dans un cercle
n'est pas seulement en terre étrangère ; il est en terre
ennemie. D'un côté, les sollicitations l'y attendent et
les piéges l'environnent. D'un autre côté son caractère y est toujours légèrement compromis. L'ordre
public a besoin que le magistrat soit entouré de respect, non pour les vaines jouissances de son amour
propre, mais pour le bien même de la justice, dont la
voix est toujours plus imposante quand ses organes
inspirent plus de vénération. Or, c'est une vérité d'expérience : on ne respecte plus ce qu'on a vu trop
souvent. A force de rencontrer les magistrats, on s'a-
perçoit que ce sont des hommes comme les autres :
et les folles espérances qu'on fonde sur leur faiblesse
en augmentent d'autant. Qu'ils étaient beaux ces temps
d'antique simplicité, où les hommes consacrés au culte
des lois vivaient, pour ainsi dire, exclusivement entre eux ! leurs distractions étaient des études encore,
et leurs délassemens, en quelque sorte, de nouveaux
services rendus à l'Etat. Ils se voyaient pour faire
commerce de leur science mutuelle, pour s'entretenir
dans l'amour de leurs fonctions, pour fortifier leur
jugement. Ces temps ne sont plus, je le sais. Les
mœurs ont changé : et c'est la sagesse elle-même qui

demande qu'on ne choque pas violemment les mœurs. La sagesse aussi toutefois enseigne à ne pas s'y laisser entraîner avec l'excès qui peut être toléré dans les gens du monde, mais qui deviendrait un juste sujet de blâme dans les hommes graves ; du moins ne les suivons que de loin. Il ne faut pas, dit-on, être plus sage que son siècle. Soit. Il est permis du moins de n'être pas aussi insensé que lui : et c'est dans ce juste milieu, *qu'il est bien de garder,* que doit être plus utilement appliquée la discrétion.

En se livrant beaucoup au monde d'ailleurs, le magistrat s'expose à beaucoup plus de tentations. Plus les rapports du siècle se multiplient, plus on a besoin des autres, de leur demander, d'obtenir d'eux. Or, il faut, Messieurs, qu'un magistrat n'ait besoin de personne. Quand on demande, on n'a pas le droit, pour ainsi dire, de refuser ; trop souvent du moins on en perd le courage. Mais voit-on bien tous les inconvéniens qui sortent pour les magistrats de l'imprudente position où ils se seraient placés en sollicitant une seule grâce ? un jour on voudra leur demander des grâces à leur tour. Des grâces ! c'est justice, toujours justice, justice inflexible qu'ils doivent. Des grâces, ce mot même doit être privé de sens pour eux. Jamais ils n'en peuvent répandre. C'est une injure qui leur est faite quand on leur en demande. Qu'ils ne s'exposent donc pas à cette espèce de honte, en donnant le dangereux exemple d'en solliciter. Vainement ils se rassureraient sur leur vertu et sur la promesse qu'ils se feraient à eux-mêmes de ne pas céder. La fragilité humaine et les sophismes qu'elle suggère quelquefois pour tromper la conscience sont toujours à redouter. Il est bien plus sûr de ne se faire le client de personne, pour n'avoir pas à son tour à devenir patron. Qui n'a pas contracté de dettes, n'a pas de dettes à payer ; et le refuge le plus assuré contre les solliciteurs, c'est de ne se point faire solliciteur soi-même.

Ce devoir, Messieurs, de ne pas se ravaler jusqu'à solliciter, n'est pas seulement pour le monde, il est pour l'intérieur même de la magistrature ; ce n'est qu'en y réfléchissant bien profondément, que l'on finit par se convaincre que de tous les genres de sollicitation, celui qui est le plus condamnable peut-être est celui qu'on cherche à exercer auprès de ses collègues. Je dis, Messieurs, qu'il faut y bien réfléchir pour y découvrir une matière de graves scrupules. En effet, c'est là que la tentation est plus séduisante ; on éprouve quelque intérêt pour un plaideur avec lequel on est lié, et dont par conséquent on ne reste pas le juge. On croit, ou l'on cherche à croire que sa cause est juste. Quoi de plus naturel, ce semble, que de la recommander à la sévère attention de ses collègues ! quoi de plus tentant aussi que cette facilité qui s'offre d'elle-même tous les jours de les voir et de leur en parler ! et après tout, se dit-on à soi-même, que veut-on donc autre chose d'eux que d'être justes ? et peut-ce être un si grand mal, que de demander à ses collègues de juger un procès selon les mouvemens de leur conscience, et selon le vœu des lois ? Oui, oui, c'est un grand mal ! oui, oui, vous leur demandez, sans vous en douter, autre chose que d'être justes. Eh quoi ! avez-vous donc besoin de leur demander d'être justes seulement ? ne le seront-ils pas bien sans votre recommandation? la volonté de l'être n'est-elle pas le sentiment habituel, le besoin impérieux de leur ame? Les honorez-vous assez peu pour supposer qu'ils ne le seront pas sans une recommandation spéciale? Magistrats, ce vous est à vous un devoir plus rigoureux qu'aux autres de vous armer de scrupules. Ce n'est pas vertu pour vous que de n'avoir que de la vertu commune, et votre probité doit être bien autrement austère que celle des autres hommes. Prenez le flambeau de la vérité pour en éclairer les plus profonds replis de vos cœurs. Ce que vous y trouverez sur vos réelles intentions bien analysées, quand vous sollicitez vos collègues, vous fera frémir de surprise et vous donnera du mécontentement de vous-même. A votre propre insu, et parce que la prévention est toujours habile à se tromper, vous y verrez que ce n'est pas d'être justes que vous demandez dans un cas pareil à vos collègues, ce qu'ils sauraient bien être sans vous; c'est *d'être amis,* et de ne pas oublier que vous prenez intérêt à l'une des parties. Or, recevriez-vous de la part de personne, pour vous-même, une pareille recommandation à découvert? Que si, à découvert, elle vous révoltait, croyez qu'elle n'en devient que plus condamnable quand elle est masquée : car alors, au premier mal de l'injustice, vient s'en ajouter un second, celui de la perfidie.

Il est un autre genre d'embûche tendue à l'impartialité du magistrat, et dont il ne peut se défendre qu'en redoublant de discrétion, et qu'en la poussant au point de ne consentir jamais à se mêler, même sous le prétexte le plus spécieux, des intérêts des parties, autrement que dans le but exclusif d'y prononcer comme magistrat et conjointement avec ses collègues.

Il n'est pas sans exemple qu'un magistrat séduit par je ne sais quel faux amour de la conciliation s'offre de lui-même, ou bien que, vaincu par les importunités d'un plaideur, il n'ait la faiblesse de consentir à tenter de rapprocher les parties avant que l'arrêt soit rendu. Il leur insinue, ou il accepte d'être leur médiateur. Il croit être sûr de la pureté de ses intentions. Hé bien, Messieurs, peut-être il s'abuse lui-même! Peut-être une certaine prédilection pour l'une des parties, prédilection dont le germe se trouve placé quelquefois un peu plus loin que dans le procès même, lui a-t-elle inspiré le desir enveloppé de lui obtenir de meilleures conditions que celles qui sortiront du jugement lui-même. Trop heureux le magistrat encore quand il pourra être assez sûr de sa conscience pour ne pas se sentir animé du desir bien plus fâcheux de favoriser une partie pour laquelle quelqu'affection lui parle plus haut que la justice.

Mais même quand cet instinct de secrète partialité ne s'y trouverait pas, pourquoi donc le magistrat s'expose-t-il volontairement au moins au danger d'en être atteint? Qu'il reste juge, qu'il ne soit que juge, qu'il demeure dans les voies ordinaires. C'est là qu'il n'y a ni péril à redouter pour sa vertu, ni soupçon à craindre de la part de la malignité. Quelle est donc cette espèce de prétention qui le saisit d'usurper à son profit exclusif la puissance judiciaire, et de s'ériger en juge domestique lorsque le souverain lui a conféré une magistrature publique? Puisqu'il doit être sans passion, il ne peut être animé que d'un sentiment, celui d'une exacte justice pour tous. Comment alors

3.

fait-il à ses collègues l'espèce d'injure de croire qu'il sera plus juste à lui tout seul qu'ils ne le seront lui et eux tous réunis? Quel bénéfice y a-t-il pour les parties à n'être jugées que par la sagesse d'un seul, et à être jugées sans témoins, au lieu d'être jugées en public, solennellement et par plusieurs?

Il veut concilier, dit-il. Concilier! ce n'est pas là le rôle qui lui fut assigné dans la société. Il y a des conciliateurs. Il y a des magistrats. Lui, c'est magistrat qu'il lui est ordonné d'être. En intervertissant les rôles distribués par la sagesse du monarque, il jette aussi le désordre dans les devoirs. Ce conciliateur spontané va entrer en contact avec les parties. Au milieu des débats qu'engendrera la transaction à laquelle il veut les amener, comment conserver le secret de sa propre opinion? Comment conserver aussi toute son impartialité? L'un et l'autre cependant lui redeviennent nécessaires, si la transaction échoue, et s'il est restitué au devoir de juger.

Craignons donc, Messieurs, ah! craignons de devenir, sans nous en apercevoir, les jouets de quelque partialité ténébreuse, qui se cache au fond de notre cœur sous les trompeuses apparences d'un amour de la concorde qui ne nous est pas commandé: séduction contre laquelle il faut d'autant plus nous mettre en garde qu'elle revêt les couleurs de la vertu, et qu'en obéissant à un mobile condamnable, nous pouvons nous faire une sorte de titre d'honneur d'une disposition qui, bien analysée, n'aurait rien de louable. Nous avons bien assez de nos devoirs réels. Ne nous en formons pas de factices qui ne seraient propres qu'à nous faire perdre le goût des premiers. Distri-

buer au peuple la justice avec cette exactitude parfaite qui attire les bénédictions publiques aux dignes
magistrats et au monarque qui les institue, est un
grand et noble rôle. Bornons-nous-y, et n'oublions
jamais que si, comme on l'a dit, le mieux est l'ennemi
du bien, il y a au moins beaucoup de prudence à ne
pas ajouter aux engagemens qu'on a pris envers sa
fonction. Tant qu'on y reste renfermé, on est bien
sûr d'être au poste convenable. En en sortant, on ne
sait plus avec certitude ni où l'on est, ni ce qu'on a
le droit de faire. C'en est assez du doute, pour que le
magistrat s'arrête : car sa conduite ne doit jamais rien
offrir qui même ait besoin d'être expliqué.

Tels sont, Messieurs, quelques-uns des avantages
attachés à la pratique de la discrétion. Une voix habile
vous les eût tracés avec plus d'art ; mais ce n'est pas
à des hommes comme vous qu'il est nécessaire de faire
autre chose qu'indiquer les grandes pensées : et moi-
même je manquerais à la vertu dont je viens d'avoir
l'honneur de vous entretenir, si je poussais plus loin
les développemens dans une matière dans laquelle je
sais que ce sera un des bonheurs de la fonction que
j'exerce de pouvoir y recevoir de vous l'exemple, qui
vaut mieux encore que le précepte.

DISCOURS

*Pour la présentation des lettres de commutation
de peine du colonel* BOYER, *le 23 mars 1816.*

MESSIEURS,

Malgré la solennité de cette réunion, il ne s'y pas-
sera rien qui puisse éveiller la surprise : c'est encore
un acte de bonté du Roi. Que voyons-nous, chaque
jour, autre chose de ce souverain adoré? Le Ciel, en
nous condamnant à bien des maux, nous a donné,
dans sa pitié, une grande compensation, Messieurs :
il nous a donné notre Roi. Cette divine Providence,
qui, au milieu même d'un désordre apparent, règle
toutes les choses humaines en telle sorte que les causes
de destruction soient toujours réprimées par une action
essentiellement conservatrice, parce que Bonaparte naîtrait, envoya Louis XVIII, et pour dominer des discordes
sans exemple, daigna nous créer tout exprès un monarque sans modèle. Impassible comme le Dieu dont,
sur terre, il est la vivante image, il juge les actions
des hommes du haut de sa sagesse ; et faisant la part des
erreurs, des temps, des lieux, aussitôt qu'il voit poin-
dre un repentir qu'il croit sincère, il ordonne à sa miséricorde de venir désarmer sa justice : vraiment heu-

reux, dans sa céleste bonté, de pouvoir replacer au rang de ses enfans ceux à qui seulement il demande de ne pas s'obstiner à rester ses ennemis. C'est, Messieurs, à l'occasion de cette inépuisable clémence que vous voici rassemblés aujourd'hui. Un grand crime a été commis; une colonie importante avait été soustraite à l'obéissance de son légitime souverain. L'intérêt de la société demandait que le coupable fût poursuivi : il le fût. Ce coupable, du moins, offrit à sa patrie et à son Roi la seule expiation qui, désormais, dépendît de lui. Soldat, il entendit la voix de l'honneur qui lui criait de ne pas défendre une mauvaise action par de mauvais sentimens et de mauvaises doctrines. Il rendit gloire à la justice de son pays et au jugement qu'allaient prononcer ses pairs, jugement qu'avait précédé une instruction conduite avec une droiture, une dignité, un talent recommandés pour long-temps à notre souvenir. Lui-même il proclama qu'il était coupable, et qu'il n'avait d'autre refuge que dans la clémence du Roi. Ce Roi si bon ne put, en effet, se rendre sourd à la voix du remords. Son cœur a tressailli, moins de sensibilité que de la joie de trouver un guerrier français de plus, et de donner ainsi à ces vieilles armées, dont il chérit la gloire, une preuve nouvelle de sa forte volonté d'être leur père, comme il l'est de tous ses autres sujets. Je viens donc, Messieurs, vous présenter les lettres qui commuent la peine capitale prononcée par jugement du premier Conseil de guerre de la première division militaire, contre le sieur Boyer de Pierreleau, en une détention de vingt ans dans une prison d'État. Vous, l'objet d'un pardon si généreux, vous emploierez votre vie tout entière à vous en rendre digne. Jamais vous n'oublierez que votre Roi, qui ne sait pas être bienfaisant à demi, ne vous arrache pas seulement à la mort, mais qu'il vous restitue même l'honneur. Vous êtes jeune. Un moment viendra où, tout-à-fait quitte envers un reste de sévérité trop nécessaire pour l'exemple, vous serez rendu à la société : et c'est alors que pour vous commencera le devoir de prouver, pour l'honneur de l'armée et pour le vôtre, par un dévoûment inaltérable et par une inviolable fidélité, que Louis XVIII et la patrie ne devront jamais désespérer de la loyauté d'un soldat français. Pour nous, Messieurs, nous applaudissons sans doute à cet acte de la magnanimité souveraine. Magistrats, nous ne connaissons que la justice. Hommes, nous nous honorons d'éprouver la compassion. La compassion appliquée aux faits dont se sont remplis ces temps de désordre et de chaos politiques, où la fatalité trop souvent fit des coupables qui frémissaient de le devenir, peut ne pas être anti-sociale. Elle le deviendrait, loin d'être une vertu, elle serait un acte de mollesse inexcusable, si elle s'attachait aux crimes pareils qui se reproduiraient désormais. Ne négligeons pas cette occasion de faire hautement une profession de foi qui est celle de tous les vrais magistrats. Miséricorde! miséricorde! quand le cœur du Roi en ordonne ainsi pour le passé! mais inflexibilité pour l'avenir! et périsse sans espoir de pardon, quiconque, après avoir appris jusqu'où peut aller la générosité du plus indulgent des rois, serait tenté de prouver, par des trahisons nouvelles, jusqu'où peut aller l'ingratitude des pervers.

Nous requérons pour le Roi, etc.

DISCOURS

En présentant à la Cour royale les lettres de commutation de peine du général Debelle, *le 6 avril 1816.*

Messieurs,

J'ai l'honneur de vous apporter un nouvel acte de la miséricorde royale. Voici les lettres de S. M. qui commuent la peine capitale prononcée contre le maréchal-de-camp Debelle, en une détention de dix ans dans une prison d'État. Le vulgaire peut ne voir dans les bienfaits de ce genre qu'un épanchement toujours croissant de cette clémence surhumaine qui semble avoir pris pour sanctuaire le cœur de notre Roi. D'autres pensées viendront frapper de leurs clartés l'homme qui observe : et c'est notre devoir de les révéler à la société tout entière. Oui, oui : l'inspiration de la bonté, Messieurs, entre pour sa part dans les grâces dont vous avez si souvent à vous occuper; mais des motifs plus sociaux que cet adorable instinct de mansuétude, qui dans l'histoire caractérisera Louis XVIII, les déterminent. C'était, je ne crains pas de le dire, le devoir du Roi de commencer par constater sa puissance, et par venger l'honneur national de l'outrage dont l'avaient flétri les traîtres. Si le monarque eût pardonné à tout le monde, de mauvais esprits n'eussent pas manqué de propager sur lui des soupçons de faiblesse, et l'audace de quelques factieux qui restent encore aurait puisé des forces nouvelles dans cette scandaleuse impunité. Ce pénible devoir de la royauté fut rempli. Des têtes, naguère illustres, ont roulé sous le glaive des lois, aux applaudissemens de la France entière frappée de douleur en voyant renaître la nécessité de punir, mais que l'indignation eût saisie cependant, si une sensibilité fausse eût étouffé la voix de la saine politique, qui, comme la justice, demandait des exemples. Après ces exemples terribles, quel téméraire oserait douter de la force de l'autorité royale! quel coupable assez grand pourrait aujourd'hui se flatter d'échapper à la peine de ses crimes, si l'Assuérus français ne daigne étendre sur lui le sceptre de sa pitié! Mais tel est, Messieurs, le premier effet de la consolidation du pouvoir dans la royale famille de France, qu'elle ne sait plus voir d'ennemis quand elle ne voit que des cœurs repentans. Cette famille si digne de tout notre amour, cette famille à laquelle se rattachent et tant de souvenirs touchans, et tant de nécessaires espérances, l'a juré : elle veut oublier le passé. Que la France n'est-elle tout entière dans cette enceinte pour voir **comme ses** princes savent respecter leur foi! La vaste amnistie qui couvre de son voile officieux tant de crimes et d'erreurs ne suffit point aux Bourbons. Leur soif insatiable de pardon ne peut même s'arrêter devant les exceptions que la raison d'État dut arracher à leur auguste chef.

Dans ces exceptions il en était une peut-être qui semblait devoir être plus irrévocable que les autres. Au milieu des déplorables événemens qui signalèrent ce printemps funèbre d'où sortirent tant de germes de maux pour notre triste pays, un rebelle osa bien, dans nos provinces du midi, s'attaquer à la personne même de ce prince généreux, alors dépositaire des dernières ressources de la France, comme il l'est aujourd'hui de ses futures destinées. Ce qui devait perdre le coupable a fait son salut. La grande ame du héros s'est souvenue qu'il s'agissait, non pas seulement d'un crime de rébellion, mais de sa sûreté, de sa propre vie, mise en péril par le général que la loi venait d'atteindre. Voyez, Français, voyez les vengeances que vos princes mettent en réserve pour leurs injures personnelles! C'est cet illustre offensé qui, lui-même, s'est précipité sur les marches du trône, pour en faire descendre la miséricorde. Un si auguste suppliant ne pouvait implorer en vain un Roi toujours heureux de ne pas punir : et la vie fut rendue avec l'honneur à celui qu'on put sans inflexibilité croire avoir si justement mérité de les perdre. Pour nous, Messieurs, ne diminuons point, par de l'étonnement ni par de trop pénibles souvenirs, des faveurs, fruits spontanés du noble caractère non moins que de la volonté de nos princes. Qu'elles soient au contraire un sujet de joie et d'espoir pour la patrie. Croyons, d'un côté, qu'il n'est point de cœurs assez endurcis, parmi ceux-là même qu'on vit d'abord se refuser au principe de la légitimité, pour ne pas se rendre enfin à cette doctrine conservatrice dont jaillissent des actes d'une bonté vraiment adorable qui semble être dans sa nature ; et, d'un autre côté, enseignons à tous nos concitoyens ce que les *enfans* peuvent attendre du *père,* lorsque c'est ainsi que le Roi traite ses ennemis.

Nous requérons pour le Roi, etc.

DISCOURS

Prononcé à la rentrée de 1816.

DU DEVOIR, DE L'EXEMPLE,

ET DES BONNES DOCTRINES.

MESSIEURS,

Les révolutions politiques ne sont pas nouvelles dans l'histoire des peuples. Mais un bien triste caractère qui lui fut propre distinguera pourtant à jamais la révolution française de toutes les autres. La plupart de celles qui désolèrent successivement le globe furent ou des combats d'ambition individuelle entre des familles, ou bien une lutte des sujets contre le gouvernement dont ils voulaient changer les formes. Dans toutes, un homme, quelques hommes, une institution étaient renversés : tout le reste demeurait debout, et la société, spectatrice neutre, pour ainsi dire, d'une querelle où nulle de ses bases essentielles n'était attaquée, pouvait attendre avec une sorte d'indifférence les décrets de la fortune. Telle ne fut pas, Messieurs, la marche de la révolution française. Sans doute, elle s'en prit aux hommes et aux institutions politiques, dont l'influence nous avait régis avec tant de bonheur pendant plusieurs siècles. Nous ne le savons que trop, des forfaits atroces ont été commis; du moins ils ont passé: leurs sanglantes victimes n'en souffrent plus : la paix des tombeaux est devenue leur asile désormais inviolable ; mais la génération présente souffre encore : elle souffrira long-temps de la destruction qui s'est attachée, dans ces derniers temps, aux principes en même temps qu'aux choses et aux personnes. Ce qui nous a jetés dans les convulsions dont nous respirons à peine, ne fut ni la haine pour un gouvernement auquel on ne pouvait en Europe en comparer aucun pour sa modération, ni moins encore une aversion injuste autant qu'elle eût été impie pour une dynastie qui ne nous a donné, de siècle en siècle, que des sujets de reconnaissance et d'amour. L'esprit raisonneur a tout fait. Provoquée par des sophistes, la multitude voulut examiner ce qu'elle avait adoré jusque là. Elle tira de dessous le voile, où elles reposaient loin des profanes regards, toutes ces vérités nécessaires autant que sacrées, proclamées par la sagesse presque divine des anciens fondateurs des sociétés, et dont un philosophe contemporain, qu'on n'accusera pas de trop de complaisance pour les préjugés, avait eu la bonne foi de confesser que si elles n'existaient il faudrait les inventer. On ne se souvint plus du crime de Cham. Tout fut mis à nu au grand jour. Le scalpel de la meurtrière analyse vint décharner et déshonorer toutes les parties du corps social. Après s'être demandé ce qu'étaient un roi et la royauté, nos modernes Titans en vinrent bien jusqu'à vouloir escalader le ciel, pour en arracher la Divinité ; et de leur même raison dont ils se servirent à détruire le pacte de la légitimité, qui lie les rois et les peuples pour le bonheur de ceux-ci, ils détruisirent bientôt le pacte plus saint encore de la religion, qui, rattachant le ciel à la terre, garantit le genre humain par une puissance, plus forte même que celle des lois, du déluge de crimes dans lequel le noierait bientôt l'athéisme universel. Après avoir ainsi commencé, des iconoclastes en délire ne surent plus s'arrêter. Ils ne le pouvaient pas. Ce qu'il y avait de plus vénérable avait péri. Rien ne devait donc se sauver de la conflagration générale. Tout fut mis en question. Que dis-je ? tout fut décidé et décidé toujours à l'avantage de la folie contre la sagesse. On professa publiquement le matérialisme. La débauche fut honorée ; la pudeur et la chasteté furent tournées en dérision ; des lois accordèrent des primes aux filles-mères ; de là à la proscription du mariage, il n'y avait plus qu'un pas : ce pas fut franchi. Le mariage n'exista plus. La même femme put compter, sans en rougir en présence ni de la loi, ni même de la société, un grand nombre de maris, parmi lesquels ses fils ne savaient pas bien toujours démêler leur père. Avec le mariage disparut la légitimité des enfans. Nés sous les lois, ou bien hors des lois de l'hymen, comme ils vivaient impudemment dans la même maison, ils durent avoir, ils eurent en effet les mêmes droits. Ainsi se perdirent toutes les antiques notions qui maintenaient, au nom de la morale et de la religion, dans la société, l'ordre que les lois toutes seules n'auraient pas eu la puissance d'obtenir : ainsi s'écroulèrent avec ces notions même, et pièce à pièce, toutes les institutions morales, religieuses, politiques et de familles. L'observateur que le dégoût du crime et l'effort de la raison avaient préservé de cette contagieuse manie de démolir, ne promena plus qu'avec terreur ses regards sur ces vastes débris paraissant destinés à servir de sépulture à la société tombée en démence, et parmi lesquels il n'apercevait rien qui n'eût subi les coups du funeste esprit de novation.

Je me trompe, Messieurs : au milieu de ces déplorables ruines survécut comme par miracle, dirai-je une institution? une profession du moins, dont ce sera la gloire d'avoir voulu demeurer ce qu'elle fut, quand tout changeait autour d'elle. C'est de **vous**, avocats, que j'entends parler. Votre titre seul **vous** fut enlevé. Vous conservâtes vos règles, vos traditions, vos devoirs et vos sentimens. Votre sagesse combattit, autant que le permirent les malheurs des temps, contre les influences pernicieuses qui cherchaient à dépraver l'ordre judiciaire ainsi que tout le reste. Pour conserver votre indépendance, vous renonçâtes à l'ambition, ou plutôt une grande et noble ambition vous saisit, celle de vous trouver partout où l'on pût disputer un bon principe à la fureur des mauvaises doctrines, et la tête d'un homme au glaive des bourreaux. Sans exaltation, mais avec une force invincible, nous résistâmes, laissez-moi, laissez-moi cette association qui fera toujours mon orgueil, nous résistâmes à toutes les opinions dangereuses. Si nous comptâmes dans nos rangs quelques déserteurs trop fameux de la cause des rois et des peuples, nous y pûmes compter aussi d'illustres défenseurs de cette cause sacrée, et la masse entière se conserva, je puis le dire, vertueuse et pure.

Tel est, avocats, le témoignage qui vous honore et que vous méritez. Ne vous y trompez pas cependant, votre tâche n'est pas finie : la Providence, il est vrai, exauça vos vœux en nous rendant cette famille auguste et chérie, aux destinées de laquelle sont indissolublement liées les destinées de notre patrie. Nos blessures ne saignent plus, mais elles ne sont pas encore entièrement fermées ; et ce n'est point en deux ans que peut s'être tout-à-fait éteint ce génie des mauvaises inspirations, qu'il faut combattre par la force de l'exemple, et par le retour hautement professé à toutes les bonnes doctrines.

C'est vous surtout, avocats, que regarde ce noble apostolat. Appelés souvent à traiter en public, soit devant les magistrats, soit dans vos écrits, des questions qui se rattachent aux matières les plus élevées, vous avez de fréquentes occasions de rendre gloire aux vérités sociales. Que les vérités sociales soient donc constamment honorées par vous! hélas! l'expérience ne nous a que trop désabusés du danger des essais auxquels il n'est pas un seul d'entre nous qui ne puisse reprocher quelque vive douleur. Rentrons dans ces salutaires routines long-temps vérifiées par la sagesse, et qui ne trompent jamais, parce qu'elles disent, au premier pas qu'on y fait, le but certain auquel elles conduisent.

La religion fut attaquée par les novateurs : la religion aura vos premiers hommages. Il est une alliance naturelle entre elle et la vertu. Ce ne fut jamais la vertu, même quand de grands talens lui purent inspirer quelques idées d'orgueil, qui se mit en révolte contre cette fille du Ciel. Bossuet, Fénélon, Pascal, Corneille, Racine, Mallebranche, Arnauld n'ont pas seulement honoré les lettres, ils ont servi la France au lieu de l'agiter. Ils furent l'exemple du peuple par leur piété sublime, et par leur sincère soumission à la foi des ancêtres. Quels sont-ils donc ces superbes génies qui croiraient s'avilir s'ils marchaient sur les traces de ces grands hommes? leurs noms sans gloire seraient pour ainsi dire oubliés, si le soin qu'ils ont pris de les graver sur des décombres ne nous les faisait apercevoir encore aux dernières lueurs du long incendie par eux allumé dans notre triste patrie. Vous n'êtes point, avocats, les disciples de ces insensés, vous glorifierez cette religion pleine de charité comme de raison, qui commande aux hommes de se chérir et de se pardonner ; cette religion à laquelle d'aveugles esprits pourraient seuls refuser leur reconnaissance, surtout quand ses saints préceptes nous sont enseignés par ces pontifes vraiment doux de cœur, qui, dans la pureté de leur vie, l'onction de leurs discours, et le désintéressement absolu de toutes les mondanités, offrent, comme celui-là même que nous avons vu présider à cette solennité, la preuve la plus touchante et la plus irrésistible à la fois, que la vertu religieuse est une puissante garantie de la paix publique.

Immédiatement après la religion vient la morale. Ses dogmes sont moins sacrés, ses principes plus controversables, sans doute, mais son culte n'est pas moins nécessaire, surtout dans ces temps d'indocilité générale, où de fiers esprits, qui s'indignent de porter le joug de la loi, ne sont pourtant pas arrivés encore à la folie de créer le bien et le mal. Recueillez, avocats, de ce grand naufrage de la raison humaine, les débris qu'épargna la tempête. Ressaisissez, propagez sans relâche les notions du juste et de l'injuste; elles sont de tous les temps, de tous les pays, de toutes les croyances. Tonnez avec force contre ces théories sacriléges qui, s'attaquant aux devoirs des membres de la famille entre eux, menacent notre bonheur en même temps que notre vertu, et sont tout près de rompre le seul fil par lequel les sociétés tiennent encore à la civilisation. Il est même pour l'homme conduit au malheur de ne pas croire, d'instinctives inspirations du cœur, que nos passions purent mettre momentanément en oubli, mais que les ames non tout-à-fait dépravées ne sauraient rejeter, quand une voix imposante les rappelle à leur conscience. Remplissez ce devoir vraiment social. C'est en l'accomplissant que vous mériterez bien de la patrie.

Vous en mériterez bien encore en combattant un ennemi du repos public, d'autant plus dangereux qu'il se présente sous des formes décevantes, et que, se trompant lui-même peut-être sur son but, il détruit, sans s'en apercevoir, en n'aspirant qu'à perfectionner. Cet ennemi, c'est la manie de faire et refaire sans cesse les lois. Le principe de cette mobilité, à laquelle se laissent facilement aller les esprits superficiels, peut être ou puissamment amorti, ou malheureusement secondé par la conduite des jurisconsultes. Destinés qu'ils sont à réfléchir comme à parler sur les lois, si leur droit est de les juger en secret, leur devoir, tant qu'elles existent, est de les honorer en public, et de donner aux hommes du monde l'exemple de ce respect conservateur qu'il faut porter aux actes de l'autorité. Ils ne doivent pas oublier qu'un illustre écrivain, dont le seul tort fut de trop aimer des rêves politiques qu'il croyait sans danger pour les sociétés, parce qu'il avait pris la précaution d'annoncer qu'ils ne pouvaient convenir qu'aux anges, a dit que *c'est l'antiquité des lois qui les rend saintes et vénérables, et que le peuple s'accoutume bientôt à mépriser ce qu'il voit changer tous les jours.* Nous n'avons que trop méconnu cette importante vérité! que d'essais en trente années! que d'organisations ont succédé à des organisations, et de codes à des codes! que de sages théories de la veille ont été jugées folles par la sagesse du lendemain, condamnée bientôt elle-même par de nouvelles découvertes des jours suivans! Il en fut de nos lois comme des victimes de nos discordes civiles. Toutes elles tombèrent successivement sous la hache, et chaque semaine vit la législation récente ou le parti nouveau précipiter dans un tombeau, qui ne se fermait plus, la législation ou le parti dont les triomphes venaient d'étonner tous les regards. Jouets déplorables de notre fantasque imagination, plus encore que de nos passions désordonnées, ne saurons-nous donc jamais recueillir les terribles leçons du passé, et repousserons-nous sans cesse avec aveuglement l'immuabilité qui peut seule mettre un terme à nos désastres? Hommes vraiment légers, qui blâmez tout ce qui est, et vous lancez avec tant d'assurance dans de nouveaux systèmes! quelle caution nous donnez-vous donc de l'infaillibilité de votre jugement? Pourquoi nous fierions-nous plutôt à vous qu'à vos devanciers, et quand, selon vous-mêmes, tant d'hommes de talent, qui depuis trente ans se sont occupés de tout perfectionner, n'ont rien fait autre chose que tout réduire en poudre? Pouvez-vous bien nous assurer que vous avez vous seuls, et d'aujourd'hui seulement, le rare privilége de voir juste, que vous refusez à tous les hommes d'Etat et à tous les législateurs des diverses périodes? Et comment votre probité même se plie-t-elle à proposer avec une confiance si téméraire de nouveaux tâtonnemens, après tant d'autres tâtonnemens dont il n'est sorti que des malheurs! Est-on un homme de bien quand on fait avec une telle insouciance des expériences sur le corps social, qu'un remède trompeur, imprudemment adopté même par la bonne foi quand elle est inepte, peut conduire à la mort! De grâce, laissez, laissez-nous respirer. Avant de rêver le mieux, permettez-nous de jouir du bien, et souffrez que le temps, le meilleur et le plus sûr conseiller des nations, nous apprenne ce qui, dans nos lois, convient ou nuit définitivement à nos intérêts. Et vous, avocats, en attendant que nous ayons reçu ses leçons, dites, enseignez, répétez qu'il est bien sans doute de perfectionner des lois, mais qu'il est un besoin plus pressant encore pour la société que celui d'avoir des lois parfaites, savoir, le besoin de n'être pas toujours agité au nom du perfectionnement des lois.

Cette nécessité de maintenir religieusement ce qui est vous indique un dernier et grand devoir à remplir : celui d'entourer de tout votre respect l'heureux gouvernement que le Ciel nous a rendu; et c'est ici surtout que vous trouverez toutes vos obligations d'accord avec vos affections sincères.

Il est, je le sais, des circonstances délicates, où

l'honneur particulier de la profession semble mettre votre zèle en opposition avec votre patriotisme. Tant d'années d'erreur, de prestiges et de folies ont passé sur nous, que la pauvre raison humaine s'y trouve comme fourvoyée. Les passions achèvent la séduction ; et trop souvent nous voyons des victimes de ce double égarement appelées aux pieds de la justice pour y rendre compte d'actions que leur propre jugement condamne, mais où les ont entraînées l'habitude de l'audace et le désespoir de l'ambition, qui, pour le bonheur des peuples, ne sait plus où se prendre. Tout en détestant leurs crimes, avocats, vous ressentez, je ne vous en blâme pas, pour ceux qui les ont commis, quelques mouvemens de cette compassion généreuse que font toujours naître les grandes infortunes, même quand elles sont méritées. Un autre ministère doit accuser, votre ministère est de défendre. Exercez le vôtre, mais n'oubliez jamais que la loyauté doit être l'inflexible règle de tous les deux. Malheur à l'accusation, malheur à la défense qui violent les règles fondamentales de la société. Chacune d'elles devient un crime. L'une, en portant parmi les innocens la terreur qui doit ne poursuivre que les coupables, n'est plus que tyrannie et cruauté sanguinaire. L'autre, en assurant l'impunité aux criminels qui veulent de nouveau troubler la patrie, se rend la complice d'un parricide. Promulguer des doctrines dangereuses pour expliquer ou pour excuser des attentats, ce n'est pas défendre les accusés, c'est continuer leur forfait, c'est s'associer par une grave erreur de jugement, à leurs mauvais desseins. Vos devoirs sont de plus d'une espèce. Vous êtes hommes, vous êtes défenseurs, vous êtes sujets. La part

doit être faite au zèle, même à la pitié. Elle doit être
aussi faite à la fidélité, et dans les cœurs droits tous
ces bons sentimens peuvent facilement se concilier.
Les cœurs droits manifestent leur horreur pour la
rébellion ; ils proclament avec franchise comme avec
force toutes ces règles tutélaires hors desquelles il n'y
a pour le corps politique que danger et malheur.
Mais en leur rendant hommage, en leur laissant toute
leur énergie, l'avocat peut sans doute appeler au
secours de l'accusé qu'il protége toutes les considérations que fournissent les difficultés des temps, l'é-
garement général, les causes long-temps agissantes
d'une universelle corruption, les inspirations d'un
faux honneur, trompé lui-même quelquefois, en dépit
des conseils de la raison, par une reconnaissance mal
dirigée ; tous ces moyens enfin que le talent sait trouver sans qu'il en coûte rien à la vertu publique. C'est
ainsi, avocats, que vous pouvez remporter la double
gloire due à celui qui sauve un citoyen en servant
l'État, et que vous vous rendez dignes de cette définition fameuse qui exige la probité comme compagne
inséparable de l'éloquence. C'est ainsi, encore, que,
sans sortir de la condition privée, la plus heureuse
pour quiconque sait distinguer le vrai bien, vous
pouvez acquérir des droits à l'estime publique, ce
sentiment si précieux et si doux à recueillir quand
la conscience de celui qui en est l'objet est de moitié
dans les triomphes qu'elle décerne.

Pour vous, avoués, placés sur un théâtre moins
exposé à tous les regards, vous avez cependant presqu'autant d'occasions que les avocats de professer les
mêmes maximes. C'est près de vous que vont se réfu-

gier bien des confidences et s'épancher beaucoup de douleurs. Les mêmes devoirs vous regardent donc. Il vous convient, comme aux avocats, de vous faire les missionnaires des doctrines saines et de prêcher d'exemple. La Cour sait qu'elle peut s'en fier à vous de ce soin, votre conduite passée lui répond de votre conduite constante. Les magistrats se plaisent à rappeler que toutes les maximes sociales n'eurent pas de défenseurs plus zélés que vous. L'on vous vit au premier rang des sujets fidèles qui secouèrent un joug oppresseur. C'est dire assez que vous connaissez toutes vos obligations et que vous les remplirez.

••

MERCURIALE

DU **6** NOVEMBRE **1816.**

—

DE LA JUSTICE DU MAGISTRAT.

MESSIEURS,

En ouvrant la bouche pour obéir à l'antique usage qui m'ordonne de venir, chaque année, méditer avec vous sur quelques-uns des devoirs que notre ministère nous impose, les premiers accens qui m'échappent, comme malgré moi, sont ceux de la douleur. Je cherche d'autant moins à la comprimer, qu'elle nous est commune à tous. En vain nos regards errent de tous côtés, pour redemander à ces siéges deux magistrats qui, lors de la clôture de nos travaux, s'y trouvaient assis au milieu de nous. Nous ne les y reverrons plus. Deux fois, à de bien courts intervalles, l'inexorable mort a laissé tomber sur nous sa faux terrible, et deux de ceux qui jugeaient le peuple sont allés rendre compte de leurs jugemens devant ce tribunal redoutable qui juge les juges.

Laissons, Messieurs, le vulgaire parler des avantages qui les distinguaient ; de la jeunesse pleine d'espérances de l'un [1] ; de sa naissance et de ses alliances dont il se montrait si digne ; de ses talens précoces auxquels il avait dû l'honneur de venir se placer, avant le temps, dans les rangs des vieillards ; de cette douceur séduisante de mœurs, de cette aimable urbanité, charme toujours nouveau du commerce qu'on entretenait avec lui ; de tant de qualités brillantes enfin qui promettaient à la Cour un ornement de plus, un savant à la doctrine, à la religion un courageux appui, à la société un magistrat rempli de sagesse. Laissons les profanes vanter les services rendus par l'autre [2] dans une carrière qu'il honorait tout à la fois par sa conduite et par ses principes ; une patriarcale simplicité de vie, qui, pour n'être plus de notre âge, n'en était que plus digne d'une haute estime, dans celui qui avait su se préserver de la contagion du siècle ; l'étendue de lumières dont il éclairait, malgré sa modestie, avec tant de fruit pour ses collègues, les matières dont il avait fait sa spéciale étude ; cette heureuse réunion de sagesse et de gaîté, de sévérité pour lui-même, d'indulgence pour les autres, de courage à dissimuler ses maux aux siens, tandis qu'il était prêt toujours à prendre part aux leurs. Qualités sociales, vertus du monde, naissance, talens, alliances, éclatantes facultés qui présagent la gloire, ou facultés douces qui préparent le bonheur ! vous n'êtes rien pour l'homme à qui la vie échappe. Après ce peu de mots, qu'une première douleur consacre à sa mémoire, après quelques regrets dont chaque jour emporte

[1] **M.** d'Harauguier de Quincerot.
[2] **M.** Pinot-Cocherie.

quelque chose, il reste seul dans son cercueil ; seul avec ses bonnes œuvres ; seul, s'il fut l'organe des lois, avec sa justice. Louons donc, Messieurs, les deux magistrats que nous avons perdus ; mais louons-les de ce qui dure après eux, louons-les de leur justice ; ou, ce qui vaut mieux encore, imitons-les ; et pour les imiter définissons-nous bien à nous-mêmes ce qu'est la justice du magistrat.

Rendre à chacun ce qui lui appartient, proclamer le bon droit évident ; c'est la disposition de tout homme qui n'est pas dépravé : ce n'est pas là la justice du magistrat.

La justice du magistrat éclate par bien d'autres caractères ! c'est une vertu inquiète, facile à s'alarmer, pleine de pudeur et de scrupules ; recherchant avec une noble longanimité la vérité des faits et la volonté de la loi ; s'effrayant de tout ce qui peut obscurcir l'une ou l'autre ; mettant de la religion à rejeter ce qui s'adresse aux passions plutôt qu'au jugement ; étouffant tout intérêt personnel ou de coterie ; résistant non-seulement aux influences du dehors, mais encore aux affections intérieures, pour ne voir, pour ne déclarer, pour ne juger que ce qui est dans les principes du droit ; s'élevant, en un mot, au-dessus de toutes les faiblesses humaines et même de celles qui prennent quelquefois les dehors trompeurs de l'équité, parce que le juge n'est pas un homme, mais un *juge,* l'esclave et l'organe vivant de la loi.

Ainsi, Messieurs, le vrai magistrat commence par ne vouloir entendre pour la première fois les parties que sur son tribunal, ou du moins en présence les unes des autres. Loin de lui la facilité de prêter pré-

maturément l'oreille dans le monde à ces exposés menteurs ou complaisans par lesquels on essaie de lui inculquer de dangereux préjugés sur une cause qu'il ne
connaît pas encore.

Dans les cercles son devoir est bien différent de celui qui l'attend à l'audience ; il est de ne pas écouter.
Que peut-on, en effet, vouloir lui apprendre clandes-
tinement, si ce n'est le mensonge? La vérité fuit les
ténèbres : c'est au grand jour qu'elle aime à se produire ; et quiconque parle au magistrat avec mystère,
veut le tromper. Grande raison déjà pour lui de fuir
le piége : ce n'est pas la seule.

Le moment viendra bientôt où le magistrat n'aura
pas trop de toute son attention pour recueillir chacune des paroles que profèreront les parties : c'est le
moment où, se séparant de la société entière, il va
s'asseoir dans ce sanctuaire dans lequel il n'est donné
qu'à lui de pénétrer, sous peine de profanation, comme
pour lui rendre sans cesse présente, par le sentiment
de sa dignité, son obligation de n'y laisser entrer avec
lui aucun des souvenirs du monde, qui, tous, doivent venir expirer au pied des autels de la justice. Là
vont commencer ces discussions d'où dépendent l'honneur, la vie et la fortune des hommes. Là va commencer aussi pour lui, s'il veut être tout-à-fait juste,
la nécessité de ne pas perdre une syllabe des systèmes
contraires qui lui seront soumis par les parties. Mais
ce devoir d'écouter sur le tribunal, comment le rem-
plira-t-il s'il a commis la dangereuse indiscrétion d'é-
couter dans le monde? Assez de causes d'ennui vont
attaquer, malgré lui, sa volonté d'être attentif, et l'entraîner, à son insu, dans de blâmables distractions.

L'orateur manquera de talent ou de clarté. Il ignorera l'art de parler avec intérêt. La matière sera d'elle-même aride et fastidieuse. Le poids de la saison, quelque mauvaise disposition personnelle viendront rendre plus difficile l'effort de suivre le fil d'une argumentation dénuée de vie. Que sera-ce si le juge a commencé par s'ôter à lui-même toute curiosité d'apprendre une cause qu'il croira savoir? La tiédeur, l'engourdissement, que sais-je, le sommeil peut-être, triompheront de sa faible résistance : d'autant plus malheureux dans cette désertion de son poste, qu'il ne pourra pas s'excuser à ses propres yeux, sur la fragilité humaine, puisqu'il aura voulu mépriser de bonne heure toutes les précautions qu'il devait prendre pour s'en garantir !

Le juge qui veut se délivrer d'une trop longue contention d'esprit est ingénieux quelquefois à s'en fournir à lui-même des prétextes. Si on l'en croit, il a compris la cause tout d'abord, et il n'a plus besoin de suivre d'interminables plaidoieries qui ne lui sauraient apporter de lumières nouvelles.

Subterfuge frivole, par lequel on cherche à se tromper soi-même !

Vous avez compris tout d'abord ! soit. Je ne vous conteste pas votre sagacité. La sagacité pourtant n'est point infaillible; et plus d'une fois, pour celui qui procède sans entêtement dans ses idées, et comme le doit faire un digne prêtre de la justice, une clarté soudaine s'élançant d'une discussion, au moment où l'on s'y attendait le moins, vint rectifier l'erreur d'un premier aperçu; mais enfin, si votre probité, sans s'alarmer, accepte le péril de manquer peut-être de justice, quand vous croyez ne refuser qu'une inutile attention, daignez la feindre encore, ne fût-ce que par respect humain ; feignez-la même par bonté de cœur.

Ce plaideur mécontent qui va perdre son procès, et qui, comme tout le public, a vu que son juge n'écoutait plus, n'aura garde d'emporter avec lui la conviction que la justice a prononcé. Il criera à la légèreté. Il aura tort : je le veux. Toutefois il trouvera beaucoup d'échos disposés à répercuter ses clameurs : et ces répétitions plus ou moins téméraires de reproches adressés, non sans prétexte, aux magistrats, ne seront pas propres à les faire honorer davantage. N'y eût-il donc que cette considération humaine, elle suffirait pour commander au bon goût de continuer l'attention, même quand le devoir la juge superflue. Mais les égards dus au malheur la commandent plus fortement encore. Que la partie qui succombe emporte du moins avec elle la consolation de croire qu'aucune de ses raisons n'est échappée à la méditation du juge, qu'elles ont été toutes entendues, toutes pesées, toutes jugées. Alors le sentiment de l'injustice n'aigrira pas le sentiment de sa douleur. La volonté même de calomnier ne saura où se prendre ; l'ame du juge sera plus tranquille et son honneur plus respecté.

La justice consiste encore, Messieurs, dans une servile obéissance aux lois. C'est ce qu'il faut se répéter souvent à soi-même : car l'un des piéges les plus redoutables pour la conscience du magistrat, c'est le combat que l'équité, ou ce que l'on prend pour elle, livre quelquefois au droit positif.

Rien n'est si commun dans les esprits d'une médiocre étendue que cette disposition à tout juger selon son sens plutôt que selon ce que prescrit une règle abstraite et inflexible. Il y a dans ces démentis secrets qu'on donne à la loi je ne sais quelle jouissance pour l'orgueil; parce qu'on met la loi à ses pieds, on se croit plus grand qu'elle. Elle a manqué de discernement ou de raison : qu'il est donc élevé ce pouvoir qui peut réparer ses torts! comme l'homme qui en est investi prend de l'importance à ses propres yeux! et au reste sa conscience n'en murmure pas : elle lui persuade que dans les circonstances données l'application de la loi contiendrait une évidente iniquité.

Qui vous l'a dit qu'il y aurait iniquité, magistrat rebelle à la loi? Votre jugement. Le jugement humain ne trompe-t-il jamais? n'est-ce pas au contraire parce qu'il se trompe souvent et pour préserver la société de la bigarrure des décisions judiciaires, que fut inventée l'uniformité des règles? et de quel droit placez-vous donc ainsi votre raison au-dessus de celle du législateur? où sont vos preuves que votre volonté vaut mieux que la volonté publique? pour vous-même, pour votre propre tranquillité, ah! soyez plus modeste; et ne vous préparez pas d'inquiètes insomnies par le souvenir importun d'actes qui vous chargent d'une effrayante responsabilité.

Prenons-y bien garde, Messieurs, le magistrat qui ne craint pas, en jugeant, de violer la loi, sous prétexte de l'équité, commet d'abord envers son pays une grande faute qui, pour être ignorée et pour échapper à la répression extérieure, n'en constitue pas moins un empiètement de pouvoir propre à tourmenter une ame timorée. Par cette faute, il bouleverse, autant qu'il est en lui, la société, si son exemple trouve des imitateurs. Et malheureusement il en trouve. Par une séduction trop naturelle à quiconque est dépositaire d'une portion d'autorité, on tend toujours à l'agrandir. Il est si doux, si commode de ne porter nulles chaînes! ainsi bientôt les décisions des tribunaux ne sont plus que des actes de liberté absolue. On se dit toujours qu'on se décide par l'équité. Mais, comme la raison de chacun, suivant qu'il est plus éclairé, se la définit à sa guise, l'équité n'est plus qu'un mot dont se servent la passion, la complaisance, l'intérêt personnel, une ambitieuse volonté pour consacrer des caprices, des faveurs, et le despotisme judiciaire. L'arbitraire le plus effrayant remplace la loi. Les citoyens ne savent plus d'avance quelle est au juste la valeur de l'action qu'ils exercent. Comme il n'y a plus de règle inviolable, les jurisconsultes ignorent quels procès ils doivent ou défendre ou délaisser. Les conventions sont un jeu de hasard, les jugemens des chances, et tous les droits tombent dans le chaos. Voilà ce que fait pour la société le juge d'équité.

Il fait bien pis pour lui-même; car il se place souvent dans une position réellement déplorable. Si la loi s'est trompée, si lorsqu'il applique, dans la sincérité de son cœur, une disposition portée par une puissance supérieure à la sienne, il commet un tort, le crime en est à la loi : c'est à la loi seule qu'il convient d'en répondre. La conscience du juge est tranquille. Mais quand au contraire ce juge se crée à lui-même une puissance indépendante et un code tout personnel, malheur à lui s'il se trompe! son erreur est de lui; il en répond : c'est à ses dépens qu'il doit la réparation du préjudice qu'il a causé par son vain orgueil. Le réparer en ce cas n'est pas un acte de commisération sublime : c'est un acte de la probité la plus commune et de la plus grossière justice.

Ainsi pensait sur la nécessité imposée au vrai magistrat, de courber la tête, au prix même des plus honorables mouvemens de son cœur, sous le joug de la loi, ce vertueux Nestor de la magistrature, cet héroïque Angran d'Alleray, dont la noble carrière méritait si bien l'honneur de se fermer par le sacrifice qu'il fit de sa propre vie à son attachement pour son roi. Un inexorable créancier avait subitement frappé des rigueurs de la contrainte un débiteur malheureux. Celui-ci en appelait au respectable lieutenant-civil. Il ne demandait qu'un délai pour réaliser une ressource infaillible. Le créancier le refusait. Quelques jours sauvaient le crédit du négociant, sa fortune et sa famille. Sa femme, ses enfans, lui-même, tous en pleurs, prosternés aux pieds du juge, imploraient sa puissance et sa pitié. La pitié s'y trouvait, Messieurs; à côté d'elle était aussi le respect pour la loi. La loi parlait, la pitié se tut. M. d'Alleray essuya ses propres larmes : il prit la plume et signa courageusement l'ordre de conduire le débiteur en prison. Voilà ce que fit le magistrat de la loi.

Je ne parle pas de ce qui suivit : tout le monde le sait. Incontinent le vénérable vieillard, sans être arrêté par l'inclémence de la saison ni par l'heure avancée de la nuit, vola lui-même, accompagné d'un serviteur fidèle, sur les pas du prisonnier pour briser ses chaînes, en acquittant la dette : digne assurément d'éloges, quand son bon cœur lui faisait ainsi soulager une infortune! mais cent fois moins vertueux et moins grand que quand tout-à-l'heure il venait d'immoler sa puissance à l'autorité de la loi, et quand il avait commencé par sauver la société du danger que lui eussent fait courir, dans une ame commune, les inspirations d'une fausse équité en révolte contre la volonté du législateur.

Si l'on doit sacrifier à la loi, Messieurs, jusqu'aux sentimens les plus généreux, c'est assez dire qu'à bien plus forte raison on lui doit le sacrifice de ses opinions. Avant de revêtir la pourpre, Magistrats, vous avez juré obéissance aux lois. Ce serment ne fut pas labial, et ce n'est pas à des hommes comme vous qu'il faut venir prouver la sainteté du serment. Que deviendrait-il cependant si, nous permettant de juger certaines de ces lois que, comme toutes les autres, nous avons juré d'observer, nous nous formions le système d'éluder celles qui ne seraient pas d'accord avec nos doctrines particulières? Ne nous abusons pas nous-mêmes, ce ne serait pas là de la morale : il n'y a pas de morale à fausser ses sermens, lorsqu'on est toujours le maître de résigner sa fonction ; ce ne serait pas de la justice : la souveraine justice c'est la loi. Hors de la loi, tout est controverse, ignorance, incertitude, agitation. Dans la loi seule est la certitude et la science. Remettons-nous-en à la sagesse du Souverain éclairé que la Providence devait aux maux de la France, du soin de provoquer la réforme des parties défectueuses de notre législation. Imitons jusque là sa sincérité comme sa réserve, et garantissons, par notre résignation à suivre des lois dont quelques-unes

même peuvent nous déplaire, notre fidélité à des lois
que nous jugerions être meilleures, si sa raison juge
un jour convenable de les proposer.

Assez d'esprits inquiets, Messieurs, accoutumés au
changement par les agitations des dernières années,
méditent des innovations. Nous, les anciens de la nation, ne les encourageons pas par des inquiétudes
pareilles. Que notre soumission à tout ce qui est,
donne à la société, s'il se peut, et l'exemple du repos
dont elle a si grand besoin, et le goût de la fixité sans
lequel il n'est pas de repos. Mettons-y même une
bonne foi tellement entière que nous ne craignions
pas, si par hasard nous ne voyions pas dans la loi ce
que d'autres jugemens croient y découvrir, de consigner dans les décisions notre doctrine à découvert,
en telle sorte que si elle recèle une erreur, cette erreur puisse être signalée et réparée par ceux qui en
auraient le pouvoir.

Se tromper est de tous les hommes.

Vouloir se tromper impunément n'est que des mauvais génies.

Les grandes ames, les ames fortes veulent que leurs
erreurs ne fassent jamais de victimes. Quand des recours existent en vertu des lois contre les aberrations
possibles de leur esprit, ce n'est pas elles qu'on verra
jamais rêver des moyens d'éluder ces recours. Devant
vous, Messieurs, si dignes de vos hautes fonctions
par votre loyauté non moins que par vos lumières, on
peut proclamer avec une grande sécurité ces doctrines dont peut s'effaroucher seule une ambition vulgaire, amoureuse de la puissance de faire du mal s'il
lui plaît. Vous ne voulez de puissance que pour faire

du bien : et faire du bien, pour les organes de la loi, c'est être justes.

Un grand prince disait que si la bonne foi était exilée de la terre, il faudrait la retrouver dans le cœur des rois.

Votre maxime à vous, Messieurs, et j'aime, en finissant, à m'en pénétrer comme d'une leçon que je reçois de votre sagesse, c'est que la vraie et parfaite justice, si les hommes étaient capables de la méconnaître, doit se retrouver toute vive et tout entière dans le cœur des magistrats.

DISCOURS

Pour la rentrée de 1817.

———

DE LA BONNE FOI DANS L'AVOCAT.

Messieurs,

La bonne foi est l'un des liens les plus nécessaires de la société. Point de transaction grande ou petite, point de profession qui puisse utilement s'en passer. Depuis le potentat qui stipule avec les autres têtes couronnées, jusqu'au dernier artisan qui débat ses intérêts avec d'obscurs citoyens comme lui; depuis les traités dont la force enchaîne les nations, jusqu'aux contrats où sont déterminés les rapports privés, tout doit être soumis à cette grande régulatrice des hommes et des choses. Ce n'est pas la morale seule qui le veut ainsi; c'est l'intérêt. La bonne foi ne convient pas à l'intérêt moins qu'à la vertu. Consultons l'expérience. A toutes les époques, chez tous les peuples, dans toutes les conditions, nous verrons la renommée durable et les succès sans revers s'attacher de préférence aux nobles caractères qui eurent horreur de la perfidie. Parmi les rois, notre Louis XII s'est acquis

une gloire immortelle autant que douce par sa fidélité. Dans un rang moins éclatant, le nom d'Aristide
a traversé les siècles pour arriver jusqu'à nous couvert
des respects de tous les âges, et il n'est pas d'ame élevée qui ne donne des larmes, si même elle ne porte
envie, à ce généreux Régulus, pour qui sa foi fut tout
et la mort rien. Au reste, sans aller chercher nos exemples sur le trône et dans des circonstances héroïques,
dans les temps reculés et chez d'autres peuples, bor-
nons-nous à regarder autour de nous. La carrière publique ou privée de tant de nos contemporains est là
pour nous enseigner que la bonne foi fut toujours le
plus sûr parti comme il est le plus juste. Durant nos
troubles, autant d'hommes se sont perdus en trahissant qu'en suivant leur conscience, et les échafauds
n'ont pas moins dévoré de bourreaux que de victimes.
Dans les diverses conditions de la société, quoi qu'on
en dise de l'injustice humaine, et malgré les lieux
communs de quelques moralistes de mauvaise humeur sur les honneurs prodigués au vice, en observant avec attention, nous verrons la véritable estime
suivre, en général, la bonne foi, et celle-ci procurer
des avantages de plus d'un genre à ceux qui s'honorent de la pratique constante de ses lois.

S'il en est ainsi, si le guerrier, le négociateur, le
financier, le commerçant, l'homme du peuple doivent
tous les garder, que dirons-nous, Avocats, de vous et
de votre grande profession?

Doués de science pour diriger vos concitoyens, de
talens pour les défendre, de la connaissance des affaires pour aider les plaideurs de votre expérience, vous
êtes les patrons de toutes les familles.

La société vous distingue; toujours l'opinion vous décerna comme un rang à part. Vous n'êtes pas le commun des hommes pour la considération publique. Songez que ce privilége vaut d'être payé, et qu'il ne vous est pas permis d'être du commun des hommes en conduite.

Ce qui seulement est calcul ou simple obligation pour la multitude, devient pour vous un dévoûment nécessaire, un culte. Que les hommes ordinaires soient les adorateurs de la bonne foi : vous, vous en êtes les pontifes, et ce sacerdoce, comme tous les autres, demande une pureté qu'il est juste d'attendre de vous en compensation des honneurs dont vous êtes investis. L'opinion est un créancier usuraire : elle veut recevoir en proportion de ce qu'elle accorde. Ainsi à Rome, ce collége de prêtresses chargées de conserver le feu sacré n'étaient de simples Romaines ni pour les prérogatives ni pour les châtimens.

C'est aussi le feu sacré de l'honneur et de la vertu que vous pouvez, Avocats, entretenir dans votre patrie. Cette mission est grande et belle. Voyons ce qu'il convient de faire pour la remplir dignement, et comment doit être observée par vous la bonne foi particulière à votre profession, dans tous les rapports que celle-ci vous donne, soit avec les individus, soit avec la société.

1º *Bonne foi dans le choix des causes.*

Ce que la société, d'abord, attend de vous, c'est l'exemple d'un respect religieux pour la morale publique. Votre ministère appartient sans doute à tous ceux qui l'invoquent. Toutefois, dans votre heureuse indépendance, le scandale n'a pas le droit de vous appeler à son aide. Le premier soin de l'avocat, comme son premier devoir, est d'examiner avec sincérité ce qu'il peut y avoir d'honnête ou de honteux dans les causes pour lesquelles on réclame son zèle. Ce serait en effet ravaler bien étrangement cette belle fonction que de la condamner à devenir l'instrument obligé d'une action impie ou contraire aux principes du véritable honneur. Non : tant de vertus et de doctrine n'est pas exigé de ceux qui se consacrent à la défense publique, pour qu'il leur soit permis de se considérer comme de vils automates appartenant à tout venant, et pouvant être mis en œuvre sans spontanéité par les méchans comme par les bons, pour l'ébranlement comme pour la conservation de l'ordre social. L'ordre social gémit en vain d'entendre trop souvent ces affligeantes contestations que ne motive nul intérêt, hors celui des passions et des fureurs. L'accès des tribunaux ne saurait être interdit à personne. Un père dénaturé peut venir y méconnaître son sang ; un fils sacrilége y traîner son père ; des époux sans conscience s'y couvrir d'opprobre et d'impudiques calomnies ; des ennemis acharnés s'y livrer à toute la rage de leur haine et de la vengeance. Puissante pour juger ces déplorables causes, la justice n'a nulle puissance pour les étouffer avant de les entendre. Ainsi la pudeur publique a été violée et l'opinion peut-être pervertie, sans que la magistrature ait eu le droit de prévenir le mal. Ce qu'elle n'a pu, vous le pouvez, Avocats, et c'est de vos prérogatives celle dont l'utile exercice importe le plus à la société. Vous, aussi, vous êtes des juges.

La loi qui reçut vos sermens de ne donner nulle assistance à l'iniquité, votre conscience et votre liberté, vous érigent à vous-même un tribunal domestique et comme préliminaire, sur lequel la bonne foi vous ordonne de décider, d'abord, les causes qui vous sont soumises. Là, forts de votre loyauté, il vous est donné de faire rougir l'audace des excès qu'elle se prépare à commettre, ou si, malgré la sagesse de vos avis, elle s'endurcit dans ses mauvais desseins, de la frapper de vos anathèmes, précurseurs de ceux de la justice. Souvent même les vôtres détournent les siens des têtes qu'ils menaçaient : et plus d'une fois un furieux, après avoir recueilli successivement les vertueux dédains de plusieurs de ces chefs du barreau, qu'il avait follement espéré de tromper, a déserté de coupables projets dont le décourageait sans retour la persuasive censure de ces interprètes impartiaux de la raison. Soyez bénis, au nom de toutes les familles, hommes de talens et de bien, si dignes de toute leur confiance! Jouissez du triomphe que vous décerne l'estime générale. Quelles palmes de l'éloquence valent cette jouissance si douce? Vous pouviez être les fléaux de la société, vous en êtes les bienfaiteurs : et quand, dans d'autres occasions solennelles, vos noms voleront de bouche en bouche, aucune voix ne s'élèvera pour vous disputer votre gloire.

Il est vrai que, pour arriver à cette impartialité sainte, il faut à l'avocat une sérieuse attention sur lui-même. De tous les genres de séduction, le plus entraînant est celui qui s'adresse à l'orgueil. Les causes scandaleuses sont les plus extraordinaires : parce qu'elles parlent le plus à l'imagination, elles offrent au talent plus d'occasions de faire briller toutes ses ressources. Tel homme est supérieur aux viles insinuations de la cupidité qui ne sait pas résister aux perfidies de l'amour propre. L'amour propre est ingénieux à se faire illusion. Il refuse de voir ce que renferme d'odieux la cause qui lui est offerte, pour n'en saisir que ce qui est plausible. Il se fait à lui-même des paradoxes propres à se persuader. Il combat contre la conscience. C'est au milieu de cette lutte, que la faiblesse humaine ne peut pas toujours empêcher de naître, que le véritable avocat appelle à lui la bonne foi. Il la consulte avec simplicité. Elle parle : il obéit ; et il rejette courageusement l'occasion qui d'abord lui souriait, de faire retentir son nom, en songeant qu'il n'y a qu'une seule renommée desirable, qu'une seule qui ne prépare pas de remords, savoir, celle dont on n'a pas à rougir.

2° *Bonne foi avec ses cliens.*

La bonne foi de l'avocat, au surplus, ne consiste pas seulement à rejeter les causes qu'il ne saurait défendre sans honte. Il en est d'autres que décline encore sa raison : et cette fois ce n'est plus l'intérêt de son honneur, c'est celui de ses cliens qui en ordonne ainsi. Des plaideurs qu'égare la convoitise ou l'humeur, invoquent son ministère en faveur de prétentions qui blessent la justice ou la loi. Une ame ordinaire pourrait se croire quitte envers ses devoirs de n'approuver point ce qu'ils condamnent. L'avocat de bonne foi va plus loin. Il sait qu'il doit ses conseils à des parties qui se fourvoient : il leur remontre leurs torts ; il leur prédit leurs revers ; il les engage, tandis qu'elles peuvent

s'en faire un mérite encore, à se départir de mauvais
systèmes. Il prévient ainsi, pour ceux qu'il concilie
avec sagesse, les malheurs qui les attendaient, en
même temps qu'il fonde pour lui-même une considération d'autant plus indestructible, qu'amis et adversaires s'empressent à l'envi à lui rendre hommage.

3° *Bonne foi avec ses confrères.*

Là ne finit point pour l'avocat le devoir de la bonne
foi. Après l'avoir appliquée aux intérêts de ses cliens,
il lui reste à l'appliquer encore aux relations qui l'unissent à ses confrères. Un commerce intime s'établit entre eux et lui. La bonne foi est l'ame de ce commerce;
la bonne foi en est aussi le bonheur. Sortons du barreau. Fermons ce temple de l'honneur et de la loyauté,
dans lequel ne se trouveraient pas de modèles pour
les portraits que je vais offrir à vos regards. Voyez,
dans cette espèce de repaire de la chicane, ces deux
hommes sans titre, sans fonction, sans doctrine, qui
ne s'en constituent pas moins, de leur autorité privée,
les défenseurs des droits des parties. Ils se sont réunis
pour s'accorder, disent-ils, sur les intérêts qui leur
sont confiés. La fraude respire dans leurs discours; la
fraude est empreinte sur leurs traits. Ils se prodiguent
le sophisme et le mensonge. L'astuce, décorée du
nom adouci de finesse, enfante chaque proposition
mutuelle. Se rendant justice l'un à l'autre, ils ne
sont occupés que d'un soin, celui de se défendre des
piéges qu'ils savent bien qu'ils se tendent. Toute leur
attention se consume à deviner leurs ruses, en même
temps qu'ils multiplient leurs efforts à se bien trom-

per. S'il s'agit de rédiger une convention, les sens louches, les équivoques adroites, les obscurités préparées, pullulent de part et d'autre, pour créer des germes inépuisables de procès. Trop heureuses encore les parties qui ont eu la folie de se livrer à de tels défenseurs, s'il reste à ceux-ci assez de pudeur pour n'oser pas se corrompre ouvertement, et si d'un vil encan ne sort pas une transaction dans laquelle on achève la ruine de celle des deux qui n'a pas couvert les enchères! Quelle existence que celle de ces artisans de discorde! Poursuivis par le ressentiment de leurs cliens, non moins que par celui de leurs adversaires, ne pouvant se refuser l'un à l'autre le mépris qu'ils méritent, ils n'osent même se regarder en face quand ils se rencontrent : et de leurs honteux souvenirs, ainsi que de la défiance qu'ils s'inspirent également et à trop bon droit, sort un sentiment de malaise habituel qui ne saurait plus les abandonner lorsqu'ils ont à traiter ensemble de nouveaux intérêts.

Pour le soulagement de l'imagination, plaçons, en regard de ce hideux tableau, le tableau consolant de ces deux jurisconsultes vieillis dans le culte des lois, de la bonne foi, et rapprochés aussi l'un de l'autre, pour prévenir, s'ils le peuvent, un litige qui va diviser deux familles. Avant qu'ils se soient encore parlé, leur tâche est commencée déjà. Une bienveillance mutuelle fondée sur la mutuelle estime les précède. Ils s'abordent. L'honorable amitié qui les unit se peint sur leur visage, tandis qu'une confiance affectueuse déborde de leurs cœurs. Ils se parlent et se croient : ils ne se sont jamais trompés. Leurs bonnes intentions, qui se répondent, ne sont embarrassées que d'un point, celui d'exiger l'un de l'autre, sans s'en apercevoir, des sacrifices que l'équité désavouerait. Si l'un d'eux se laisse trop aller aux mouvemens de son zèle, car le bon zèle peut avoir ses erreurs aussi, l'autre l'en avertit avec les égards que se doivent les hommes de bien, et la modération renaît. La sagesse comme la sincérité n'abandonnent jamais la controverse; et la sincérité comme la sagesse consomment l'arrangement. Le traité de paix, clair, précis, qui règle tout, qui prévoit tout, se signe, et les deux négociateurs se retirent en se serrant la main, pleins de reconnaissance l'un pour l'autre de la bonne foi avec laquelle ils ont stipulé, pleins de ce respect que la probité ne peut se dénier à elle-même, heureux du bien qu'ils viennent de faire, heureux surtout de le devoir à un noble compagnon qui est aussi leur ami.

4° *Bonne foi dans les arbitrages.*

Il est inutile d'ajouter, Messieurs, que des hommes d'une bonne foi aussi irréprochable avec leurs confrères dans la contradiction, s'honorent, à bien plus forte raison, de la professer tout aussi entière dans les occasions où, troquant, par la volonté des parties, le zèle contre l'impartialité, ils sont appelés à l'exercice d'une magistrature privée. Ce n'est pas aux avocats qu'il est besoin d'apprendre que le devoir essentiel d'un arbitre est de se bien pénétrer de l'idée qu'il n'appartient plus désormais qu'à la justice. Des hommes grossiers et sans lumières comme sans délicatesse peuvent seuls croire qu'un arbitre doit son opinion à la partie qui le nomme; mais, tout éloigné qu'est l'avocat de partager cette erreur populaire, tout animé qu'il est de la volonté d'être juste, il a besoin, sans doute, de se bien surveiller lui-même pour ne pas succomber à la tentation d'écouter la voix de l'amitié. C'est ici qu'il faut une grande sévérité d'analyse pour les inspirations du cœur non moins que pour les opérations de l'esprit. On se dit à soi-même, il est vrai, qu'on veut être juste : mais il y a toujours une certaine disposition cachée à trouver que la justice est du même côté que la bienveillance. Est-il bien sûr en effet que l'intention soit tout-à-fait aussi impartiale qu'on se le dit? En sondant son cœur est-il sûr qu'on n'y trouve pas de molle complaisance? Ne remarque-t-on pas en soi un penchant secret à trouver bonnes toutes les raisons d'une partie, à trouver faibles tous les moyens de l'autre? Voilà ce dont il faut bien se rendre compte sans indulgence et sans flatterie, en ayant soin toutefois de ne pas tomber par un excès de scrupule, dont après tout il est plus rare d'avoir à se défendre, dans un autre danger, celui de refuser justice à l'amitié, uniquement parce qu'elle est l'amitié. Cette erreur de la vertu n'en serait pas moins une erreur. Avocats, quand vous êtes juges, souvenez-vous de ce que vous exigez justement des magistrats. La justice est aveugle ; elle ne voit ni amis ni ennemis : elle est toute pour la raison et pour le bon droit. L'avocat-arbitre ne peut ni ne doit avoir d'autres règles de ses décisions.

Tels sont les devoirs que la bonne foi de l'avocat lui impose envers les particuliers. Ceux qu'elle lui impose envers le public ne sont pas moins grands.

5° *Bonne foi dans les plaidoieries.*

Dans l'ordre de ces devoirs, le plus nécessaire comme le plus fréquent, c'est le devoir de ne jamais dissimuler la vérité aux tribunaux. L'imposture est sans cesse aux aguets pour les tromper. Les avocats sont les sentinelles avancées de la justice. Ce mot seul suffit à définir leur principale obligation. Que dirait-on d'une sentinelle qui livrerait la place à l'ennemi? L'avocat vraiment digne de ce nom n'a garde d'imiter cette lâche défection.

Dans les faits.

Récite-t-il des faits? les magistrats peuvent croire aveuglément ce qu'il dit. Si pour les hommes du monde eux-mêmes la plus grande bassesse est le mensonge, comment un homme public qui se respecte pourrait-il se ravaler jusqu'à mentir! Il est sans doute dans l'art oratoire des formes en usage pour présenter les actions sous le jour le plus favorable; mais ces formes elles-mêmes cesseraient d'être tolérées par la bonne foi, si elles allaient jusqu'à dénaturer les faits dans leur substance.

Dans la production des pièces.

Ce qui serait plus impardonnable encore que l'altération de la vérité dans les faits, ce serait l'inexactitude volontaire dans le compte rendu des pièces. Il n'y aurait pas assez de censures pour une infidélité pareille. Celui qui se la permettrait n'outragerait pas seulement les lois de la bonne foi particulière de sa profession : il violerait celles de la bonne foi commune. En lui, les juges ne pourraient plus reconnaître un avocat : et bientôt sans doute, ou la discipline ne serait qu'un vain mot, il cesserait de l'être.

Dans les thèses.

Aussi n'est-ce pas, Messieurs, dans ces deux parties positives de la défense, la narration et l'exposé des pièces, que le défenseur a plus besoin de se rappeler les règles de la bonne foi. C'en est assez dans cette double occasion des conseils du respect humain, sans qu'il soit nécessaire que la probité y vienne ajouter les siens. C'est dans le choix des moyens que ces règles ne doivent jamais être perdues de vue, parce qu'il est plus facile alors de s'en écarter. Certains d'entre eux peuvent être mal appréciés par un jugement douteux : or, il y aurait bien de la rigueur à faire des crimes au jurisconsulte de simples erreurs. Il y en aurait trop encore de ne pas tenir compte aux hommes modestes de la défiance d'eux-mêmes, qui fait qu'ils n'osent pas toujours, sur la foi de leur seule raison, rejeter des thèses un peu spécieuses. Mais où la rigueur n'est plus que justice, c'est à l'égard de ces défenseurs intrépides qui, spéculant sur ce qu'ils supposent de faillibilité à quelques-uns de leurs juges, font ressource d'argumens de tout genre, entassent sophismes sur sophismes, ne craignent pas de professer sciemment des hérésies judiciaires, et pour rappeler le sens d'un indécent brocard du Palais, dont je n'oserais répéter les termes triviaux, taillent des raisonnemens à la mesure de tous les esprits : adresse misérable, rarement suivie du succès! adresse irrespectueuse pour les magistrats qu'elle déconsidère, moins encore pourtant qu'elle n'est propre à déconsidérer les rhéteurs déloyaux qui se la permettent! adresse enfin dont tout le fruit que finissent par en recueillir ceux qui se servent de ce honteux prestige, est de rendre plus soupçonneux l'esprit de leurs juges, et de leur donner la tentation de se montrer difficiles sur les bonnes thèses présentées par un défenseur de ce genre, à cause de l'habitude qu'ils lui connaissent d'en soutenir d'absurdes. Pour l'honneur de son art, pour sa propre réputation, par respect pour la bonne foi qui n'admet pas ces ruses scholastiques, l'avocat jaloux d'obtenir la confiance universelle n'a garde de la repousser par de telles pratiques. Il peut se tromper : mais il ne professe jamais que les principes auxquels il croit; et il n'est pas d'intérêt, quelque grand qu'il soit, pas même celui de la vie d'un homme, qui pût lui arracher des erreurs volontaires ou de fallacieuses doctrines.

6° *Bonne foi dans la défense des accusés.*

Cette réflexion me mène, Messieurs, à parler de ces grandes occasions où la bonne foi devient un devoir plus étroit encore de la défense, parce qu'à l'accomplissement de ce devoir se rattache l'intérêt public, placé quelquefois en opposition directe avec l'intérêt d'un individu. Je veux parler de la défense des accusés.

La défense des accusés!

Que de hautes idées ces seuls mots réveillent! combien ils retracent de grands devoirs qui se compliquent entre eux! une infortune qu'il ne faut pas abandonner; la société qu'on ne doit ni trahir ni sacrifier à une molle pitié; du courage à développer sans audace; des fautes à pallier sans corruption de la morale publique; les obligations de l'homme et du sujet à combiner en telle sorte que l'humanité et la fidélité ne s'attaquent ni ne s'entre-détruisent; en un mot un accord parfait de tous les sentimens bien réglés se prêtant un appui mutuel et secourant le malheur de manière à n'en pas moins laisser subsister tout le respect dont la puissance publique a besoin pour protéger et conserver l'ordre social; telles sont, Messieurs, quelques-unes des pensées que la bonne foi recommande à l'avocat dans la défense criminelle.

C'est dire assez déjà que cette défense si imposante par les devoirs relevés qu'elle impose, et si féconde en émotions pénibles et d'un accord difficile, est un tribut que tous les talens du barreau doivent à la justice, mais qu'elle ne saurait constituer ni une habitude ni encore moins une profession particulière.

Comment le pourrait-elle être?

La sensibilité ne le permettrait pas. Quoi donc! il y aurait des avocats qui se condamneraient à n'habiter plus, par état, que les cachots; qui feraient leur société de chaque moment d'hommes destinés presque tous à monter sur l'échafaud, pour y trouver la mort ou l'infamie; dont l'emploi exclusif serait de recueillir tous les remords, toutes les fureurs, tous les désespoirs, toutes les agonies; d'avoir sous les yeux, sans cesse, le spectacle de ce que l'espèce humaine offre de plus révoltant; de n'entendre parler que de forfaits et de châtimens; et de porter, pour comble d'horreur, jour et nuit, dans leur pensée, dans leur mémoire et dans leurs songes, les funèbres images de scélérats justement immolés à la vengeance des lois! La religion elle-même n'aurait ni macérations ni austérités comparables à ce tourment renouvelé sans cesse. Pontife sacré [1] dont les mains paternelles ont daigné nous bénir aujourd'hui pour la troisième fois, à vous seul semble appartenir, ici, le droit de parler de ces hautes vertus, parce que votre vie tout entière s'est écoulée dans leur pratique. Apprenez-nous donc que cette religion sainte et sévère n'imposerait pas ce supplice à ses ministres, à qui elle trouve assez de courage et de dévoûment lorsque chacun d'eux, à son tour, vient offrir au crime enfin condamné des expiations, des consolations et un salutaire repentir.

L'honneur, Messieurs, non plus que la sensibilité, ne souffre pas que la défense des accusés devienne une occupation exclusive.

Ne nous y trompons point. A moins d'un dévoûment d'une si haute générosité, qu'il est impossible d'y croire, parce qu'il surpasserait toutes les forces humaines, quiconque se crée un travail pour toute sa vie, et quiconque n'en connaît pas d'autre, y cherche, a raison d'y chercher les dédommagemens que tout travail doit produire. Mais dans quelle source peut-on puiser les dédommagemens de celui-ci? De quelles mains sortent-ils? Où, à qui, en quelles occasions, par quels moyens ces mains criminelles en ont-elles ravi

---

[1] **M.** de Quélen, archevêque de Paris.

la matière ? La seule pensée en fait frémir : et je sens
que, par respect pour cette délicate profession qui ne
mérite pas l'opprobre de renfermer dans son sein d'indignes sujets capables d'entrer en partage avec les brigands du fruit de leurs brigandages, je ne dois pas
presser ces humiliantes idées.

Je me hâte donc d'ajouter, pour en finir, que la
bonne foi, comme l'honneur et la sensibilité, se refuse à cette banale protection que vendent, à vil
prix, chaque jour, d'ignobles patrons, à tous les crimes et à tous les coupables.

Loin, loin de nous la doctrine cruelle que la probité dût éviter tout contact avec les malheureux poursuivis au nom de la société. Le talent et la probité ne
seront jamais vainement invoqués par l'infortune ;
mais en cédant à cet appel de l'humanité, en faisant
valoir même en faveur des coupables tout ce qu'une
pitié sage et l'intérêt de la sûreté individuelle peuvent
suggérer de raisonnable, ils ne déserteront pas la cause
de la sûreté publique et du bon sens ; ils ne s'ingé-
nieront pas à justifier de mauvaises actions par des
doctrines plus mauvaises qu'elles; ils ne mentiront
pas avec impudeur au profit des assassins ; leur éloquence anti-sociale ne les rendra ni les approbateurs
du crime, au risque d'en inspirer le goût à d'équivoques auditeurs, ni les apologistes déhontés de misérables pour qui c'en est déjà trop, souvent, d'inspirer
de la clémence ; tandis que c'est le soin presque unique de ces orateurs vénaux qui se sont fait une vile
ressource de la plus noble et de la plus désintéressée
de toutes les défenses.

7° *Bonne foi dans la discipline.*

Grâces vous soient rendues, avocats, d'avoir ébauché, par des mesures pleines à la fois de bon esprit et de générosité, la restauration des principes sur la défense des accusés. Déjà la justice vous voit avec une estime, mêlée de reconnaissance venir successivement, sans distinction d'âge, de rang ni d'emploi, acquitter cette grande dette envers le malheur et la morale. Achevez ce grand ouvrage; il est digne de vous. Ne souffrez pas que dans cette tribune anoblie et purifiée par votre présence, osent usurper quelquefois votre place des hommes qui se parent du même titre, qui portent même toge sans avoir la même vertu, et dont l'association trop prolongée vous aurait flétris déjà, si le véritable honneur n'était pas à l'abri de toutes les flétrissures.

La magistrature n'invoquera pas de vous une aussi haute sévérité contre un autre genre d'abus qui commence à devenir trop commun dans la défense des accusés; mais elle vous demandera d'y porter toute votre attention. L'erreur ne doit pas être confondue avec la bassesse, mais l'erreur dangereuse pour la société doit, toutefois, être avertie et corrigée. Or, de toutes les erreurs, la plus dommageable, peut-être, pour elle, est celle qui consisterait à présenter, dans la défense des hommes accusés d'avoir voulu troubler l'État, leur conduite comme digne d'éloge, les griefs qu'on leur impute commes des rêveries, et la trop nécessaire surveillance de l'autorité publique comme une sorte de persécution.

A Dieu ne plaise, Messieurs, que, rendant à ces jeunes et inexpérimentés orateurs, témérité pour témérité, je cherche s'ils n'auraient pas à se reprocher des intentions qu'il serait trop douloureux de leur supposer. Non, je ne croirai jamais que dans cette belle profession dont la première loi fut de servir toujours l'ordre social, sans lui nuire jamais, il pût se trouver quelques esprits assez insensibles à trente ans de malheurs, pour applaudir tout bas, par perversité d'opinion, à des actes que leur conscience d'honnête homme et de sujet fidèle leur ordonne de détester tout haut; assez imprudens aussi pour laisser transpirer, dans leur zèle déplacé, le secret de leurs sentimens personnels. Il est plus juste de penser que c'est erreur de jugement. Tout le monde parle de courage contre l'autorité, à présent que nous vivons sous le gouvernement le plus tolérant qui fût jamais. Ces jeunes imaginations veulent sans doute avoir leur part dans l'honneur de développer de la bravoure sans péril et d'attaquer des institutions protectrices, comme il y eût eu jadis de l'honneur, honneur alors peu couru, à combattre des institutions despotiques. Aveugles esprits, qui ne voient pas qu'ils confondent les hommes et les temps, et qu'il y a de l'audace seulement, et point de magnanimité, à braver une puissance que d'avance on sait abhorrer les moyens qu'emploie la tyrannie !

Vous vous connaissiez apparemment en courage, vous, vénérable défenseur du plus infortuné de nos rois; toi, défenseur généreux de Moreau, le premier de nos capitaines ; vous aussi, brave défenseur de ce Championnet dont le despotisme avait juré la mort :

et vous tous, défenseurs énergiques des Rivierre, des George, des Polignac et de tant d'autres ! Assez heureux pour n'être point, la plupart, sortis de la carrière qui vous illustra, placés aujourd'hui aux premiers rangs d'un ordre dont vous avez accru la renommée, Nestors de la doctrine, du talent et du vrai patriotisme, dites à ce petit nombre de jeunes inconsidérés qui ont besoin de recevoir vos leçons, puisqu'ils n'ont pas su profiter entièrement de vos exemples, en quoi consiste le courage véritable du défenseur, et s'il doit jamais dégénérer soit en mépris pour l'autorité, soit en idolâtrie pour des doctrines incendiaires nées de l'ambition du petit nombre pour la ruine de la patrie. Armez-vous, pour combattre cet ennemi secret qui veut se glisser dans votre sein, des armes que l'honneur de vous appartenir vous donne. Rappelez-vous, alors, mes jeunes confrères, aujourd'hui mes vieux amis, comment, tandis que nous nous formions ensemble à cette profession si justement honorée quand elle reste fidèle à ses principes, à l'école des Collet, des Cailleau, des Tronchet, des Ferey, de ces véritables indépendans qui, s'ils se glorifiaient de lutter contre le crédit, ne se glorifiaient pas moins de donner l'exemple d'un respect soutenu pour l'ordre public ; rappelez-vous, dis-je, comment, malgré l'indocilité naturelle au premier âge, nous applaudissions à cette sage surveillance de nos anciens, à cette raisonnable et impartiale rigidité qui s'exerçait sur toutes les fautes, sans nul souvenir d'affection, et sans que le talent tout seul, quelque éminent qu'il fût, pût jamais en devenir l'excuse. Gerbier, notre grand Gerbier lui-même, ne savait pas décliner cette imposante autorité : heureux et plus fier encore, après avoir remporté des triomphes, de voir ses triomphes consacrés par l'estime de ses confrères !

C'est ainsi que l'ordre des avocats est arrivé à ce degré de considération qui le place, dans l'opinion, au niveau des dignités. C'est en continuant d'observer ces règles qu'il peut l'accroître encore. Non ! elle ne périra pas entre vos mains, cette considération héréditaire, sage conseil de discipline, réunion d'hommes si distingués, dépositaires des principes de votre profession. Ces principes sont immuables comme l'honneur qui en est la base. Votre vertu est sûre. Votre conduite toujours sera conséquente à votre vertu.

Pour vous, avoués, ces règles vous sont communes. Les magistrats ont de fréquentes occasions d'observer que vous y obéissez. J'éprouve une satisfaction véritable à pouvoir porter témoignage de votre loyauté publique et privée. Honorez toujours vos fonctions par votre sagesse. La Cour trouvera dans cette persistance un grand motif d'ajouter à l'estime qu'elle n'a cessé de vous accorder.

MERCURIALE DE 1817.

DE L'INDÉPENDANCE DU MAGISTRAT.

MESSIEURS,

Depuis quelques semaines tous les échos de la société ont retenti du grand mot d'indépendance. L'esprit d'indépendance a été vanté comme une vertu sublime, la première de toutes les conditions pour remplir une fonction publique. Rien n'est plus vrai que cette doctrine : et c'est aussi celle que je viens méditer avec vous. Il faut qu'un magistrat soit indépendant. S'il ne l'était pas, je le dis sans nul adoucissement, il serait indigne de siéger sur les trônes de la justice.

Mais qu'est-ce que l'indépendance?

Serait-ce celle dont on vient de nous tant parler, et qui consisterait, au dire de ses héroïques apôtres, à se placer dans une situation sociale telle que l'on n'ait ni espérances, ni craintes, ni besoins d'aucune espèce, ni rapports à ménager avec des supérieurs ou même avec des égaux, ni affections, ni devoirs, ni enfin aucun des intérêts qui peuvent toucher les ames faibles?

J'honore beaucoup une telle abstraction. Je sens qu'en effet, s'il se rencontrait dans la société de ces

êtres surnaturels sans passions et sans besoins, il n'en
serait pas de plus propres à régler, comme arbitres
suprêmes, les besoins et les passions d'autrui. Mais je
me demande où l'on trouverait ces individus impassibles de qui la société aurait tout à recevoir, sans qu'elle
pût rien pour eux. On les chercherait vainement, fût-
ce dans les déserts. Les déserts ne sauraient les offrir
à notre imagination. Car, enfin, les anachorètes eux-
mêmes voulaient conserver leur retraite et la liberté
de s'y livrer à leurs austérités; ils dépendaient de la
société par leurs vertus, comme les hommes grossiers
en dépendent par leurs appétits sensuels. Ne nous per-
dons pas dans le pays des chimères. Cette indépendance est un rêve, une folie.

Je vous parlerai bien moins encore d'une autre indépendance plutôt sous-entendue que clairement exprimée par ceux qui en donnaient leçon, parce que
trop de clarté fût devenue de la maladresse; de cette
indépendance que, sous les voiles et dans les défini-
tions entortillées de l'autre, on voulait préconiser en
secret pour les adeptes; de cette indépendance qui
consisterait éminemment dans une disposition toujours
présente à braver la puissance publique, à hérisser sa
marche d'obstacles, à la jeter, d'effort constant, sur
des écueils, au risque, non trop redouté, de voir se
briser avec elle l'organisation sociale, à déverser le
blâme sur chacun de ses actes, comme à empoisonner
toutes ses intentions, pour dessécher l'attachement et
la reconnaissance dans le cœur du gros des citoyens.
Ce n'est pas là de l'indépendance : c'est de l'esprit ré-
volutionnaire et de la rébellion.

La véritable indépendance, Messieurs, ne peut ja-

mais se rencontrer que dans la force de l'ame, à quelque position sociale qu'on appartienne. Elle n'est autre
que cette inébranlable fermeté de l'homme profondément attaché à son roi, à son pays, à la justice, à l'intérêt public, qui, n'ayant que la sagesse et la conscience pour règle, veut, à ses propres dépens, tout
ce qu'elles veulent; le veut comme elles le veulent,
c'est-à-dire en ayant grand soin d'exécuter ce qu'elles
ordonnent, sans convulsions, sans désordre, même
sans l'ostentation d'une fastueuse vertu. L'indépendance n'attaque pas audacieusement le pouvoir : elle
le seconde avec énergie quand il a raison. S'il se trompe, elle l'éclaire avec mesure. Elle ne s'en laisse pas
imposer par les hommes en place; mais elle ne les avi-
lit jamais, ou plutôt elle s'honore de leur rendre le
respect qui leur est dû, tout en sachant leur dire courageusement la vérité, s'il est besoin qu'on la leur fasse
entendre. La véritable indépendance n'est pas un système de constante opposition à la volonté publique :
ce serait là de l'anarchie; elle est un système de raison fixe dans lequel elle consent ou refuse, critique
avec décence ou bien approuve sans bassesse, selon
que l'intérêt général le demande. Vainement essaie-
rait-on de l'effrayer de la perte de ses avantages, ou de
la tenter par des dignités; sa première dignité, c'est sa
propre estime. Elle n'a peur de rien perdre, parce qu'il
lui en reste toujours assez pour être grande à ses propres yeux. Elle n'a nulle convoitise d'acquérir, parce
qu'elle sait apprécier les illusions humaines. Voilà
quelques-uns des traits qui signalent l'indépendance
de l'homme de bien. Vous la reconnaissez, Messieurs;
c'est celle du magistrat; c'est la vôtre.

L'indépendance du magistrat n'a pas, sans doute, à s'exercer dans une carrière aussi vaste que celle que je viens d'esquisser ; mais la carrière dans laquelle elle doit se renfermer est déjà d'une assez haute vertu ; elle suffit à la gloire du sage qui sait y marcher avec constance.

O vous, qui sans cesse avez à balancer la destinée des hommes, combien de séductions vous assiégent, et qu'il vous faut d'énergie pour garantir votre indépendance des atteintes que veulent y porter sans cesse les passions humaines !

1° *Indépendance de ses propres affections.*

En parlant de cette nécessité, pour le magistrat, de se rendre indépendant de toute espèce de passions, il est inutile, sans doute, de l'avertir de commencer par s'affranchir de l'influence de ses propres affections. Ici, Messieurs, le devoir est trop marqué pour n'être pas aperçu. Il n'est pas même permis de supposer qu'un magistrat soit jamais capable d'abuser de son pouvoir pour immoler le bon droit à son intérêt ou bien à celui de ses amis. Toujours il sera défendu de cette prévarication par l'horreur même qu'elle inspire et par une certaine fierté d'ame qui le ferait frémir de la seule idée qu'on pût le soupçonner de s'avilir à ce point. Ce n'est donc pas la volonté de remplir ce devoir qu'il faut recommander : elle est dans le cœur de tous les magistrats ; il faut recommander une attention bien scrupuleuse à ne pas prendre le change sur les impressions qu'on éprouve. La ruse de la passion, qui veille à côté de notre droiture pour l'égarer, consiste à nous faire croire que nous ne sommes que justes quand nous devenons partiaux. Nous pouvons reconnaître ce piége à une certaine répugnance de notre esprit pour tous les moyens qui contrarient la cause affectionnée ; à une prompte impatience d'écouter les objections, à un scepticisme tout nouveau dont nous sommes tourmentés à propos de principes que jamais, jusque là, nous ne nous étions avisés de mettre en question. Quand l'esprit du magistrat tombe dans cette fluctuation, il doit redoubler de surveillance. L'ennemi est aux portes. La passion va livrer combat à la raison. Si celle-ci veut remporter la victoire, elle n'a pas un moment à perdre ; il faut qu'elle s'arme de courage et de justice, et qu'elle chasse l'homme, pour ne plus laisser agir, examiner et décider que le juge.

2° *Indépendance de la puissance.*

Mais où le juge a bien autrement besoin de courage pour résister à la séduction, c'est quand la puissance s'approche de lui avec ces formes d'autant plus dangereuses qu'elles sont plus perfides. Un grand, que son intérêt, ou quelque autre intérêt qu'il protége, appelle aux pieds de la justice, n'a garde, pour peu qu'il ait d'expérience du cœur humain, d'y jamais apporter de l'arrogance. Il sait qu'elle ne serait propre qu'à révolter même les ames ordinaires, à qui le sentiment de leur orgueil blessé tiendrait lieu de vertu. Il cherche au contraire à toucher le magistrat par des manières pleines de déférence et d'égalité. L'éclat du rang, le prestige de la naissance, les dignités, l'illustration des services et même des victoires, sont ou paraissent être mis en oubli. L'homme aimable seul reste avec ses grâces et sa simplicité. Si l'homme en crédit paraît aussi quelquefois en lui, c'est comme par fatalité, et parce que, quoi qu'on puisse faire, tous deux sont indivisibles. Il est bien vrai qu'il ne laisse échapper aucune parole dont pût s'alarmer une probité farouche; mais pourtant les insinuations ne manquent pas. Écoutez-le. C'est un bonheur dont on sent tout le prix, que ce hasard d'un procès qui a rapproché d'un magistrat aussi distingué par son jugement. C'est un bonheur dont on se promet bien de profiter, quand les scrupules de la position momentanée seront taris avec la cause qui les fait naître. On entrevoit dans l'avenir une intimité pleine de charmes et d'autant plus douce que, fondée par l'estime, elle sera cimentée par la reconnaissance. Ne vous trompez pas à ce leurre grossier, magistrats; tout est mensonge dans ces discours flatteurs, tout jusqu'à ces protestations d'estime, qui se convertiraient bientôt en marques de mépris, si votre vertu ne savait s'en garantir. Adulations, admiration feinte, amitié qu'on offre indirectement, ruses de l'intérêt personnel que tout cela! Le besoin les fait naître : elles passent avec le besoin. L'arrêt n'est point rendu, le péril que courait la cupidité est à peine évanoui, que la froideur remplace tous ces chauds épanchemens de gratitude et de tendresse. Trop heureux le magistrat s'il en était quitte pour ce mécompte, et si sa conscience, réveillée par son ressentiment, ne venait, d'accord avec l'amour propre, lui reprocher amèrement d'en avoir trop cru de vides cajoleries et un manége qui n'eût pas abusé la crédulité d'un enfant!

Comme fait un bien meilleur calcul ce juge indépendant qui, sans rejeter avec dédain des déférences
motivées après tout par le bon goût, ne les fait entrer
pour rien dans les élémens dont se compose son opinion! La réserve préside aux communications qui s'é-
tablissent entre lui et le plaideur, quelque élevé qu'il
soit. Il rend respect pour respect, politesse pour égards.
Mais au milieu de ces rites qu'établit l'usage du monde,
son impartialité lui demeure tout entière. Le cour-
tisan qui a déployé son génie pour lui en imposer
sent qu'il n'a battu que le roc; et saisi malgré lui de
cette vénération qu'on ne peut refuser aux caractères
qui ne se laissent dominer que par le devoir, il la conserve, même après que ses rapports ont cessé, au magistrat dont il admire la vertu, précisément parce
qu'elle n'est pas tombée dans les piéges qu'il lui avait
tendus. Il sait que de telles ames ne sont point à dédaigner; qu'il importe à la puissance de les avoir pour
soi; et se rendant aux inspirations tout à la fois de la
justice et de la politique, c'est, d'un côté, à force de
considération vraie, et de l'autre, en ne sollicitant jamais rien d'injuste, qu'il entreprend de conquérir un
suffrage que le crédit ne fut pas assez fort pour captiver.

3° *Indépendance de l'ambition.*

Avec des ames moins stoïques, il est un genre de
séduction auquel le mouvement du siècle présent
donne une force nouvelle : cette séduction est celle
de l'ambition.

L'ambition, certes, fut de tous les temps; mais, dans
aucun âge, elle n'eut l'effrayante énergie que des cir-

constances inouies lui donnent dans le nôtre. Pour le malheur de notre France, un homme est venu, savant non moins dans l'art de tout corrompre que dans celui de tout bouleverser. Doué par le génie du mal d'un rare instinct à deviner comme à mettre en œuvre toutes les faiblesses du cœur humain, nul ne s'entendit mieux que lui à remuer la lie de nos passions. Il se garda bien de faire un appel aux sentimens généreux. D'avance il savait qu'ils contracteraient alliance contre sa tyrannie. Ainsi le dévoûment à son pays, l'honorable fidélité, l'amour de la médiocrité, la modestie mère des grands talens, le désintéressement père des grandes vertus, le véritable héroïsme qui trouve ses récompenses dans ses sacrifices, furent renvoyés au monde idéal et moqués comme de rêveuses fictions dont on ne trouvait pas de modèle dans le passé plus qu'il n'était permis d'en espérer dans l'avenir. L'intérêt et l'égoïsme, seuls, font tout, disait et pensait ce sophiste qui ne voulait croire qu'à la fortune parce qu'elle l'avait couronné, et qui fut assez malheureux, en effet, pour ne trouver dans son propre cœur que de la bonne foi, lorsqu'il refusait de croire à la vertu. Puisque l'intérêt était le mobile unique du cœur humain, c'est ce seul mobile que cet habile tyran s'occupa d'agiter dans toutes ses modifications. L'amour de l'argent, l'ambition, la vanité, purent ne pas mettre de bornes à leur convoitise. Quiconque voulut se prostituer à sa démence apprit de lui que rien n'était trop élevé pour ses espérances. Trésors, places, cordons, autorité presque sans limites, toutes les jouissances de l'orgueil et de la cupidité, des trônes même qui brillaient dans le lointain pour les audaces à qui il ne fallait rien moins que des royaumes, tels furent les appâts offerts à la société européenne en masse et à tous les individus qui la composaient. Des conditions les plus basses aux premiers rangs de la population, personne ne fut exclu de ces gigantesques prétentions, que venait enflammer chaque jour quelque hasard merveilleux. Faut-il s'étonner, Messieurs, si cette irritation désorganisatrice, inoculée à d'ignorans esprits par un esprit pervers, a produit dans l'espèce entière cette inquiétude, caractère particulier de l'ère présente, cette inquiétude inconnue durant notre heureuse jeunesse, ce besoin nouveau de grandir sans cesse, cette soif, qui n'est jamais satisfaite, d'argent, d'honneurs, de places, de distinctions? Ainsi fit autrefois, sur les confins sauvages de l'Afrique et de l'Asie, ce chef dont le nom que portaient ses satellites, corrompus par lui, est devenu chez les peuples civilisés la dénomination la plus odieuse des meurtriers. Le Vieux de la Montagne aussi avait songé qu'il fallait surtout dépraver l'espèce pour être plus sûr de la rendre esclave : et c'était en appelant ses séides à toute sorte de voluptés, prémices de plaisirs ineffables qu'il leur promettait, quand ils l'auraient servi, qu'il obtenait d'eux un fanatisme que n'auraient pas produit les corruptions ordinaires.

Ce funeste imitateur d'un barbare a passé, Messieurs ; mais le mal qu'il nous a fait reste. Il reste encore. Encore nous sommes entraînés malgré nous par ce mouvement impétueux qui nous fut imprimé. Et plût à Dieu que, comme son devancier, le fléau de l'Europe et de notre patrie n'eût corrompu que notre vertu ! La Providence a placé dans le fond du cœur humain le remords, qui nous ramène au bien par l'horreur instinctive pour le mal. Mais ce ne sont pas nos cœurs seulement qu'il déprava; il déprava nos esprits par toutes ces séductions auxquelles il les livra, et dont nous ne guérirons de long-temps, parce que cette dépravation ne donne pas de la honte comme l'autre. Long-temps encore nous marcherons dans la carrière sans pouvoir jamais nous persuader que nous sommes arrivés. Tel est, en effet, l'esprit du siècle, que personne n'imagine qu'il doive rester dans une position fixe. Autrefois, et de condition en condition, quand on avait obtenu un poste honorable, l'ambition était assouvie. L'artisan, le marchand, s'il parvenait aux prééminences de sa corporation, ne desirait plus rien : et il avait raison, car on ne les accordait jamais qu'à la vieille probité. Le jurisconsulte, sur la fin de sa carrière, était fier de se reposer dans l'estime publique et dans la confiance de cliens qui formaient cortége autour de ses vertus privées. Le magistrat contractait une alliance à peu près indissoluble avec le tribunal qui l'avait vu naître à ses fonctions. Rarement ceux qui, dans quelques-unes de nos institutions publiques, s'étaient consacrés au service de l'Etat, s'imaginaient de se séparer des lieux et des personnes témoins de leurs longs services. Cette modération si sociale n'est plus. C'est à vous, Messieurs, qu'appartient plus particulièrement le devoir de la faire revivre dans votre conduite. Quelle plus belle gloire pouvez-vous prétendre que celle que vous trouverez à vous rendre indépendant de toute ambition? et quels appâts si flatteurs peuvent d'ailleurs présenter, à des hommes graves comme vous, tous ces hochets de la vanité, portant plus souvent témoignage du courage de les avoir demandés, que des services qui les méritèrent? Les jouissances qu'ils donnent peuvent-elles entrer en comparaison avec cette calme modération du magistrat modeste, d'autant plus digne des honneurs qu'il les compte pour rien dans le but qu'il se propose en rendant la justice? Son but, son but unique, est de remplir son devoir. Il est, il veut être libre de toute ambition. A plus forte raison l'est-il de toute crainte.

4° *Indépendance de la crainte.*

En d'autres temps, Messieurs, il faudrait rougir de prononcer le mot de courage devant les magistrats, comme s'il était permis de supposer qu'ils pussent manquer d'une vertu si facile pour eux dans l'état ordinaire des sociétés. En effet, quand les institutions, livrées à la routine d'un mouvement assuré par l'habitude non moins que par la force, agissent au milieu d'un ordre parfait; quand les lois sont en vigueur et la puissance publique dans sa plénitude, où serait donc, pour la magistrature, l'excuse d'être faible et timide? Le glaive de la loi est dans ses mains. Le respect du corps social l'environne. Ses arrêts trouvent partout obéissance et docilité. L'attaque-t-on, la menace-t-on, tout l'État croirait être menacé avec elle. Tout l'État serait, pour ainsi dire, prêt à se lever pour lui servir de rempart contre l'agression des téméraires qui présumeraient d'en imposer aux prêtres des lois dans leur sanctuaire. Comment trembleraient-ils devant quelque grandeur que ce fût, lorsqu'il n'est pas de grandeur qui ne vienne s'humilier devant eux!

Les fils des rois eux-mêmes rendent hommage à la justice. Au témoignage de l'histoire, ce héros de l'Angleterre, digne rival de Duguesclin, s'étant un jour oublié jusqu'à frapper sur son siége un juge de village, il ne lui fallut que ce peu de mots du juge : « Prince, au nom de votre père et des lois, je vous or-« donne de vous rendre en prison, » pour qu'il y descendît sur-le-champ, après avoir déposé aux pieds du juge son épée, qui avait décidé déjà du sort de tant de batailles. L'histoire a beaucoup loué la magnanimité de ce juge. L'histoire s'est trompée. Il fallait louer seulement la victoire remportée par le prince Noir sur ses passions. Dans une société régulière, nul péril véritable n'existait pour le juge, hormis celui de manquer à sa dignité en acceptant lâchement l'outrage dont il avait été l'objet.

Mais durant les tourmentes politiques, lorsque tous les liens antiques sont brisés, quand les lois et la justice elles-mêmes ont perdu leur puissance, c'est alors que le courage devient une vertu quelquefois héroïque dans le magistrat qui continue à commander par son grand caractère, quoiqu'il n'ait plus dans les lois ni appui ni asile. Les factieux s'avancent en foule pour lui arracher une injustice ou bien une infidélité : il ne tremble pas. Ils le menacent, leurs yeux étincèlent de fureur, le fer brille dans leurs mains : il sourit, et, se tenant ferme dans le devoir, sans s'embarrasser du tumulte effréné qui l'environne, ils n'emportent de lui que ces mots : Il y a loin du poignard des assassins au cœur d'un homme de bien.

Noble magistrat! les temps où tu vivais sont revenus. Nous aussi nous avons vu s'écrouler l'empire des lois, la morale et la raison perdre leur vieille influence, tous les freins se relâcher, et la société prête à se dissoudre. Long-temps nous avons erré sur cette mer orageuse des factions et des partis sans boussole et sans guide. Le courage alors eût été inutile, car il ne savait à quoi se prendre ni où pouvait surgir le vaisseau battu par une horrible tempête. Mais enfin le pilote a reparu. Son expérience a tracé la route ; les préceptes de sa sagesse ne seront plus violés. Noble magistrat ! nous nous souviendrons de ton exemple ; et nulle crainte ne nous fera transgresser nos devoirs, puisqu'à présent nos devoirs sont sortis du chaos qui faillit engloutir pour jamais hommes, choses, principes, vertus, institutions nationales et étrangères, et avec eux la sociabilité tout entière.

Oui, Messieurs, c'est au milieu des conjonctures qui ont dû suivre cette époque de déplorable mémoire, que le courage devient une vertu, une grande vertu à laquelle nous ne manquerons pas, parce que ce serait un crime d'y manquer. Il en est du monde politique comme du monde physique. Les éruptions des volcans laissent, après leur explosion, des traces lentes à s'effacer. Elles ont tout ravagé, tout détruit autour d'elles. Le cratère fume bien des jours encore après qu'il ne vomit plus de feu. Le terrain n'est pas entièrement rendu à son immobilité ordinaire. La lave, en longs torrens, continue à promener au loin ses flammes et son action dévorante. Les airs même ont retenu de sourds murmures qui perpétuent une vague inquiétude entretenue par tous ces restes de présence du fléau dont on a tant souffert. Il faut déblayer des décombres, au risque quelquefois de trouver des précipices où l'on espérait reprendre un sol fécond et nourricier. De même, après ces grandes commotions sociales dont la Providence effraie l'univers, pour la leçon des rois et des peuples, les passions haineuses, les ambitions désespérées, les intérêts en effervescence, les mauvaises routines, la dépravation d'esprit, continuent à s'agiter pour empêcher l'ordre de renaître et la justice de régner. Des brouillons, qui avaient mis tout leur espoir dans ces circonstances de tumulte, si favorables à la médiocrité audacieuse, se consument d'efforts pour les faire revenir. Sont-ils surpris, la justice est-elle appelée pour confondre leurs desseins, ils se meuvent en tous sens pour conquérir l'impunité. Erreurs dans lesquelles on entraîne l'opinion, systèmes imaginés pour flatter la multitude aux dépens de ses vrais intérêts, menaces aux magistrats, déclamations outrageantes contre eux, dénigrement, persécutions secrètes, terreur qu'on voudrait leur inspirer, tout est mis en œuvre pour ébranler les faibles. Magistrats dignes de vos fonctions, il n'est pas à craindre que vous le deveniez. Vous avez oublié le passé : la raison d'État et la véritable justice le veulent. Mais pour le présent et à l'avenir, vous rendrez inflexiblement à chacun selon ses œuvres. Vos sermens et l'intérêt de la conservation de l'ordre social vous le commandent.

5° *Indépendance de l'esprit de coterie.*

Ils vous commandent aussi de vous rendre indépendans de toute influence étrangère. En parlant des restes des révolutions, je dois inviter votre sagesse à y démêler l'esprit de coterie, l'un des plus déraisonnables ennemis de la justice et de la vérité.

Nul n'aura de vertu ni de talent, nul n'aura raison, la raison parlât-elle par sa bouche, hors nous et nos amis. Telle est, Messieurs, la grande maxime et malheureusement la grande loi de l'esprit de coterie. Son code est tout entier dans cette phrase. La logique, l'équité, le bon sens, l'intérêt public élèvent en vain la voix. Ils ont tort s'ils ne sont pas de la petite coalition. L'esprit de coterie dit anathème à tout ce qui ne commence pas par le reconnaître pour souverain unique et absolu. Il dicte ses décrets à ses affidés, aux hommes du monde leurs opinions, leurs jugemens aux juges, sans qu'il leur soit permis de s'écarter de ce qu'il a prescrit. Une désobéissance serait suivie de l'excommunication : et quiconque eut une fois la faiblesse de le reconnaître pour maître, n'oserait plus encourir cette peine, expérimenté qu'on est de l'acharnement implacable avec lequel il poursuit ceux qui ne veulent pas ployer le genou devant lui. Est-ce donc à un tel despote qu'un magistrat pourrait jamais avoir l'insigne lâcheté de se soumettre? Le seul arbitre du magistrat, c'est la loi. Tout ce qu'il juge doit être pesé à ce poids. Que les cercles bourdonnent, que les partis murmurent : il est satisfait s'il est bien avec la bonne foi et avec lui-même.

6° *Indépendance de l'opinion publique.*

Et comment permettrait-il à l'esprit de coterie d'exercer sur lui son empire, lorsque, pour remplir dignement son ministère, il doit se rendre indépendant même de l'opinion publique.

C'est une des maladies qui nous tourmentent, Mes-

sieurs, qui a gagné même un très-grand ,nombre de
bons esprits, de vouloir tout savoir, tout connaître,
tout juger. Guerre, administration, finances, procès,
il n'est plus rien qui ne soit du ressort de la société,
rien sur quoi elle ne prononce à grands cris, avec véhémence, avec empire, avec tyrannie même, et en ne
laissant à ceux dont c'est la fonction spéciale de dis-
tribuer l'ordre ou la justice, d'autre choix que celui
de décider comme elle, ou d'être sévèrement blâmés
par l'opinion publique.

L'opinion publique, à la différence de l'esprit de
coterie, est ordinairement exempte de passion et de
mauvaise foi. Ce qui la détermine est toujours ce qui
est ou ce qu'elle croit être l'intérêt général. C'est en
cela même qu'elle est plus embarrassante pour les caractères pusillanimes. Le moyen de refuser de prendre
pour règle la volonté de tous, quand elle n'est dictée
que par des vues droites et sincères! Le moyen surtout
de s'exposer à la censure universelle qui vous pour-
suivra en tous temps, en tous lieux, dont vous enten-
drez retentir l'expression quelque part que vous alliez,
et que vous ne pourrez pas détourner de vous-même
par des explications, d'un côté un peu messéantes à
votre dignité, et repoussées toujours d'un autre côté
par la multitude, qui n'a jamais ni la patience ni le
loisir d'entendre ou de lire ce qui ne l'amuse pas! Tel
est pourtant, Messieurs, le devoir du magistrat, quand
sa propre raison se trouve en opposition avec l'opinion
publique, devoir d'autant plus difficile, ne nous le
dissimulons pas, que, pour les petites âmes, son accomplissement est sans récompense, si même il n'en-
gendre pas des périls actuels.

Sans récompense ! la bonne foi de l'opinion publique ! Hé ! qu'importent ces vaines considérations ?

L'opinion publique, si elle n'est ni passionnée ni corrompue pour l'intention, est du moins, comme tout ce qui est de l'homme, sujette à l'erreur.

Qui le nie ?

L'histoire est là pour nous éclairer.

Que de trompeuses opinions publiques avons-nous traversées depuis trente ans, bien sincères, bien pures de mal intentionnel, bien essentiellement réglées sur ce que l'on pensait être la vertu ou l'intérêt véritable de la société, qui ont répandu sur notre infortunée patrie le mal par torrens, et l'ont couverte de ruines ! Comme il eût été heureux pour nous qu'un plus grand nombre d'hommes magnanimes se fussent dévoués à combattre et à rectifier ces opinions publiques aveugles, si respectables dans leur cause, si funestes dans leurs effets ! La raison eût triomphé, peut-être, et le pays eût été sauvé, quand bien même ses sauveurs fussent restés sans récompense.

Sans récompense ! Magistrats, votre vertueuse impatience m'éclaire : elle redresse mes idées. Je vous entends me demander si ce n'est pas une belle et grande récompense, une récompense qui surpasse toutes les autres, que cette conviction intime qu'on porte avec soi d'avoir fait du bien aux hommes en dépit de leur aveuglement et de leur injustice, en dépit même de l'obstination insensée qui leur fait méconnaître leur bienfaiteur véritable, pour n'écouter que de prétendus docteurs qui ne font que les tromper, en dépit, s'il le faut, des persécutions par lesquelles des ingrats mettent, à leur insu, le dernier sceau de la grandeur au dévoûment généreux dont ils profitent, sans même le deviner. D'ailleurs, l'injustice des contemporains passe : la postérité arrive. Elle arrive avec son estime, ses regrets et ses expiations : et la postérité fût-elle injuste à son tour, il y a pour le bon citoyen, pour le grand magistrat qui ne s'est point laissé entraîner à commettre l'iniquité par trop de docilité aux erreurs de son siècle, d'autres récompenses que la méchanceté humaine ne saurait lui ravir. Elles se trouvent au fond du cercueil. La poussière qui y tombe n'est pas tout l'homme. Il est un tribunal auguste où sont pesés l'espèce et les individus pour y être tous jugés à la lumière de l'éternelle vérité, bien supérieure aux fausses lueurs du monde, et où l'opinion de la multitude ne prévaut pas sur la conviction de l'homme de bien. L'homme de bien, donc, Messieurs, et c'est là le sens de vos leçons, ne brave pas l'opinion publique : mais il ne s'en rend pas l'esclave. Si elle se trompe, il agit et juge selon sa conscience, s'en remettant au temps et à Dieu du soin d'assurer à la vertu le triomphe qui lui est dû.

C'est ainsi que, sans tout ce vain bruit par lequel se font précéder ces charlatans de liberté, toujours prêts à prendre des chaînes si la puissance veut leur payer leur esclavage, l'homme de bien offre à la société un modèle de cette indépendance véritable qui fait la gloire de celui qu'elle ennoblit, en même temps qu'elle affermit les empires au lieu de les ébranler.

DISCOURS

Prononcé le 24 janvier 1818, en présentant les lettres de grâce accordées par le Roi à six condamnés, en commémoration du 21 janvier.

Messieurs,

Elle est revenue, encore une fois, cette époque funèbre qui, chaque année long-temps, renouvellera les regrets unanimes et profonds de la France justement consternée du plus effroyable des forfaits que retracent ses annales. Mais si elle est revenue avec ses douleurs, elle est revenue aussi avec ses consolations. Ombre magnanime! tes vœux ont été religieusement remplis. Victime sainte, dont, en mourant, les dernières paroles ont été des paroles de pardon pour tes bourreaux, tu as voulu la rédemption, la rédemption s'est accomplie. Au pied du trône d'un Dieu de bonté dont tu fus, sur la terre, la vivante image, tu protéges encore ta France si cruellement punie, par ses longs malheurs, d'avoir été arrosée d'un sang si précieux. C'est à toi, c'est à ton intercession paternelle que nous devons le retour de ce roi digne d'être ton frère, de ce roi généreux, l'héritier de ton diadème, le légataire fidèle de ta sagesse et de ta miséricorde. C'est à toi que nous devons le retour de cette famille antique et consacrée, dont il n'est pas une seule pensée qui ne soit française, pas une action qui ne soit un bienfait. Les ames sublimes qui ont souffert de grandes injustices ont aussi leurs vengeances. Voici celles des Bourbons : Au jour où leur auguste chef fut ravi à une terre indigne de le posséder, ils ne se souviennent du crime qui les plongea dans le deuil que pour s'humilier, prier et bénir : d'abondantes aumônes aux pauvres, toutes les œuvres de la charité pratiquées envers toutes les classes, la clémence qui toujours présente va trouver les condamnés au fond de leurs cachots, telles sont les actions qui en marquent constamment le retour. Tels sont aussi les caractères auxquels le peuple français peut reconnaître l'ame de ses Princes, et ces sentimens qu'ils nourrissent en souvenir de leurs longs malheurs; notre roi y a appris à pardonner : et ce besoin de son noble cœur est si impérieux, qu'après avoir épuisé toutes les occasions de pardonner aux erreurs politiques, sa mansuétude veut solenniser la plus triste des époques par la remise des peines aux coupables même d'une autre espèce, quand ils font bien espérer d'eux par de vrais remords.

Ces exemples de longanimité ne seront pas perdus pour l'opinion de tous, nous y lirons notre devoir. Le père commun ne parle que de grâce, de paix et d'oubli. Ah! puisque la paix est sa volonté constante, elle deviendra la nôtre ; et comme nous nous associons à ses augustes douleurs, nous nous associerons aussi, en faisant régner la concorde autour de nous, à ses royales intentions. Il y aurait à nous trop d'endurcissement de cœur de ne pas lui prouver notre reconnaissance

en nous occupant de notre propre bonheur, dans lequel il nous témoigne assez qu'il daigne placer tout
le sien.

Nous requérons pour le Roi qu'il plaise à la Cour
nous donner acte de la présentation que nous avons
l'honneur de lui faire des lettres de grâce, etc.

MERCURIALE DE 1818.

DU COURAGE DU MAGISTRAT.

Il est un courage qui remplit avec justice la terre de son éclat : c'est le courage militaire. Même dans ses erreurs, et lorsque, méconnaissant sa plus noble direction, il seconde la manie des conquêtes, il éblouit encore : et, ainsi qu'il l'a fait de nos jours, il peut, à force de merveilles, toutes stériles qu'elles seraient d'ailleurs pour le bien du pays, sauver une nation de l'espèce d'avilissement dont l'auraient frappée, sans lui, d'autres causes, comme la bassesse du gouvernement intérieur, et l'effroyable cruauté qui aurait essayé d'immoler à l'anarchie tous les talens aussi bien que toutes les vertus.

Que si la gloire qui suit cette espèce de courage ne saurait même être effacée par les écarts trop communs auxquels il se laisse entraîner, combien elle brille plus encore quand il accomplit avec magnanimité sa généreuse destination! Quoi de plus digne d'admiration que ce sublime dévoûment d'un guerrier toujours prêt à verser son sang pour la patrie et pour son roi, sans nul retour sur lui-même! Amant

de la justice et de l'humanité non moins que de la
renommée, il déplore les malheurs de la guerre. Il
ne promène pas des regards barbarement satisfaits
sur un champ jonché des victimes de la politique. Il
ménage le sang de ses concitoyens et même celui des
ennemis. Il regarderait surtout comme un crime de
le répandre uniquement pour les intérêts d'une ambition démesurée, ou bien pour assouvir la cupidité
d'un indigne chef qui croit faussement purger ses
rapines de toute ignominie, parce qu'il emploie des
armées et de vastes moyens à remplir ses trésors, au
lieu de ne se servir, comme les brigands des forêts,
que de quelques sicaires et de poignards. Mais de plus
vrais intérêts réclament-ils sa vertu, l'indépendance
de son pays est-elle menacée, une irruption ennemie
apporte-t-elle la dévastation et le carnage sur la terre
natale, il saisit ses armes. Tremblez, ennemis de la
France : voici Condé, Turenne et Moreau. La fortune
a-t-elle prononcé contre vous, en êtes-vous réduits à
implorer la pitié de vos vainqueurs, rassurez-vous,
peuples vaincus : voici Moreau, Turenne et Condé.
Tout ce que la valeur a de bouillant, tout ce que
l'humanité offre de plus tendre appartient en degré
pareil à l'ame des héros : et c'est là ce qui imprime à
leur nom cette splendeur qui commande à l'admiration des nations et des siècles.

Voilà la gloire du courage militaire.

A Dieu ne plaise que je la lui conteste. Elle est légitime ; mais elle n'est pas exclusive. La gloire est
aussi le juste patrimoine du courage civil, du courage
du magistrat.

Le courage civil est moins brillant : il n'est pas

moins utile. Le courage militaire n'éclate que dans quelques rares occasions : le courage civil est de tous les jours. Le courage militaire fait du mal et du bien : le courage civil n'a jamais coûté une seule larme aux citoyens, et souvent il les a préservés de grands maux. Le premier naît d'un noble orgueil : la vertu seule produit le second. Toutes les distinctions, toutes les palmes, l'enthousiasme public volent au-devant de celui-là : celui-ci obtient pour toutes récompenses une estime plutôt sentie que hautement exprimée, et le témoignage d'une bonne conscience. Il s'y trouve souvent quelque chose d'austère et d'âpre qui subjugue plus qu'il ne plaît : dans l'autre tout brille, tout enchante et tout séduit. En un mot, il est rare que le courage militaire trouve des dépréciateurs : l'envie réserve tous ses poisons pour le courage civil ; la coquille d'Aristide n'est pas un trait unique dans l'histoire, tandis qu'Alexandre et Attila, le fléau de Dieu, et leurs pareils, n'ont rencontré que des admirateurs parmi leurs contemporains.

Dans des temps, Messieurs, où la société éprouve plus que jamais le besoin de trouver de l'énergie chez les hommes qui, par leurs fonctions, influent sur ses destinées, le vulgaire pourrait craindre qu'il n'y eût de l'imprudence à parler ainsi, sans détour, de l'ingratitude, unique salaire réservé non trop rarement à la vertu publique. Mais je vous honore trop pour en avoir conçu la pensée. Je parle à de nobles magistrats, à des hommes de bien, à des esprits élevés. L'honneur parle ; la justice est leur unique passion, comme elle est leur premier devoir. Ils sauront mépriser les périls pour accomplir la justice.

De ces périls, il en est d'extérieurs. Il en est d'autres qui sont en quelque sorte en nous-mêmes. Je veux parler d'abord de ceux-ci.

Au milieu des tempêtes politiques, il est, pour ainsi dire, impossible aux hommes les plus sages de n'avoir point payé tribut à la faillibilité humaine. Où est-il celui qui oserait se vanter de ne s'être jamais trompé, malgré la plus grande pureté d'intention sur les hommes, les choses ou les doctrines? Infestés de ce libertinage d'esprit qui nous a tous plus ou moins entraînés durant ces trente dernières années, comment nous aurait-il été possible de nous défendre de toutes les séductions qui ont assiégé notre jugement ? L'amour du bien public lui-même est devenu un des piéges les plus trompeurs pour la raison humaine. Délivrée de toutes ses antiques chaînes, cette audacieuse raison a tout parcouru, tout mis à nu, tout examiné, tout jugé. Comme la sagesse des ancêtres et l'expérience des siècles n'ont plus été comptées pour rien, chacun ne s'en est rapporté désormais qu'à son propre instinct, s'en fiant d'autant plus aux inspirations de ce guide nouveau que la conscience les avouait toutes. Chacun avec témérité, mais avec bonne foi, a créé son système particulier de politique, de religion et de morale. Au nom du perfectionnement, on a tout détruit, tout rétabli, ou du moins cru tout rétablir. De rêveuses abstractions, bonnes tout au plus pour amuser la subtilité des écoles, se sont emparées d'une multitude de têtes entièrement ignorantes de la marche des affaires et incapables d'apprécier les obstacles de fait ; le règne des théories est arrivé : et la société a menacé ruine.

V.   8

A tant de causes d'ébranlement s'en est jointe une qui, à elle toute seule, devait nous entraîner à notre perte. Un de ces génies que la Providence semble mettre en réserve pour le châtiment des nations corrompues a paru tout-à-coup, nous promettant de la liberté, du bonheur et de la gloire. Par lui périrent bientôt et le bonheur et la liberté. Moins infidèle dans la dernière de ses promesses, il a laissé à nos familles, toutes décimées, le soin de déplorer dans un long deuil le prix cruel dont ses folies leur firent payer cette douloureuse gloire, qui creusa tant de tombeaux, sans avoir rien fait en résultat durable pour la patrie.

Un sage architecte enfin s'est efforcé de recomposer l'édifice social. Pur également et de toute idolâtrie pour les vieilles idées, et d'un aveugle enthousiasme pour les idées nouvelles, il a pesé les unes et les autres au poids de l'éternelle raison et des besoins des peuples : de l'autorité sans tyrannie, de la liberté sans licence, voilà ce qu'il voulut sincèrement établir. Une volonté si paternelle ne devait rencontrer que l'assentiment universel et une gratitude profonde et générale. Ne mentons pas à la vérité historique : elle a trouvé de toutes parts des obstacles dans notre délire de trente ans, dans nos intérêts, dans nos passions, dans nos systèmes. Qui doit donner l'exemple d'en faire le sacrifice, je ne dis pas à l'autorité, mais à la sagesse publique? C'est à vous, Magistrats, qu'est réservé cet honneur. Vous ne serez pas sourds à la voix de la patrie, qui réclame de vous cet immortel service.

Lors donc qu'appelés, soit à balancer les destinées

des citoyens dans l'exercice de vos fonctions, soit à diriger l'opinion dans les cercles où une confiance due à votre vertu vous interroge, vous aurez à remplir le double devoir qui vous est imposé comme juges et comme citoyens, vous n'aurez qu'un seul régulateur, la loi civile ou politique.

C'est là le seul guide qui ne trompe jamais.

C'est le seul qui demeure toujours en compagnie de la conscience.

Pour ne pas dévier de la route où dirige cette boussole, il faut du courage sans doute.

Souvent notre raison, ou ce que nous prenons pour elle, se permet de n'être pas de l'avis de la loi : des préventions, nées des longues controverses dont nous avons contracté l'habitude, nous assiégent ; peut-être même sommes-nous maîtrisés par des répugnances justes ou non pour certaines institutions, par des haines ou des affections pour certains hommes que nous regardons les uns comme des sauveurs, les autres comme des pestes politiques, par des opinions passionnées auxquelles, dans notre vain orgueil et comme si l'intuition divine nous avait été donnée en partage, nous attachons la perte ou le salut infaillible de l'État. Sans doute nous ne sommes pas comptables de ces mouvemens désordonnés de notre ame, ni de toutes ces conceptions mieux ou plus mal digérées de notre esprit ; mais ce dont nous sommes comptables aux yeux de Dieu et des hommes, c'est de la condamnable improbité avec laquelle nous, les pontifes de la loi, nous, les appuis assermentés du pacte ordonné par la volonté royale, et accepté au moins par notre docilité, quand ce ne serait pas par notre conviction, nous nous élèverions contre les dogmes politiques ou civils que nous avons juré librement de respecter et d'enseigner. Opinions, passions, préventions, affections, Magistrats, il importe peu quelles sont les nôtres, pourvu qu'elles tombent toutes aux portes du sanctuaire, et que toutes nous ayons le courage de les fouler aux pieds quand il s'agit, dans nos fonctions, d'appliquer les lois, et hors de nos fonctions, de maintenir l'ordre public.

Ainsi fit, Messieurs, cet homme respectable dont nous déplorons la perte, ce magistrat si digne d'être aux premiers rangs de cette Cour [1], où ses longs services porteront à jamais également témoignage et de ses bonnes doctrines et de son excellent esprit. Il eut aussi ses opinions. Homme public, il n'eut qu'une règle, la loi; ami de la monarchie et de la paix, à la tribune nationale, sur les trônes de la justice, en public, dans les intimités domestiques, dans ses ouvrages, partout il fut le même, toujours respectueux envers les institutions de son pays; les jugeant, quand son droit et son devoir lui ordonnaient de le faire, avec décence et mesure; professant par-dessus tout une grande modération dans les choses, beaucoup d'indulgence pour les hommes, en même temps qu'un attachement vrai à tous les principes conservateurs de la société. Il a passé trop vite pour l'amitié. Le souvenir de sa vie nous reste, du moins comme leçon, et pour nous prouver qu'avec une forte volonté il est possible de se défendre de toutes les suggestions intérieures qui se trouveraient en opposition avec la loi.

[1] M. le président Faget de Baur.

Toutefois, je ne le dissimule pas, ce n'est pas là le courage le plus difficile pour le magistrat. Il en est un que nous avons plus besoin encore de nous recommander à nous-mêmes, et qui chaque jour devient plus honorable, parce qu'il rencontre chaque jour plus de danger; je veux parler du courage qui consiste à lutter, sans se rebuter jamais, contre tous les obstacles extérieurs qu'opposent à l'action de la justice l'esprit de faction et la révolte, désormais trop notoire, d'un certain nombre de désorganisateurs qui ont bien la sacrilége audace de poursuivre la justice jusque dans son sanctuaire.

Deux années, Messieurs, se sont à peine écoulées depuis qu'à cette même place, et méditant avec vous les grands devoirs de toute sorte qui nous sont imposés, je vous parlais surtout de celui qui commande aux magistrats de braver toutes les passions, toutes les haines, toutes les factions, pour les réduire toutes, fût-ce au péril de notre vie, au joug de l'autorité publique et de la loi : alors, je l'avouerai, je croyais parler d'une hypothèse plus que d'une réalité ; alors encore les partis se taisaient, bien moins comprimés par la force dont le pouvoir s'était justement armé que retenus par une sorte de pudeur qu'ils n'avaient pas secouée jusque là, et qui leur défendait de rendre fureur pour indulgence, complots et ingratitude pour amour et pour bienfaits, déchaînement et révolte enfin pour sagesse et commune protection. Peu de mois ont suffi à user cette pudique réserve. Les esprits inquiets, pour qui la paix publique est une calamité, parce qu'ils ne peuvent grandir que par les agitations, et élever leur fortune que sur les débris du bonheur général, ont bientôt jeté le masque importun qui les couvrait : enhardis par le religieux respect que professe un gouvernement magnanime pour les libertés dont nul de nous ne jouirait sans lui, ils se sont armés de sa propre générosité contre lui-même. C'est au grand jour qu'ils ont enfin produit et leurs mauvais sentimens, et leurs équivoques doctrines, et leurs sinistres sous-entendus ; c'est au grand jour que, de part et d'autre, ils distillent leur rage et se répandent en menaces réciproques, d'accord entre eux sur un seul point, celui d'immoler, s'ils le peuvent, aux regrets et aux espérances d'une ambition effrénée, l'aurore si rassurante de prospérité qui, grâce à la sagesse d'un monarque digne de tout notre amour, luisait enfin pour la France. Au milieu de cette démence des partis et de ce débordement de haine, Magistrats, votre conduite ne peut être incertaine. Pour vous, il n'est qu'un parti, celui de vos sermens et de la loi. C'est dans une impartialité sévère que vous trouverez la solution nécessaire de tous les problèmes que ce temps d'orage peut vous offrir à résoudre ; pour vous, les hommes, les noms, les fautes, les services, les abstractions, ne sont rien : la loi est tout. Quand elle parle, vous ne savez plus qu'obéir : sous le glaive même des méchans, vous ne pouvez et ne voulez parler que son langage. C'est dans cette courageuse résolution que vous trouverez le moyen de sauver le pays de la combustion nouvelle dont l'effraient encore des passions pareilles, qu'animent des intérêts divers, mais tous également criminels et dans leur but et dans leurs voies. Les grandes ombres des l'Hôpital, des de Thou, des Molé, des d'Aguesseau, marchent devant vous ; la route est sur leurs pas ; il n'en est pas d'autre pour le courage.

Je me trompe, Messieurs, il n'en est pas d'autre pour le salut. Non, la volonté forte de ne s'asservir à quelque parti que ce soit, et de les faire tous ployer sans distinction sous le niveau salutaire de la loi, n'est pas seulement le conseil que donne la conscience, c'est aussi celui que donne l'intérêt. Lorsque je prends la liberté de m'entretenir avec vous de nos devoirs, pourquoi donc me serait-elle interdite, la douce jouissance de rendre hommage à vos vertus ! Vieillards de la magistrature, qui siégez dans cette enceinte, et vous tous qui, plus jeunes, avez pourtant traversé comme nous la révolution tout entière, quelques-uns dans des fonctions publiques, d'autres dans la vie privée, tous dans l'innocence, l'honneur et la modération, rappelons-nous un moment le passé ; rappelons-nous ces temps de funèbre mémoire, où l'échafaud chaque jour dévorait tant de victimes. Pour l'instruction de tous les âges, disons ce qui fut ; disons que le crime, la vertu, la scélératesse, la probité, les amis de la paix, les artisans de la discorde, les tyrans, les opprimés, y montèrent pêle-mêle, souvent à peu d'intervalle, souvent le même jour, et que des forfaits commis pour mériter d'être épargnés ne devinrent pas la sauve-garde des lâches qui avaient trahi la cause sainte de l'humanité. En élevant la vue sur ce tribunal honoré, où s'asseyent tant de témoins de ces grands désastres de notre infortuné pays, je n'en rencontre pas un seul qui n'ait résisté de tous ses moyens, et selon que le permettait la difficulté des temps, à ce débordement de cruautés, qui ne l'ait du

moins détesté dans son cœur, qui ne se soit efforcé
d'en amener le terme, et qui ne se soit cent fois dé-
noncé lui-même aux bourreaux de la patrie par sa
douleur et par son effroi. Au milieu de tant de ruines sanglantes qui engloutirent aussi, et presque sans
exception, tous ces Érostrates politiques, dont ceux
qui aspirent à les imiter ne se rappellent pas assez le
destin, nous sommes restés debout pourtant; et nous
voici. Nous voici, grâces immortelles en soient rendues à la Providence! sans crime et sans bassesse;
sans crime et sans bassesse nous avons vécu; c'est
sans crime et sans bassesse qu'il faut vivre encore :
l'épreuve est faite : le courage l'ordonne; la sûreté le
conseille.

Il est un autre courage qu'il faut avoir encore, et
telle est la sensibilité naturelle de l'amour propre,
que cet effort n'est pas celui qui coûte le moins, parce
qu'il a pour objet de braver le ridicule. Une insolente polémique s'est élevée dans ces derniers temps,
qui n'a pas craint de s'attaquer aux lois elles-mêmes
et à tous leurs organes; de vils pamphlétaires, parmi
lesquels on compte avec douleur des hommes qui ne
semblaient pas faits pour le devenir, ont pensé que le
meilleur moyen d'opérer le bouleversement qu'ils dé-
sirent est de flétrir dans l'opinion d'un peuple spirituel
et léger quiconque, dans les fonctions publiques, ré-
siste avec quelque énergie à leurs tentatives criminelles. C'est du passé qu'ils ont pris leçon. Ils se sont
souvenus, les impies, qu'avec un ruban, des chansons,
des sarcasmes et des ironies on avait commencé, dans
d'autres temps, auxquels ceux-ci ne deviennent chaque jour que trop comparables, par déconsidérer nos

institutions les plus saintes, et les personnes les plus augustes, pour arriver bientôt à faire tomber à la fois tous les appuis de la société. C'est donc par des sarcasmes et des épigrammes qu'hommes et institutions sont poursuivis de nouveau. De sanglantes dérisions, à défaut de justes reproches, se reproduisent chaque jour dans mille libelles contre les magistrats et leurs œuvres : les jugemens, ces décisions regardées comme inviolables et sacrées chez toutes les nations policées, sont outrageusement et ironiquement décomposés et censurés ; les actes d'un ministère nécessaire à la sûreté de l'ordre social sont publiquement traités avec insulte par une magistrature nouvelle qui s'est créé à elle-même une mission de désorganisation et de scandale. C'est peu même que les monumens judiciaires soient ainsi livrés à une moquerie anti-sociale : la personne des magistrats est encore moins respectée ; il n'est pas jusqu'à leurs actions privées, jusqu'à leurs paroles qu'on ne travestisse, quand on ne les suppose pas, et qu'on n'empoisonne. C'est un mal sans doute ; mais ce mal portera-t-il le découragement dans l'ame des magistrats? Non, Messieurs ; ou les magistrats ne seraient pas dignes de leurs saintes fonctions. Ils ont promis à leur Roi et à leur pays l'entier sacrifice de tout ce qui les touche : tout ce qui les touche doit donc être sacrifié, tout, jusqu'à la vanité. Et que sont en effet les ridicules intérêts d'une vanité puérile, auprès des grandes obligations dont nous charge l'intérêt vénérable de la patrie! qu'importe que la malignité se joue de quelques mots et fasse rire les oisifs aux dépens de quelques phrases! la magistrature n'aspire à d'autre gloire qu'à celle de remplir ses devoirs : elle serait indigne d'elle-même et de son honorable destination si elle cherchait autre chose dans ses actes que l'honneur de rendre justice selon sa conscience et les lois : et quand les lois et sa conscience ont exclusivement présidé à ses actes, elle dédaigne avec une noble fierté et les censeurs et leurs censures.

Un genre d'attaque auquel il lui est permis d'être plus sensible, mais auquel toutefois elle ne doit pas opposer un moindre courage, c'est celle que lui livrent une foule de publicistes nouveaux, qui s'intitulent orgueilleusement les organes de l'opinion publique, et qui, confondant perpétuellement ce qui est avec ce qui, selon les songes de leur délirante imagination, devrait être, ne craignent pas de faire aux magistrats un crime de ce qu'ils agissent conséquemment aux lois existantes et aux règles encore en vigueur, au lieu de se ployer prophétiquement à toutes les améliorations qu'au nom de l'humanité ces sages réformateurs méditent contre l'humanité, et d'adopter par avance toutes les mesures de protection et d'impunité qu'enfante leur philanthropique imagination au profit des assassins et des voleurs de grands chemins contre les intérêts de la société. Ainsi, des libelles séditieux sont poursuivis; la loi ordonne cette poursuite; les magistrats, sous peine de prévarication, sont tenus de l'exercer et d'y déférer; ils obéissent à la loi; la peine est prononcée contre des hommes qui ne l'ont que trop méritée; soudain une voix s'écrie à la violation de la liberté de la presse, et des centaines d'échos, débonnaires et trompés, répètent ce cri. Voilà l'opinion publique. D'autres fois des com-

plots sont dénoncés à la justice : les tribunaux seraient coupables envers le Roi comme envers la société de ne pas vérifier avec scrupule des faits qui,
s'ils existent, compromettent la sûreté de l'un et de
l'autre; ils les vérifient : des hommes sont atteints par
de graves indices; les tribunaux s'en saisissent et les
interrogent. Rien n'est connu, n'est approfondi et ne
peut l'être par les hommes du monde; n'importe, les
hommes du monde crient à la sévérité, à la cruauté
même. Les précautions prescrites par la loi et par le
sens commun sont qualifiées de tyranniques et les
magistrats d'oppresseurs. Les jugemens sont jugés
sans pièces et sans examen. Les jurys eux-mêmes n'é-
chappent pas à cette censure indiscrète et générale;
les juges n'ont pas dû faire ce qu'ils ont fait; les
jurés n'ont pas dû juger ce qu'ils ont jugé; les Cours
n'ont pas dû appliquer les lois qu'elles ont appliquées.
Les Cours, les juges, les jurés, les lois ont tort. Le littérateur l'a dit, le littérateur a seul raison. Cent voix,
qui ne savent pas un mot de ce dont il s'agit, le répètent. Voilà l'opinion publique. Non, ce n'est pas
l'opinion publique, c'est l'opinion d'une multitude
aveugle et égarée; c'est l'opinion de quelques factieux
adroits, qui, pour être recueillie par un certain nombre d'esprits superficiels, n'en trahit pas moins l'impureté de son origine. La véritable opinion publique
est respectable sans doute, mais la véritable opinion
publique puise dans des sources un peu moins suspectes que les pamphlets des mécontens ou de quelques rebelles. La véritable opinion publique ne juge
pas sans connaissance de cause. La véritable opinion
publique ne juge pas surtout les procès, parce qu'il

faudrait qu'elle commençât par les faire instruire devant elle selon les règles et les rites de la loi. La véritable opinion publique n'accuse pas les magistrats de ne pas violer les lois, parce qu'elle sait que bonnes ou mauvaises, les lois, tant qu'elles existent, doivent être observées surtout par les magistrats. La véritable opinion publique enfin n'attaque jamais les hommes, les lois et les institutions, parce qu'elle sait encore qu'il faut se méfier de cette hypocrite philanthropie qui ne parle ainsi d'une réforme générale que parce qu'elle médite une destruction universelle.

Au reste, Messieurs, véritable ou factice, tant que les lois durent, ce n'est pas cette opinion, quelle qu'elle soit, qui peut être notre règle. Au milieu de ces clameurs, dont le but ne nous est que trop connu, il est un beau spectacle à offrir au monde, et vous êtes dignes de le donner. C'est le spectacle d'un magistrat ne voyant rien que la vérité, n'écoutant rien que la loi, ne voulant rien que la justice. En vain les partis s'agitent autour de lui : quand il est sur le tribunal, il ne sait pas même s'il existe des partis. Des clameurs s'élèvent : inutiles clameurs! la voix de sa conscience est cent fois plus forte qu'elles. Des poignards brillent : le magistrat ne manie pas le glaive ; il ne le brave pas non plus, mais il ne le redoute point. Des factieux l'insultent, l'outragent, le menacent. Ce vénérable Papirius aussi, lors de l'invasion de Rome par les barbares, fut outragé par eux sur sa chaise curule. Sa grande ame n'en fut pas ébranlée. Sans doute, en accomplissant ainsi tous ses devoirs, l'heure suprême de ce magistrat intrépide et inaccessible à toute crainte comme à toute passion peut arriver. L'heure suprême arrive aussi pour le lâche. Elle est donc inévitable pour tous les hommes. Mais pour les lâches, elle arrive escortée des remords et de l'ignominie. Elle ne sonne pour l'homme de bien que pour l'avertir qu'il va prendre possession d'une gloire véritable et de sa juste récompense. Magistrats, je me reproche d'en avoir trop dit, je vous contemple, je vous connais, je sais bien quel sera votre choix.

DISCOURS

Prononcé à la rentrée de 1819.

DE LA VERTU DES AVOCATS.

Messieurs,

Un grand publiciste a dit que l'honneur était l'ame des monarchies, comme la vertu celle des républiques, et la crainte l'ame du gouvernement despotique.

Il ne faut pas prendre cette grande théorie, juste sous beaucoup de rapports, trop à la lettre. Il ne faut pas surtout en conclure qu'aussitôt que le gouvernement est défini, il n'y a, pour son existence, nul danger d'exclure ceux des ressorts que son essence ne réclame pas, en sorte qu'on puisse négliger l'honneur dans les républiques ou la vertu dans les monarchies.

Quel que doive être le mobile premier sollicité par la nature des gouvernemens, il n'est aucun d'eux qui puisse se passer de la vertu des citoyens. Sans vertu, toute société finit par devenir la proie de l'immoralité, c'est-à-dire de l'anarchie.

La vertu, c'est l'amour de ce qui est bien : il se peut que cette disposition soit plus importante dans les pays où les lois laissent plus de latitude à la liberté; mais même dans ceux sur lesquels pèse l'esclavage, il faut la retrouver encore. Le cimeterre du despote ne peut atteindre partout; et au point où la terreur ne sait pas arriver, que reste-t-il pour obtenir des hommes de la justice, si la conscience, c'est-à-dire la vertu, n'exerce pas sa secrète et divine puissance?

Puisque la vertu est nécessaire à la vie de tous les empires, il faut la pratiquer; pour la pratiquer il faut la connaître.

La vertu n'est pas la même pour tous les hommes ni pour toutes les conditions.

Abstraite dans son but essentiel, qui est de maintenir l'ordre, elle est relative dans ses formes et aussi dans ses devoirs; celles-là plus ou moins sévères, celles-ci plus ou moins énergiques, suivant que la position particulière de chaque homme le lie, dans des degrés différens, à l'observance de certaines règles, rigides en proportion de la mesure d'honneur que lui rend la société, et des avantages qu'elle confère à l'emploi dont il est revêtu.

Ainsi, indépendamment de l'obligation commune imposée à tous de faire le bien, chaque profession est régie encore par des considérations qui lui sont propres, et qui exigent d'elle plus de sévérité dans l'accomplissement de cette sainte obligation, selon qu'elle s'applique à des fonctions spéciales.

Qui pourrait nier en effet que les citoyens appelés à faire ou préparer les lois au pied du trône, à défendre tour à tour les droits sacrés de la monarchie et de la liberté publique, à prononcer sur l'honneur, la vie, la fortune des membres de l'État, ne soient pas tenus au désintéressement, à la sagesse, à l'impartialité, au dévoûment héroïque plus que les commerçans, les artisans et les cultivateurs, comme à leur tour ceux-ci sont engagés à une exécution même minutieuse de leurs contrats, au respect idolâtre de leurs promesses, plus même que les hommes d'État ou les fonctionnaires?

Chaque place dans la hiérarchie sociale a ses règles particulières de vertu.

La tourbe peut manquer de courage sans qu'on le lui impute à crime; mais pour punir un soldat qui, au jour du combat, refuserait son sang à son Roi et à sa patrie, il n'y aurait pas assez d'opprobre. Il n'y aurait pas assez d'opprobre pour punir un indigne magistrat qui reculerait devant la révolte des passions humaines, que c'est la vertu de son état de contenir et de réprimer.

Ainsi l'ordonne l'intérêt général.

Et ce qu'il ordonne ainsi, il l'ordonne avec justice. A toutes ces professions dont on attend plus d'efforts et plus de sacrifices, on a prodigué plus d'avantages et des distinctions. Or, ces places d'honneurs, ces respects de la multitude, ces hommages, ces décorations diverses, n'ont pas été assignés dans la société à des fonctions d'élite pour la puérile jouissance des orgueils individuels; il faut les payer en vertu. Quiconque, en les acceptant, refuse d'en acquitter le prix, commet le plus odieux de tous les vols.

Parmi ces professions qu'elle voulait distinguer, et presque au-dessus d'elles toutes, la société eut besoin d'en créer une qu'elle entoura, d'accord avec la loi comme avec l'opinion, d'une estime extraordinaire, parce qu'elle lui imposait des devoirs qui sortaient de la classe commune.

Ces devoirs étaient grands, ils étaient presque sublimes.

Se jeter au travers des passions des partis pour les désarmer de leur fureur ; concilier les plaideurs qu'aveugle leur cupidité ; faire comprendre à leur convoitise ce qu'exige la loi ; éteindre par l'autorité d'un beau caractère des haines de famille ; préparer dans le sanctuaire des lois, par des doctrines sages et savantes, le triomphe du bon droit ; se consacrer généreusement à la défense des innocens et des opprimés, éclairer la conscience des magistrats sur les piéges que peut lui tendre la mauvaise foi ; et au milieu de ces soins divers se distinguer par l'amour de la vérité, par la religieuse observation des convenances, par un courage sans forfanterie, ennemi de l'éclat et perçant partout, dans la conduite même, bien plus que dans les paroles ; surtout et enfin par un désintéressement vrai, occupé du succès et non du salaire : telles sont les lois particulières de cette profession magnanime que l'estime précède, qu'escortent l'éloquence et la probité, et à laquelle la gloire fut toujours fidèle. Ai-je besoin de la nommer ? Non, avocats ! il n'est pas un de vous dont le noble cœur n'ait battu à sa seule définition ; et tous ceux qui sont dans cette enceinte ont aussi à l'instant même tourné les yeux vers vous, en s'étonnant de toute la vertu qu'appelle une si grande mission, et en redoublant de respect pour ceux qui la remplissent dignement.

De quels maux, en effet, elle garantit la société !

Les discordes intestines nées de l'opposition des intérêts, menacent sans cesse de diviser les citoyens, les amis et les parens. Voici des arbitres communs; la paix est leur idole, le soin de la rétablir leur culte. Leur voix, qui n'a rien d'impérieux, mais aussi rien de passionné, leur voix amie et toute persuasive s'élève au milieu des querelles pour les apaiser. Elle enseigne à chacun son intérêt véritable. Elle lui montre le malheur qui naît de ces débats acharnés dans lesquels il peut perdre sa fortune ou au moins son repos. Souvent le succès couronne leurs efforts; et ces sages modérateurs peuvent s'enorgueillir tantôt d'avoir rapproché des époux ou des frères, tantôt d'avoir éteint, dans leur principe, des vengeances tout près de devenir furieuses; toujours d'avoir prévenu des malheurs, des ruines et peut-être des désespoirs.

Quelquefois pourtant la démence de plaider l'emporte sur leurs avis salutaires. Eh bien, ils vont rendre à ceux-là même qui ont méconnu leur sagesse des services nouveaux. Leur rôle changera de forme, il ne changera pas de caractère. Le spectacle des passions serait hideux dans les tribunaux; il affligerait la justice. La loi a placé les avocats entre la justice et les parties, et entre les parties elles-mêmes pour que celles-ci ne se déchirassent pas les unes les autres, et pour que celle-là n'eût pas à rougir du scandale que traînent à leur suite le ressentiment et la rage.

Un plaideur trop souvent aussi chercherait à tromper les magistrats, s'il lui était donné de s'expliquer sans truchement en leur présence. Ce noble truchement arrive. Son zèle, sans doute, ne trahit pas la confiance qu'on lui accorde; mais il ne saurait violer pourtant les droits de la bonne foi. Les magistrats peuvent croire dans les paroles qui sortent de la conscience. Ils échappent au malheur d'être trompés.

Souvent, grâces à vous, avocats, ils sont préservés d'un malheur presque aussi grand, celui de se tromper eux-mêmes. L'étude solitaire ne révèle pas toujours toutes les difficultés d'une thèse douteuse. Une question a besoin d'être examinée sous plus d'une de ses faces; la controverse décente, mais animée, est bien plus propre à les présenter tour à tour, que les méditations de la retraite. De cette controverse jaillit quelquefois un trait de lumière qui saisit tous les bons esprits étonnés de n'en être que tardivement frappés. Une première opinion, formée d'abord, est abandonnée à l'aspect de cette révélation subite; la science et le bon droit sont sauvés, et la conscience du magistrat amoureux de la justice voue une reconnaissance sécrète à celui à qui il doit de n'avoir pas involontairement trahi la vérité.

Mais où l'intervention de l'avocat devient bien véritablement utile et patriotique, c'est dans ces discussions qui mènent, non pas à l'appréciation d'un fait, mais à l'application d'une loi. Les parties, dans leur ignorance, peuvent méconnaître la loi; dans leur passion, elles peuvent l'outrager. Un avocat n'est ni ignorant ni factieux; il sait que la liberté, c'est le règne despotique de la loi. Quand la loi ne commande plus et est appelée en jugement par les citoyens, il y a anarchie. Le véritable avocat ne parle donc jamais de la loi, quelque opinion qu'il en ait dans sa conscience comme homme, qu'avec un respect profond. Il lui rend obéissance tant qu'elle existe, et loin de se permettre de la censurer amèrement, si une des parties prenait cette licence, il serait le premier à la réprouver. Il sait qu'il existe des pouvoirs auxquels est conféré le droit ou plutôt le devoir de régler la législation pour le bien de tous; à ces pouvoirs seuls appartient la terrible responsabilité de l'examiner, de la modifier, de la changer. Aux citoyens, dans des écrits décens, sages, modérés et dont le but unique est d'éclairer, appartient la faculté de présenter leurs idées sur les améliorations dont elle est susceptible. Mais d'autres fonctions, d'autres devoirs; d'autres lieux, d'autres dispositions : dans le sanctuaire des lois, il ne peut s'agir que de leur culte; en présence des magistrats qui ont juré de leur obéir, il ne peut être question que de leur empire. Les discuter là, lorsqu'on ne doit que les appliquer, c'est un hors-d'œuvre; les blâmer, c'est un blasphème : et ce blasphème, ce n'est pas un véritable avocat qui se le permettra jamais.

Tels sont, Messieurs, les devoirs imposés à cette belle profession. Qu'est-il besoin que j'ajoute que pour les remplir il faut dans l'ame de l'avocat bien d'autres dispositions, une bien autre vertu que celle qu'on peut exiger du commun des hommes? Le renoncement à ses intérêts, la plus inflexible impartialité, même quand il s'agit de ses propres querelles, un soin jaloux d'entretenir la paix publique, une modération sans bornes, lui sont commandés par des règles austères, non pas comme des sacrifices, mais comme des habi-tudes. Le vulgaire, sans manquer précisément de vertu, peut avoir de l'enthousiasme, de l'ambition, de la vaine gloire, ou l'amour du gain; tout cela, autant de graves sujets de reproche pour les avocats.

Ce qui n'est ailleurs que légèreté, faiblesse, emportement, chez eux est un crime, ou au moins une faute
considérable. Les gens du monde peuvent s'étonner
de cette rigidité de maximes et de la hauteur avec
laquelle une profession grande autant que délicate
traite certaines actions de ses membres que le relâche-
ment de la morale publique ferait considérer avec indulgence; il faut que les gens du monde sachent que
l'avocat n'est pas l'un d'eux : il est tout autre chose,
ou bien il est indigne d'être avocat. Il dédaigne le
code du siècle, il veut être jugé par ses pairs et par
le code immortel d'honneur que leur ont transmis des
traditions toutes dirigées en ce double sens de les
rendre plus vertueux pour les rendre plus utiles et
plus honorables.

Ne vous y trompez pas, en effet, jeunes initiés,
excusables sans doute de ne pas saisir tout d'abord
la vérité clairement au milieu du débordement de
sophismes qui, dans ces derniers temps, sont venus
obscurcir votre raison, mais dont votre raison fera
justice aussitôt que vous y aurez mûrement réfléchi.

Gardez-vous de vous plaindre de cette discipline
sévère que quelques esprits corrompus et pervers vous
peignent comme une espèce de règle monastique et
presque comme un esclavage honteux dont doivent
s'indigner et qu'à plus forte raison doivent secouer les
hommes libres. Imprudentes clameurs! les chaînes
de la discipline ne sont pas de l'esclavage. Votre discipline sans doute, est votre lien : elle est aussi votre
force; elle est votre gloire; elle fait votre honneur,
comme elle fait votre vertu. Malheur à vous si vous
vous déshéritiez jamais de ce splendide patrimoine

qui vous est tout particulier. Songez à tous ces hommes illustres dont les annales de votre ordre vous ont transmis la mémoire, à tous ces hommes que leur haute vertu faisait marcher dans la société à l'égal, et que l'opinion peut-être plaçait au-dessus des plus éminens magistrats et des plus puissans fonctionnaires de leur temps. Patru, Cochin, Gueau de Roverseaux, et ce glorieux Gerbier, le Démosthène du barreau français, n'eurent pas besoin de la pourpre pour briller d'un immortel éclat. Ces hommes, les premiers de la première profession du monde, voyaient les grands de la terre se lever en leur présence, accourir vers eux dans leurs besoins, s'honorer de leur amitié. Les hommages de la société les environnaient; devant eux, quelquefois même, on vit s'abaisser les faisceaux de la justice.

Mais savez-vous à quel prix, dans leurs personnes, furent décernés à votre profession tant de distinctions, d'honneurs et de prérogatives dont ils jouirent? savez-vous à quel prix la société les conserve à leurs successeurs?

Au prix d'une vertu plus qu'ordinaire, au prix de la sévérité de vos règles qui l'entretiennent, au prix de votre discipline, qui, par cela même qu'elle est haute et imposante et qu'elle vous commande plus que les lois communes ne commandent à personne, vous élève et vous place au-dessus des autres hommes.

Voulez-vous vous ravir à vous-même ces honneurs, ces distinctions, ces respects qui vous sont prodigués, cette place hors ligne qui vous est assignée?

Vous le pouvez.

Il ne tient qu'à vous.

Brisez vos vertus, violez vos principes, soufflez sur toute cette magie qui vous environne. Vous étiez des pontifes de la paix, devenez les hérauts de la discorde; de respectueux interprètes des lois, soyez des iconoclastes, et poursuivez par vos outrages ce qu'il faut vénérer et chérir; de nobles associés de la magistrature, abreuvez-la de despects et d'injures. Partagez les passions et les fureurs de vos cliens, au grand scandale de la justice. Mettez votre ministère à l'encan, pour le rendre l'instrument des vengeances politiques et de l'esprit de parti. Résistez à la sagesse des avis de vos anciens, quand ils se bornent à des remontrances paternelles; et s'ils sont obligés d'aller plus loin, bravez leur autorité en en appelant à l'ignorance du public du jugement éclairé de vos pairs. Le grand œuvre sera consommé. Le prisme sera brisé. La première profession du monde sera devenue un métier comme un autre : et ceux qui l'exercent auront abdiqué tous leurs honneurs pour rentrer dans la foule des citoyens.

Non, non, avocats, ce malheur, plus grand encore pour la société qu'il laisserait sans patrons, que pour vous, ne s'accomplira pas. Cette douleur n'est pas reservée aux magistrats qui tous se glorifient d'avoir commencé par vous appartenir, et qui regardent comme leur étant commune la gloire d'une profession autrefois la leur.

Ce serait être injuste envers elle que de ne pas reconnaître que ces efforts coupables tentés pour briser la discipline et pour dénaturer la vertu du corps, sont la faute, j'ai presque dit le crime d'un petit nombre d'esprits irréfléchis que la sagesse de la masse saura ramener, ou qu'au moins son autorité, s'il le faut, saura contenir. Espérons davantage : espérons que cette sagesse et cette autorité seront même superflues, et qu'un peu de méditation rendra bientôt à l'empire de la règle ceux qui l'ont quelques instans méconnue. Quand la dépravation n'est point dans les cœurs et que les erreurs procèdent de l'esprit seulement, il est permis de croire au retour des ames généreuses.

Ce ne sont pas, disons-le, de viles passions qui fourvoient quelques jeunes orateurs, c'est un peu trop de confiance en eux-mêmes qui leur fait mépriser ce qu'ils appellent la pusillanimité ou l'esprit de routine des vieillards : ce sont aussi les conseils d'une ambition peut-être prématurée, qui se trompe sur les moyens et d'arriver aux dignités et de servir leur pays.

Jeunesse brillante et, malgré vos erreurs, pleine de loyauté, oui, oui, soyez ambitieuse. C'est en vous, en effet, que la patrie a placé ses espérances ; mais pour les justifier n'écoutez pas vos vils flatteurs, qui voudraient bien vous corrompre à force d'adulations, pour ruiner par vous la chose publique. Ils vous disent que vous valez mieux que les vieillards : oui, au jour du combat ; non, au jour du conseil. Ils ne peuvent agiter une génération tardivement garantie par son expérience, ils voudraient agiter une jeunesse inexpérimentée, par l'excès même de ses bons sentimens. Ils vous appellent à grands cris aux fonctions publiques, en vous les peignant seulement comme ne pouvant être conquises qu'à force d'asservissement aux factions et de mouvemens irréguliers pour y arriver. Ils vous trompent. Dans l'ordre nouveau dans lequel nous vivons, c'est le vœu de tous les bons citoyens, de tous les sujets fidèles, que les fonctions n'échoient qu'à ceux qui doivent les bien remplir. Mais, pour les mériter, il ne faut pas paraître songer à les obtenir. Il viendra des temps, croyez-le, où la raison publique saura distinguer les vrais amis de la liberté des prédicateurs de la licence, et trouver au fond de leur modestie ceux qui se produiront par des vertus au lieu de s'afficher par des fureurs populaires. Cincinnatus ne s'était jamais montré que dans les momens où Rome avait besoin de son bras, le peuple-roi ne l'en allait pas moins chercher à la charrue pour l'élever à la souveraine magistrature : c'était le renom de la sagesse de ce grand sénateur qui sollicitait pour lui. La fameuse famille Appia remportait encore plus de consulats que les Valérius, quoique celle-là résistât aux caprices de la multitude. Tant il est vrai qu'à la longue le bon sens des peuples rend justice à la véritable vertu. O vous qu'anime une ambition généreuse, prenez donc les vrais moyens de la satisfaire, les seuls d'ailleurs qui puissent convenir à de grandes ames, parce que seuls ils sont honorables. Votre profession vous montre sans cesse en dehors ; paraissez en dehors, non comme de fougueux champions de passions désordonnées, mais comme des hommes de bien. Résistez courageusement au torrent qui menace d'entraîner toutes les idées sociales. De misérables artisans de nos troubles attaquent sourdement, et quelques-uns même avec audace, celle de toutes ces idées à laquelle se rattache le plus étroitement le salut de notre pays, la légitimité : honorez la légitimité. De toutes parts les lois sont attaquées : respectez les lois, respectez leurs ministres, puisque l'aveuglement du siècle est arrivé à n'en plus parler qu'avec mépris. Calmez les passions publiques au lieu de les aigrir. Ménagez toutes les personnes, mais foudroyez toutes les doctrines perverses. Préludez ainsi, par le développement de toutes les vertus qui constituent le bon citoyen, à l'exercice de celles qui constituent l'homme public. C'est alors que l'estime générale, quand cet éphémère incendie des passions de circonstances se sera éteint, vous fera violence s'il le faut et vous contraindra, trop tôt peut-être pour votre bonheur, à vous revêtir de ces fonctions, l'objet de vos secrets desirs. Alors aussi, grands citoyens, allez en effet servir votre roi et la liberté publique. Étrangers à toutes les folies, à toutes les haines, à tous les factieux, allez faire régner dans les conseils du prince et du peuple la sagesse, la justice, la modération dont vous aurez d'avance prouvé à toute votre nation que vous êtes incapables de vous écarter jamais. Votre considération sera entière, car vous n'aurez rien fait dont vous ayez à rougir; votre indépendance bien absolue, car vous n'aurez traité avec aucun parti ; votre liberté toute pleine, car vous n'aurez pris aucun engagement avec des erreurs ; votre ascendant enfin sans bornes, puisque tous vos concitoyens seront conduits à une confiance illimitée par l'épreuve de votre probité publique que n'aura tachée nulle manœuvre indigne de votre caractère. Toujours vous fûtes droits, loyaux et sincères dans votre belle profession. Hommes publics, quand vous parlerez la persuasion s'attachera à tous vos conseils. Voilà la destinée qui attend ceux qui, s'ils ne savent se préserver entièrement de l'ambition, ne veu-

lent du moins la satisfaire que par des moyens dont
la vertu n'ait pas à rougir.

Ah! combien ce lot est préférable à celui de ces
malheureux qui, après avoir débuté par de furibon-
des déclamations pour capter la faveur populaire et
obtenir des grandeurs, ont fini par des crimes! Tremblez de leur sort, jeunes imprudens qui seriez tentés
de prendre la même route : avant de continuer d'y
marcher, veuillez regarder où elle conduit. Grâces au
Ciel, vos talens, votre cœur et vos mains sont purs
encore : ainsi en était-il d'abord de ces déplorables
devanciers, dont l'exemple est fait pour effrayer quiconque serait tenté de les imiter. Entendez le témoignage d'un contemporain qui les a tous connus, et
qui va parler d'eux comme un jour en parlera l'histoire. Ce témoignage vous sera répété par tous ceux
qui, hommes faits déjà au commencement de notre
sanglante révolution, en ont suivi toutes les phases et
observé tous les artisans. Eux et moi, nous avons tous
vécu au milieu de ces champions désordonnés de la
liberté, et peut-être même, pourquoi ne le confesse-
rais-je pas? car alors il n'y avait pas à en rougir, dans
une étroite amitié avec plusieurs d'entre eux. Tous,
ou presque tous d'abord, ils étaient sincères. C'étaient
des hommes de bien remplis des plus droites intentions, doués d'un saint enthousiasme pour tout ce qui
était sublime, mais par malheur aussi, et pour eux et
pour nous, d'une imagination déréglée qui leur faisait voir le sublime où il n'était pas. Jusque là toutes
leurs facultés avaient été consacrées à défendre devant la justice, avec autant de courage que de noblesse, tous ceux qui étaient opprimés ou qu'ils cru-

rent tels. Ils avaient pu se tromper quelquefois : mais la cause de leur erreur était si belle! qui eût osé leur en faire un crime? Honorés pour leurs vertus, honorés pour leurs méprises, ils n'en furent que plus ardens, dans la carrière publique où les appelèrent bientôt les premiers accens du mauvais génie de la France, à combattre tout ce qu'ils regardaient comme oppression. Dans leur zèle imprudent, ils conçurent le dessein de faire une guerre d'extermination à tous ces abus, et d'avance ils désignèrent comme tels les institutions que ne savait pas juger un farouche stoïcisme, qui s'encourageait dans ses destructions par le sentiment de son désintéressement fanatique. Dans leurs intarissables déclamations, ils prirent avec eux-mêmes et avec le peuple l'engagement d'accomplir ce grand dessein, sans s'en laisser démouvoir par quelques considérations que ce fût. Trop heureux si l'avenir eût pu leur être révélé dès cet instant ; si, dès les premiers pas qu'ils faisaient dans un nouvel univers, on eût pu leur prédire les actions qui les attendaient à l'insu de leur vertu! Eux-mêmes, alors, si la voix d'un prophète leur avait dévoilé leurs actions futures, ils auraient reculé d'épouvante. Le Ciel leur refusa cette protection. Dans l'aveuglement de leur probité, ils marchèrent. Ils trouvèrent des obstacles. Les obstacles les irritèrent, leur patriotisme voulut les vaincre. Ils tentèrent d'abord les moyens ordinaires. Ces moyens ne furent pas assez forts ; de plus sévères furent employés. Ce fut sans fruit. La première attaque était faite ; fallait-il avoir la honte de céder à la résistance? Non. Ils étaient les pères de la patrie. Ceux qui résistaient étaient des rebelles. Pour soumettre la rébellion tous les moyens étaient bons. Parmi ces moyens, le cœur et l'humanité en rejetèrent d'abord qui faisaient horreur à la première idée qu'on en eut. Mais l'inefficacité des autres donna de la colère. Ce n'était plus seulement de servir le pays qu'il s'agissait ; il s'agissait d'orgueil et d'entêtement. L'un et l'autre sont aveugles. L'orgueil ne cède pas ; l'entêtement ne sait pas discerner. Tous deux trouvèrent bientôt un aliment nouveau dans les mépris dirigés contre les réformateurs. Les sarcasmes, les injures, le ridicule, imprudentes ressources d'un parti faible, qui, pourvu qu'il se venge un moment par les puérils jeux d'un esprit léger, ne calcule pas d'avance les maux terribles qui sortent de la rage portée au cœur de l'ennemi, finissent, à force d'irritations, par les priver d'un reste de pudeur et de raison. Les mesures sévères n'avaient pas réussi ; ils recoururent aux mesures violentes. Des unes aux autres, il n'y a qu'un pas. Hélas ! il n'y a qu'un pas aussi des violences aux crimes ! ce pas fut franchi. Il fut franchi par ces hommes bons, honnêtes et purs jusque là dans toute leur vie privée ; par ces hommes incorruptibles peut-être à toute autre séduction que celle de leur vaine gloire et de leur ambition, mais dont la tête fut égarée par la fureur et par la vengeance. Il fut franchi. Des premiers crimes en appellent de plus grands. Ce qu'il y a de plus affreux en forfaits fut commis. Il en est un que j'ose à peine indiquer : il suivit les autres, et la France fut frappée de deuil et de désespoir. Il suivit les funèbres jours de septembre, si promptement oubliés, et donna le signal aux bourreaux répandus sur tous les points de notre pays infortuné. Voilà les horreurs

dont nous avons été les témoins. Hé bien ! jeunes en-
thousiastes, qui, sans le vouloir, vous engagez dans
les mêmes voies, savez-vous quels furent ces hommes
qui vous précédèrent? Lisez l'histoire, vous appren-
drez leurs noms. Pour moi, je ne les prononcerai pas.
Je veux garder ce respect pour l'espèce humaine, de
ne pas entretenir un sentiment d'exécration, tout juste
qu'il serait, pour des hommes qui ne sont devenus
l'horreur de leur pays qu'après en avoir été l'ornement.
Ce ne sont pas des haines que je veux réveiller; ce
sont des leçons que je veux recueillir. Ce mot seul a
tout dit : ils ont été l'ornement de leur pays. Sûrement,
il leur a fallu bien des combats pour mentir à ce point
à leur première innocence, sûrement ils ont souvent
tourné la tête en arrière pour voir de quelle grandeur
ils déchéaient. Mais, lancés par leur imprudence et
par leur folie vers le précipice, sur le penchant ils
n'ont pas pu se retenir. Égarés par des systèmes trompeurs, puis enchaînés par une fausse honte de se rétracter, puis retenus par le soin de leur sûreté présente, puis enfin entraînés par l'entêtement, les fureurs, et, qui sait, peut être par le goût du crime que
le juste Ciel dans ses vengeances finit par inoculer au
cœur des grands criminels, pour en faire des exemples plus éclatans de scélératesse humaine, de chute
en chute il a fallu rouler au fond de l'abîme pour s'y
débattre dans la fange sanglante qui les attendait, et y
commencer le long supplice des remords dont ils sont
dévorés. Ah ! qui pourrait lire dans l'ame de ces tristes victimes de l'ambition trompée ; y saisir leur désespoir d'avoir échangé leur vertu primitive, la douce
considération dont elle les environnait, cette paix si

heureuse surtout de la conscience, sans laquelle il
n'est pas de jouissance véritable, contre l'état d'abais-
sement dans lequel ils sont tombés, en horreur au
genre humain, en horreur à eux-mêmes, réduits à
implorer, au lieu de cette estime dont jadis ils étaient
fiers avec tant de justice, un peu de généreuse pitié
qui ne peut encore leur être accordée qu'au nom de
cette religion sublime qu'ils ont blasphémée, serait
bientôt détrompé de tous les rêves menteurs de l'ambition. Il n'envisagerait qu'avec effroi les écueils contre lesquels la vertu la plus robuste n'est pas toujours
assurée de ne pas faire naufrage ; loin de poursuivre,
à travers des voies aussi dangereuses, les grandes places que la témérité seule peut envier dans des temps
d'agitation, il redouterait le danger de se voir jamais
condamner, même par la confiance publique, à tra-
verser ces périls brillans dans lesquels il est si facile
de laisser sa gloire, sans être jamais certain d'y trouver
son bonheur. Que ces grandes leçons du moins, Messieurs, ne soient pas perdues pour nous, assez heureux, si nous sommes sages, pour être arrivés au port.
Et pourquoi donc, grand Dieu ! nous agiterions-nous
encore ? Ce n'est plus pour la liberté que nous avons
à trembler ; nos institutions la garantissent. Le trône,
occupé par le meilleur des princes, et qu'environne
une famille religieuse autant qu'auguste et paternelle,
non moins qu'ennemie du parjure, a fait alliance avec
elle. L'égalité civile n'est plus un vain mot : et dans
cette enceinte même, il serait plus d'un exemple de
la sincérité avec laquelle notre monarque la main-
tient dans la distribution des plus hautes dignités. La
loi seule parle ; seule, elle doit parler. Avocats, réunis-

sez-vous à la société entière pour consolider son empire. Vous le pouvez; vous le devez; vous le voulez. Déjà le Ciel a reçu nos prières. Il va recevoir vos sermens. Il va les recevoir entre les mains de vos magistrats. Vous y serez fidèles, parce que l'honneur et la religion ne sont point pour vous des mots vides de sens. Vous y serez fidèles, parce que le bonheur de la société et des familles dépend de l'observation des lois que vous allez jurer. Vous y serez fidèles, enfin, parce votre vertu vous l'ordonne, et que toute votre considération y est attachée.

A V O U É S ,

Votre position dans la société est moins extérieure que celle des avocats; mais votre influence, toute secrète qu'elle y est, n'est pas moins importante. La confiance presque toujours juste que vous accordent les familles, souvent empressées de recourir à vous quand elles sont en doute sur une transaction, ou bien quand un procès est sur le point d'éclore, vous donne aussi et des moyens de direction et une grande puissance d'opinion. Vous répondez de ce dépôt, comme les avocats, à la paix publique, à votre Roi et à la patrie. J'aime à proclamer, dans cette enceinte, que vous en usez dignement. Cette conduite fait votre gloire. Elle fait aussi le bonheur de la magistrature, qui sait que vous persisterez dans cette honorable conduite, et qui vous environne de toute son estime.

Nous requérons pour le Roi, etc.

MERCURIALE DE 1819.

DE LA FERMETÉ D'AME.

MESSIEURS,

L'on entend beaucoup répéter que le siècle est perverti ; que nous valons moins que nos devanciers ; que l'espèce se déprave sensiblement ; qu'enfin la dégénérescence générale est telle, que la société est menacée d'une dissolution prochaine. Et les preuves ne manquent pas, si on les en croit, à ceux qui soutiennent cette thèse douloureuse. Ils demandent si dans nos annales on a vu, en d'autres temps, une masse égale à celle des forfaits auxquels, tous, nous avons assisté ; si l'on a vu surtout les mêmes hommes, les uns témoins, beaucoup victimes des mouvemens désordonnés qui les ont produits, manquer de sagesse, de mémoire et de raison au point d'être tout prêts à s'y rengager de nouveau, au risque d'y périr, s'il le faut, au risque, bien autrement effrayant pour les ames généreuses, d'y laisser leur innocence.

Ceux à qui s'adressent ces questions répondent que nos ancêtres étaient des barbares pires cent fois que leurs descendans. Dans tous les temps, disent-ils,

.le brigandage, l'ambition, la licence se sont manifestés par des excès, et les siècles passés n'en redoivent rien au siècle présent; mais dans celui-ci du moins nous n'avons pas à nous affliger de crimes qui naissaient ou d'une ignorance stupide, ou d'une férocité que ne tempérait nulle politesse de mœurs : il y a des désordres, sans doute, de grands désordres; mais au total les mœurs et l'humanité ont gagné, et chaque jour encore, dans des institutions philanthropiques, dues au progrès de la raison humaine, elles font de nouvelles conquêtes.

Sans discuter minutieusement, Messieurs, ce qu'il y a de plus ou de moins exact dans les détails de cette controverse, osons penser qu'elle est mal établie. L'esprit humain acquiert, il est vrai, et peut se perfectionner : il n'en est pas ainsi de la morale. On ne fait pas de découvertes en morale : dès le commencement elle a existé tout entière telle qu'elle est aujourd'hui. Dans tous les âges notre conscience nous a tenu le même langage, et toujours elle a suffi à nous dicter ce qu'il fallait faire et ce qu'il fallait fuir. Ce n'est pas à dire que dans tous les âges il n'y ait eu de la scélératesse, comme de la magnanimité. La religion, lorsque son empire était le plus florissant, ne réussissait pas toujours à empêcher le meurtre, le viol et la rapine, les guerres et les proscriptions. En un mot, jamais l'homme ne fut parfait : toujours, il y eut du mal et du bien en quantité à peu près pareille. Ce mal et ce bien varièrent seulement dans leur direction et dans leur efficacité, suivant que les circonstances et les modifications de l'esprit humain firent éclore des systèmes plus ou moins féconds en bons ou en

mauvais résultats ; et ces variations constituent quelquefois , dans la comparaison des temps, une énorme
différence à l'avantage des uns et au détriment des
autres.

Expliquons cette idée :

Les erreurs des hommes changent incessamment
d'objets ; ils négligent quelquefois de s'occuper des
bases sociales, et de cette heureuse négligence sort
pour elles un respect d'habitude qui est un grand
contre-poids au mal courant qui afflige la société.
Ainsi, par cela même que l'homme est un être im-
parfait et sujet aux passions, dans les temps qu'on est
convenu d'appeler d'ignorance, mais où personne
n'attaquait ni la religion, ni les formes du gouvernement, ni la hiérarchie politique, on pouvait commettre des crimes, beaucoup de crimes, dérober,
égorger par vengeance, par fureur ou par jalousie, se
livrer aux désordres de mœurs ; ces forfaits, très-fu-
nestes pour les individus qui en étaient les victimes,
n'étaient dirigés du moins que contre les particuliers,
ne faisaient préjudice qu'à ceux-ci, sans ébranler la
masse. Le mal était individuel et solitaire. La société
subsistait toujours ; et pour qu'elle continuât à subsister, les hommes préposés à sa conservation n'avaient
pas de grands efforts à faire.

Mais quelquefois, et à des époques heureusement
très-rares, l'esprit humain a voulu sonder tous les
abîmes ; il s'est demandé ce qu'étaient les mystères de
la religion, de la politique et de la société ; il a tout
examiné, tout analysé, tout jugé ; tout jugé avec ses
moyens, qui sont pleins de faillibilité ; tout jugé au
gré de son délire et de ses passions. Durant ces pé-

riodes, des crimes aussi se sont commis : et ces crimes n'ont plus été dirigés contre les hommes, mais contre les choses ; contre les individus, mais contre l'espèce. Comme toutes les bases sociales étaient méconnues, elles n'ont plus retenu le débordement ; loin de cela, elles-mêmes elles ont été entraînées par le torrent, et sans que les hommes fussent peut-être ni meilleurs ni plus méchans qu'en d'autres siècles, le mal qu'ils ont fait alors, ne rencontrant aucune digue, a dû se répandre plus loin et exercer de bien plus grands ravages qu'en des temps où demeuraient vivantes, au milieu de l'habituelle corruption humaine, toutes les institutions énergiques et sages qui la combattaient.

Nous avons, Messieurs, le malheur d'assister à une de ces époques. Il faut porter au mal les remèdes qui dépendent de nous. Parmi ces remèdes, il en est un qu'on ne doit pas cesser de recommander aux citoyens, et que nous devons, à plus forte raison, nous recommander à nous-mêmes : c'est la fermeté d'ame ; jamais elle ne fut plus nécessaire.

Le simple courage, cette belle et grande qualité qui se manifeste par des actes de dévoûment isolés, ne suffirait pas. Nous avons tant vu de courage brillant mal employé pour l'intérêt général, qu'il n'étonne plus et n'en doit plus imposer. Il faut, pour repousser l'invasion du mal, cette longanimité généreuse qui la combat par une résistance inflexible et de tous les momens, par un invincible attachement à ses devoirs et à tous ses sermens, par une stoïque impassibilité que rien n'ébranle et contre laquelle viennent se briser toutes les fureurs des factions et toutes les attaques des esprits acharnés au renversement de la morale et des lois.

La fermeté d'ame n'éclate pas ; elle ne tonne point : elle s'oppose. Sa vertueuse inertie est sa puissance. Elle ne se mêle pas au combat ; elle se place au milieu des combattans pour éteindre les torches et briser les poignards. Elle fait rougir, par ses exemples soutenus de sagesse, de modération, de fidélité, les insensés qui désertent la cause du devoir pour tenter de déchirer le sein de la patrie au gré de leur intérêt privé et de leur ambition ; et, forte de ses inébranlables résolutions, elle sourit avec dédain aux périls dont on la menace, et qu'elle trouve tous indignes de sa frayeur, à côté du seul péril qu'elle redoute, celui de manquer de vertu.

Quel rôle peut mieux convenir à tout homme de bien ? Quel rôle plus noble pourrait envier surtout un digne magistrat ?

Ce fut celui que voulut prendre ce magnanime l'Hôpital dont le nom nous est parvenu environné de l'admiration de son siècle. Lui aussi, il vécut dans un temps de factions et d'orages : il n'en resta pas moins inébranlablement attaché à ses devoirs de sujet et de citoyen. Défenseur public du trône contre les attaques des rebelles, défenseur secret, mais énergique, du peuple dans les conseils du prince, il voulut fermement l'autorité de celui-ci comme le bien de celui-là, assuré qu'il était que ces deux intérêts se confondent et sont inséparables. Sans peur et sans audace, au glaive des factieux il opposait le nom et l'autorité de la loi, ne bravant pas, ne craignant pas la mort, et ne s'occupant, au milieu des flots de révoltés, qu'il tra-

versa plus d'une fois sous la seule escorte de sa vertu.
que d'un soin, celui de faire fléchir les passions des
partis déchaînés, sous le joug d'une justice éclairée
autant qu'impartiale.

Tel tu fus aussi, vénérable octogénaire, enlevé pré-
maturément, malgré ton grand âge (car les hommes
comme toi devraient être immortels), à cette cour,
dont tu fus un si noble ornement. Que n'es-tu à
cette place, pour y traiter bien autrement que je ne
saurais le faire le grand sujet qui nous occupe! Qui
pourrait parler plus dignement de cette belle vertu,
que celui qui, dans sa vie tout entière, en offrit un
si constant exemple? Condamné par l'enthousiasme
même du bien qui, jusque dans sa plus extrême
vieillesse, fut le trait dominant de son caractère, à se
trouver mêlé aux premiers troubles de notre révolution, il n'y prit part que pour y donner le signal d'un
respect égal pour les droits imprescriptibles du trône
et pour ceux de la liberté sainement entendue. Tous
les artisans de discorde l'eurent pour ennemi, tous
les opprimés pour protecteur. Les lois n'eurent pas de
défenseur plus immuable. Dans les conseils de ce
monarque si bon, dont le nom ne peut plus être prononcé sans verser des larmes, dans ces conseils où la
réputation de M. Joly ne tarda pas à le faire appeler,
il ne sut que dire la vérité, comme au dehors il ne
savait plus que prêcher l'obéissance. Le canon du
10 août le trouva auprès de son roi, et si sa noble
fermeté en eût été crue, peut-être dès ce jour déplorable un grand crime eût été commis, mais, victime
dès ce jour aussi de sa fidélité, il n'en eût pas vu commettre un, depuis, cent fois plus flétrissant encore

pour l'honneur national. Que de larmes ses amis
lui virent verser sur cette épouvantable catastrophe !
Quelle joie pure inonda son ame, quand les Bourbons,
l'objet de son constant amour, remontèrent sur ce trône
dont il les avait vus descendre avec désespoir ! Bon et
loyal sujet, citoyen vertueux, magistrat plein de justice et de fermeté, tout indulgence pour la faiblesse,
tout douceur dans son commerce avec ses collègues et
ses amis, à quatre-vingt-trois ans il retrouvait encore
toute l'ardeur de sa première jeunesse contre le crime
et l'infidélité, ou bien contre les accusations prodiguées par des insensés à la sagesse et à la modération.
Il fallait le voir et l'entendre alors, l'œil en feu et dans
une vive action, défendre la cause de celui qu'on attaquait, comme si c'eût été la sienne propre ; repousser
avec une noble indépendance les injures par lesquelles
on poursuivait ses amis, et renvoyer les discoureurs
qui avaient eu l'imprudence de le choisir pour le con-
fident de leurs calomnies, tout étonnés de voir réunies
dans cet honorable vieillard tant de chaleur et de
sagesse, tant de force et de modération, tant de mansuétude de manières et de fermeté de caractère.

A Dieu ne plaise pourtant, Messieurs, que je
croie avoir besoin de l'autorité des grands exemples
pour nous pénétrer tous de la nécessité de cette disposition appliquée à la fidélité que réclament nos sermens. Non, non, ce n'est plus aujourd'hui qu'il faut
la recommander aux magistrats comme une vertu.
Grace au Ciel, ils ne manquent pas, je ne dis pas de
fermeté d'ame, mais de respect pour eux-mêmes au
point qu'on puisse redouter de voir à l'avenir jamais
compromise la foi jurée.

Il fut, nous le savons trop, des temps plus forts que toute la force humaine, où, après l'abdication de nos plus chères espérances, nous fûmes entraînés, contre tous nos vœux, à souscrire aux cruels arrêts qui semblaient être irrévocablement prononcés par la fortune. La Providence enfin a cassé ces arrêts funestes! nos rois et nos sermens nous ont été rendus. Et nous pourrions les trahir! Et parce que quelques misérables, qui ne songent que crimes et que révolutions, voudraient tout incendier ou tout détruire de nouveau, pour ensevelir, s'ils le peuvent, dans les décombres les témoins de leur opprobre, nous oublierions notre foi! Ainsi nous roulerions de parjure en parjure, de bassesse en bassesse, de tyrannie en tyrannie, comme un vil troupeau indifférent au joug qu'il reçoit, tendant avec insensibilité la tête aux plus odieuses chaînes, nous informant à peine de ceux qui daigneraient devenir nos maîtres, et ne sachant plus distinguer dans notre conduite ce qui dégrade le caractère et ce qui peut l'honorer! Un tel excès d'avilissement ne peut atteindre désormais des magistrats français, les successeurs des l'Hôpital, des d'Aguesseau, des Molé, des Malesherbes. Le cours des caprices de la fortune est fermé. C'est dans la fidélité qu'il faut vivre avec honneur, ou mourir avec gloire. C'est par la fidélité qu'il faut, pour ceux qu'entraîna le malheur des temps, ressaisir leur dignité d'homme, et pour ceux qui furent assez heureux pour échapper à la défection, la conserver. Nous n'avons, pour ne pas tomber dans la fange, besoin ni de vertu ni de fermeté d'ame : c'en est assez de notre orgueil.

Où notre orgueil ne suffit plus, et où la fermeté

d'ame devient indispensable, c'est quand il s'agit de
faire régner la loi même sur les bons. Pour les cœurs
nobles, résister aux méchans n'est pas difficile : l'instinct y porte. Mais on s'étonne d'avoir à lutter quelquefois contre les hommes de bien : les hommes de
bien aussi pourtant ont leurs passions, leurs erreurs,
leurs écarts, leurs systèmes irréfléchis, non moins dangereux pour l'ordre que ceux des pervers. L'impartialité ne peut protéger ceux-là plus que ceux-ci. Quel
sage n'a pas gémi cent fois sur l'acharnement avec lequel se combattent les hommes opposés de sentimens
et d'opinions? Un vrai magistrat ne reconnaît plus la
probité publique dans cette rage de confondre les forfaits et les erreurs, et de traiter les hommes passionnés
à l'égal des scélérats. Qu'un de ces vieux et criminels
artisans de nos malheurs passés ait bien l'audace de
sortir du repos et des jouissances communes que nos
lois lui assurent, comme la volonté de tous les sages
les lui garantit, pour ressaisir le timon de l'État, et
nous diriger de nouveau dans les voies sanglantes où
la France entière le vit marcher; ah! c'est un scandale
que nul Français ne saurait tolérer, et je comprends
qu'il se fasse un soulèvement d'indignation universelle pour rappeler son affreuse vie polique à ce coupable ambitieux, qui semble l'avoir oubliée, et qui
tente de mettre une seconde fois au hasard l'existence
de sa patrie. Mais au nom de la concorde et du besoin
si pressant de se rallier tous autour du trône et des
institutions qui nous furent données par un roi paternel, est-il permis de ne faire aucune différence entre
ces enfans parricides de la France et d'autres hommes
égarés, il se peut; ambitieux, il se peut aussi; mais

que nul crime passé ne flétrit et qu'on ne peut couvrir d'outrages sans violer les lois de l'intérêt du
pays, non moins que les lois de la justice? Ils se
trompent et peuvent nous perdre par leur erreur;
soit; ils sont mus par une grande ambition qui les
dispose à sacrifier tous les intérêts au leur; soit encore; ils n'ont pas fait du moins jusqu'ici de pacte ni
avec le crime ni avec l'infidélité; ils valent d'être re-
conquis encore; ils valent d'être conservés à la cause
publique qu'ils n'ont pas abjurée dans leur cœur et
qu'ils peuvent utilement servir. Et que font tous ces
furieux qui les abreuvent d'outrages, de sarcasmes et
d'injures? Regagne-t-on les cœurs en irritant les passions, et rend-on les hommes vertueux en leur persuadant à eux-mêmes que, quoi qu'ils fassent pour
rester tels, ils sont dévoués à la haine publique? C'est
à la fermeté des organes des lois qu'est réservé l'honneur d'amortir, d'abord et comme hommes privés, par
leur doctrine, ensuite et comme magistrats par l'impartialité de leurs jugemens, ce principe fécond de
nos divisions.

Vainement chercherait-on à les ébranler par la
crainte des dangers qu'ils courent, en se jetant au
milieu des partis, au lieu de se ranger de l'un d'entre
eux, pour avoir des protecteurs et des appuis. Comme
les magistrats n'ont d'autre règle que leur conscience,
ils ne veulent d'autre protecteur que la loi. Et, dussent-ils être réservés au malheur affreux de voir un
jour cette grande protection leur manquer, il est
pour eux un refuge qui ne leur manquera jamais, la
fermeté d'ame.

La fermeté d'ame les rend insensibles aussi aux ju-

gemens téméraires que se permet quelquefois de porter sur eux un monde aveugle et léger. Tel est le
malheur des temps, qu'il n'est pas rare d'entendre
blâmer les magistrats de ce qui fait leur gloire, c'est-
à-dire de l'impartialité même avec laquelle ils appli-
quent la volonté du législateur. Chacun réclame hautement l'exécution des lois, mais c'est contre ses ennemis, et tout prêt à crier au scandale et à la cruauté,
si la justice les lui applique à lui-même pour gêner
ses passions ou réprimer ses folies. Que peut contre
cette démence un magistrat qui veut rester fidèle à ses
devoirs, si ce n'est la mépriser, et s'en remettre au
temps du soin de l'absoudre du crime de ne savoir
pas violer ses sermens?

Il est toutefois un genre d'attaque contre lequel la
fermeté d'ame est plus nécessaire encore, c'est le ridicule. Chez la nation la plus spirituelle de l'Europe,
le ridicule n'est pas à dédaigner pour les faibles caractères, et pour tous ceux qui, avant d'agir, se demandent ce qu'en pensera la malignité. Mais ce n'est pas
là ce que se demande le vrai magistrat; il ne s'inquiète
que d'être juste; il sait que, s'il le faut, le sacrifice
même de l'approbation de la multitude est dû au Roi
et à la patrie : et ce sacrifice, il le fait sans balancer
aussitôt que la conscience le demande.

Le magistrat ferme est toujours prêt à faire des sacrifices plus grands encore; il combat le mal tant qu'il
le peut, sans se laisser décourager ni par les périls, ni
par les outrages, ni même par le désespoir du succès.
Ce n'est pas seulement pour les juges de réussir dans
la défense de la société envahie par les passions humaines, qu'il s'agit; il s'agit encore de ne pas forfaire

à leur conscience et de ne pas déshonorer leur dignité, c'est-à-dire leur justice, car l'une est inséparable de l'autre. Alors même qu'ils ne peuvent plus rien pour l'ordre public, leur fermeté s'attache à leur propre honneur, et ils ne veulent pas plus flétrir celui-ci qu'abandonner celui-là.

Autrefois, après des prodiges de courage, les Romains furent trahis par la fortune; leur ville même fut envahie par Brennus et ses compagnons. Les débris de leur population ne surent plus que fuir devant l'ennemi, et se réfugier dans le Capitole. Les vieillards consulaires, parce que le poids des années les rendait inhabiles désormais à la défense du pays, n'en restèrent pas moins fidèles à sa cause; ils ne désertèrent pas la ville sainte : leurs bâtons d'ivoire à la main, revêtus de leurs toges de magistrats, ils attendirent tranquillement, assis sur leurs chaires curules, que la soldatesque disposât à son gré de leur vie; mais sur leur front éclatait, au milieu d'une résignation magnanime à leur propre sort, leur noble indignation de voir Rome souillée par la présence des barbares.

Magistrats, espérons, ah! espérons que nos yeux ne sont pas réservés pour un spectacle pareil. Le débordement d'une barbarie nouvelle menace en vain notre chère patrie. Les efforts réunis de toutes les parties de la puissance publique (et les magistrats ne seront pas les derniers à fournir leur contingent) la sauveront de l'irruption des principes destructeurs qui l'attaquent de nouveau. Non, non, ils ne vaincront pas, ces principes odieux; mais si, contre toute espérance, ce malheur arrivait pourtant, vous ne prendriez jamais parti dans cette défection générale. Que

les Gaulois tentent d'envahir Rome encore, s'ils l'osent;
dussent-ils réussir dans leurs desseins impies, vous ne
serez jamais leurs complices. Même après la défaite
vous sauriez donner aussi un grand exemple au monde.
Votre fermeté vous reste, et vos chaires curules vous
attendent.

DISCOURS

Prononcé en audience solennelle, le 11 décembre 1820, en présentant les lettres de commutation de peine de Gravier *et* Bouton.

———

Messieurs,

Voici encore une des vengeances des Bourbons!

Un crime de plus a été commis contre eux; un crime de plus a été pardonné. On dirait que leur longanimité a fait à la perversité le défi héroïque de voir qui l'emporterait à la fin de ses efforts impies ou de leur clémence. C'en est assez pour les ames vulgaires du désintéressement et de la justice; pour eux, ils ont soif de mansuétude et de générosité. Hélas! nous ne le savons que trop, sous la hache des bourreaux, naguère les chefs de cette auguste race n'ont su que prier pour leurs assassins; et leurs testamens, sans même permettre à la faiblesse de la nature une plainte un peu amère sur des infortunes inouies, sont devenus de sublimes leçons d'abnégation de soi-même, et d'une charité surhumaine.

Leçons divines, vous avez été recueillies.

Un prince, les délices et l'espoir des Français, est frappé par un fanatique. Le fils de saint Louis s'oublie; il oublie tout ce bonheur temporel qui lui est ravi à la fleur de l'âge, pour ne s'occuper que du soin de conserver la vie de l'homme dont le bras parricide vient de trancher la sienne.

Sa digne et magnanime veuve est à son tour poursuivie par un nouvel attentat; par un attentat d'autant plus irrémissible, selon toutes les lois de la terre, qu'il s'attaquait à la fois et au trône et à la société entière, dont il voulait détruire le plus cher intérêt. Les lois et la justice avaient prononcé : et quelle voix en France, fût-ce celle du souverain lui-même, en une occasion pareille, eût osé s'élever spontanément contre la décision de la justice et des lois? Cette voix s'est trouvée, Messieurs : c'est celle de la royale victime elle-même; c'est celle d'un Bourbon; c'est celle de madame la duchesse de Berri.

Voici comment, dans une lettre que l'histoire placera à côté des testamens de Louis XVI et de Marie-Antoinette, dans une lettre qu'il faut consigner dans les archives de cette première des cours de justice de France, pour qu'un jour sa fidélité ne soit pas calomniée, et pour expliquer à la postérité comment la peine due manqua à un tel crime, la fille, la femme et la mère des Bourbons a su faire violence au devoir du Monarque pour lui arracher un pardon que l'impuissance de résister à une si auguste sollicitation peut seule rendre compréhensible.

« Mon cher et bon oncle,

« Comme je ne puis voir le roi aujourd'hui, je lui « écris pour lui demander la grâce de deux malheu-

« reux qui ont été condamnés à mort hier pour ten-
« tative contre ma personne.

« Je serais au désespoir qu'il pût y avoir des Fran-
« çais qui mourussent pour moi. L'ange que je pleure
« demandait en mourant la grâce de son meurtrier ;
« il sera l'arbitre de ma vie. Me permettez-vous, mon
« oncle, de l'imiter et de supplier Votre Majesté d'ac-
« corder la grâce de la vie à ces deux infortunés ?

« L'auguste exemple du Roi nous a habitués à la
« clémence : daignera-t-il permettre que les premiers
« instans de l'existence de mon Henri, de mon cher
« fils, du vôtre, du fils de la France, soient marqués
« par un pardon ?

« Excusez, mon cher oncle, la liberté que j'ose
« prendre de vous ouvrir mon cœur : dans toutes les
« occasions votre indulgente bonté m'y a encouragée.

« Je supplie le Roi d'excuser ma hardiesse, et de
« croire au respect aussi profond que les sentimens
« avec lesquels je suis,

« de Votre Majesté,

« La très-humble, très-obéissante
« et très-soumise nièce,

CAROLINE. »

Rien ajouter à de si touchantes paroles serait une
profanation. Après les avoir entendues, il ne s'agit plus
de les juger, mais de les recueillir comme on recueille
les préceptes divins, avec respect et en silence. De
telles grâces sont trop au-dessus de la faiblesse commune pour qu'elle prenne la liberté de les juger par des sentimens ordinaires. Des saints seuls

peuvent les accorder. Que ce soient du moins des hommes qui les reçoivent ; et puissent ceux qui, tellement hors de toute espérance, en sont devenus les objets, comprendre et prouver par leurs profonds remords qu'ils comprennent qu'il n'y a qu'une race au monde qui puisse s'élever à une telle hauteur de miséricorde, et qu'il n'y aurait que des monstres qui, contre elle, pourraient s'armer de nouveau de ses propres bienfaits.

Nous requérons pour le Roi, etc.

DISCOURS

Prononcé au collége royal de Saint-Louis, le 18 août 1821, jour de la distribution des prix, par M. BELLART.

JEUNES ÉLÈVES,

Ce n'est pas un discours que je viens vous adresser ; c'est l'expression d'un sentiment que doit inspirer aux bons cœurs la vue de cette jeunesse aimable autant qu'intéressante, sur laquelle reposent les destinées du pays.

Un discours ! Et quelle serait ma témérité ! placé comme je le suis en ce moment, mes regards ne peuvent errer qu'ils ne rencontrent de tous côtés, et tout près de moi, des organes bien plus dignes que je ne pourrais l'être des vérités qu'il faudrait vous annoncer. Comment oserais-je élever ici la voix, au mépris des antiques usages universitaires, dans ce temple de l'enseignement, auquel je suis étranger, si ce n'est pour l'intérêt profond que j'y apporte, en présence de ces maîtres distingués dont vous êtes accoutumés à recueillir les sages et savantes leçons ! Où trouver d'ailleurs, dans les matières de l'instruction, quelque chose de bon et d'utile pour vous que n'aient épuisé déjà leur tendresse et leur talent?

Me jetterais-je donc dans ces grandes thèses qu'il est devenu de mode de soulever partout, dans toutes les occasions, devant tous les âges! Chers enfans, à Dieu ne plaise que je commette cette profanation d'un heureux naturel qui ne fait que d'éclore! De vils adulateurs seuls, dont les desseins ne sont que trop à découvert, peuvent venir vous dire que vous êtes mûrs pour des doctrines dans lesquelles les hommes faits eux-mêmes, tout en y portant des intentions droites et pures, ne sont pas toujours assez forts pour discerner le mensonge de la vérité. Ces flatteurs, présent le plus funeste que puisse faire aux peuples aussi la colère divine, vous trompent; ils connaissent tout comme vous le danger que court la raison dans ces discussions presque inaccessibles au jugement du commun des hommes; ils ne les proposent pas moins au vôtre, dans l'espoir impie d'y répandre, à l'aide d'une violence contre nature faite à votre intelligence naissante, des germes corrupteurs propres à amener, s'ils fructifient, l'accomplissement de leurs sinistres complots. Jeunes élèves, vous vous préserverez de ce danger. Si, comme la nature et le bonheur de votre âge le veulent, votre raison n'est pas encore assez formée pour vous mêler sans péril à ces débats virils dont ne viendra que trop tôt le moment de vous occuper, et pour juger les choses et les hommes, elle suffit pourtant à bien concevoir que ce n'est pas aux inconnus qu'il faut confier son salut. Malheur au voyageur qui, dans une route suspecte, quitte l'ami pour le passant! Si, au déclin du jour et au détour d'une forêt, il tombe sous le fer des assassins, l'imprudent n'aura que trop mérité son sort.

Vous aussi, jeunes élèves, vous commencez une route non encore explorée. Marchez. Mais il vous faut des directions : à qui les demanderez-vous ? Bénissez la Providence ; elle en a créé pour vous qui ne sont pas trompeuses. Regardez ce chef honorable dont la vie tout entière, dévouée à l'éducation publique, fut en tous lieux remplie par l'affection de ses élèves. Regardez autour de lui tous ses collègues dignes de lui être associés. Ce sont vos maîtres. Voilà vos guides : ils sont sûrs. Et comment pourraient-ils vouloir vous égarer ? Il est des vérités de sentiment qui sont à la portée des plus jeunes intelligences. La vôtre, à vous, doit vous dire que votre confiance ne saurait être mieux placée qu'en eux. Vous êtes sans doute leur principale affection : et le moyen, en effet, de ne pas accorder son attachement tout entier à ces grâces naïves du premier âge, à ce charme enchanteur de la jeunesse, qui a tant d'attraits pour les cœurs ou des pères de famille ou de ceux qui sont dignes de l'être ; à ces développemens graduels et journaliers de talens et de dispositions si bien faits pour captiver la plus tendre sollicitude du second créateur, si cette expression hardie m'est permise, qui s'est chargé de convertir cette molle argile en vase précieux ! Toutefois ce n'est pas l'amour de vos maîtres pour vous qui est la plus grande garantie de votre confiance en eux. Comptez davantage encore sur leur propre intérêt et sur leur orgueil ; car vous êtes leur ouvrage, leur patrimoine. Un jour vous prendrez votre place dans les scènes du monde. Serez-vous d'illustres guerriers, des savans distingués, de grands citoyens, des hommes honorés pour leur haute vertu : à qui la gloire? à qui même plusieurs des avantages qui découleront de la place éminente que vous occuperez dans l'estime publique? Le cœur de vos maîtres palpitera tout à la fois de contentement et d'amour propre en entendant prononcer vos noms. Vos succès seront les leurs ; vos triomphes, leur joie ; vos honneurs, leurs décorations. Toute la France s'écriera, de celui d'entre vous qui forcera son admiration : C'est un homme de bien ! c'est un grand homme ! Vos maîtres diront avec fierté : C'est mon élève ! c'est mon élève ! La grande gloire d'Aristote, ce fut Alexandre. Alcibiade, même avec ses défauts, fut l'honneur de Socrate. Élèves et maîtres ne sont qu'un. Élèves, croyez donc en vos maîtres ; fiez-vous aux notions sur lesquelles ils bâtissent votre gloire, votre vertu, votre bonheur, dont les leurs sont inséparables. Jurez sans hésiter dans la parole de vos maîtres : il est si doux d'ailleurs de jurer dans la parole de ceux qu'on aime et dont on est aimé ! Ne vous déshéritez pas avant le temps de cette heureuse quiétude dans laquelle l'ame se repose avec délices sur la Providence de l'amour du soin d'exister. Le moment ne viendra que trop tôt où il vous faudra tout penser, tout faire, tout décider par vous-mêmes, par vous seuls : et vous verrez alors ce que valait cette précieuse incurie des premières années, où l'unique occupation est de jouir, pour l'être protégé par une prévoyance paternelle.

A votre âge, il ne faut pas de raisonnemens encore ; car les raisonnemens sont tout voisins des sophismes ; et, pour les cerveaux non encore éprouvés, ils leur ressemblent. A votre âge, il faut des dogmes tout faits. A qui en demanderiez-vous plus sûrement qu'à vos maîtres ?

Parmi ces dogmes que vous transmet une éducation fidèle, il en est deux surtout qui doivent vous dominer : Dieu et le Roi.

Dieu, le père des hommes et le créateur des sociétés ; Dieu, dont l'auguste nom est le talisman sacré qui unit les nations entre elles ; Dieu, dont la religion sainte et révélée peut être méconnue par quelques esprits débiles, qu'il faut prendre en pitié pour le rétrécissement de leur raison, plus qu'il ne faut les prendre en haine pour leurs blasphèmes ; pour leurs blasphèmes suffisamment réfutés, même pour l'orgueil humain, par les grands noms des Bossuet, des Fénelon, des Pascal, des Corneille, des Racine, et de tant d'autres beaux génies, les premiers d'entre les génies des lieux et des siècles, et sur les traces desquels il n'est apparemment ni ignoble ni imprudent de marcher, de penser et de croire ; Dieu, qui, en fondant cette bienfaisante religion, caution d'une vie meilleure, consolation de nos infortunes dans celle-ci, ciment le plus puissant de l'ordre social, ce qui seul devrait la rendre respectable même aux philosophes, a fait plus encore pour l'espèce humaine qu'il n'a fait en tirant l'homme du néant !

Le Roi, le père de son peuple et le restaurateur de la société française ; le Roi, dont, à l'image du Créateur, l'immuable sagesse gouverne les choses, les hommes et les passions avec calme et discernement ; le Roi, occupé, même dans ses veilles, du soin constant de ressaisir les liens rompus de la civilisation, de rendre à la religion ses honneurs et son influence, à la morale sa puissance salutaire, aux lois le respect qui leur est dû, et sans lequel il n'est pas de liberté ; de protéger tous les intérêts, d'étouffer les haines, de fonder la paix publique sur l'oubli de nos querelles, comme notre bonheur à venir sur la solidité d'institutions également éloignées de la licence et du despotisme.

Des années viendront, jeunes élèves, où, jetés dans le tourbillon des affaires humaines, vous pourrez apprécier les grands bienfaits du plus éclairé des monarques.

Aujourd'hui c'est par des bienfaits toujours découlans de cet instinct universel d'amour qu'il porte à ses sujets, mais appropriés à votre âge, qu'il se révèle à vous. Nouvel Auguste sur le trône par la clémence, il ne l'est pas moins par son amour pour les lettres, dont il est si bon juge. Il ne dédaigne pas de remarquer les efforts de ses plus jeunes enfans. Sa bonté l'a fait descendre jusqu'à méditer lui-même avec ce goût exquis, ce tact sûr, qui, même dans la vie privée, lui eussent assuré le droit non contesté de juger et de dominer les lettres, ces chants de regrets et d'espérance inspirés à vos cœurs sensibles non moins qu'à vos jeunes imaginations, par le spectacle à la fois cruel et doux d'un berceau miraculeux recouvrant des cendres adorées. Ses douleurs un moment ont été suspendues. Des larmes moins amères ont coulé des yeux vénérables de notre Monarque en voyant la génération qui s'élève présager tout ensemble par son enthousiasme pour les arts de l'esprit et par son amour pour ses princes, pour cette famille auguste, le vieil honneur de notre France, dont il n'est pas une pensée qui ne soit française, pas une action qui ne soit un bienfait, et la paix et la gloire des années qui vont suivre. Louis a reconnu dans vous, jeunes élèves, ses enfans. Louis a voulu récompenser ses enfans. Voici des dons qui viennent vous chercher déjà, dès votre entrée dans la vie. Vous allez les recevoir; et je ne me trompe pas sur la nature des impressions qu'ils vont graver dans vos ames généreuses. Ce faste royal qui les décore pourra bien arrêter un moment vos yeux; mais ce que vous apprécierez surtout, ce qui pénétrera jusqu'au fond de vos cœurs, c'est le sentiment glorieux pour vous auquel vous les devrez. C'est votre père, c'est le père des Français, qui remet à des enfans chéris et qu'il distingue des gages de son amour pour eux et de leur fidélité pour lui.

Non, sa confiance ne sera pas trompée. Rentrés dans vos foyers, aujourd'hui devant les auteurs de vos jours, dans beaucoup d'années devant les enfans qui, à leur tour, vous devront la vie, vous vous parerez avec orgueil de ces hauts témoignages de la tendresse de votre Roi, que vous aurez alors payés de tout votre dévoûment. Chers enfans, je le lui jure en votre nom pour vous, et vous ne me démentirez pas. Ses lauréats se montreront toujours dignes d'avoir de si bonne heure obtenu ses bontés. Leurs émules n'oublieront jamais qu'eux aussi ils ont occupé ses royales pensées, et partagé, sinon cette fois ses dons, du moins son auguste tendresse. Tous vous n'aurez pour votre glorieux protecteur qu'une ame et qu'un sentiment. Ce sentiment s'attachera à votre vie tout entière pour l'ennoblir et ne vous plus quitter ; vos veilles, vos sacrifices, votre sang même, si le Roi et la patrie vous les demandent, vous les donnerez à la patrie et au Roi.

Vive le Roi !

—————

MERCURIALE DE 1821.

MESSIEURS,

Si la vertu doit être, en général, le but que se proposent les hommes qui sentent la dignité de leur être, à combien plus forte raison doit-ce être celui des magistrats placés par la société en exemple à tous. C'est à eux qu'est départi le grand et noble devoir d'enseigner tout ce qui est juste et bien. Mais ce n'est pas assez de donner de hautes leçons ; il faut encore qu'elles portent fruit. Or, si la sécheresse ou la pédanterie les accompagne, l'orgueil des disciples se révolte contre l'orgueil des maîtres ; la manie de la contradiction s'éveille ; l'inclination pour imiter s'éteint ; et les bonnes doctrines ou les bonnes actions, condamnées à une sorte d'isolement, restent, en grande partie, perdues pour l'ordre social.

C'est donc une grande nécessité de rendre plus séduisantes et plus populaires, si je puis m'exprimer ainsi, les bonnes actions et les bonnes doctrines, en les parant de leur charme le plus attrayant, la modestie.

La modestie est le fard des qualités brillantes. Tout l'ordonne : la conscience, quand on songe à la faillibilité, constant attribut des jugemens humains; l'humilité, qui naît avec tant de justice du sentiment de notre néant; l'amour propre bien entendu, qui nous épargne, grâce à la mesure que sait verser la modestie sur nos paroles et sur notre conduite, la honte d'être forcés de rétracter des erreurs présentées comme des dogmes; notre intérêt, enfin, qui nous presse davantage, plus nous sommes forts et grands, d'étouffer l'envie et de gagner le cœur de nos rivaux.

Ainsi, Messieurs, modestie dans nos mœurs;

Modestie dans notre ambition;

Modestie comme magistrats et dans nos discussions judiciaires;

Modestie comme citoyens et dans nos opinions politiques;

Modestie comme hommes et dans nos systèmes moraux et religieux;

Voici comment se peut décomposer, ce me semble, ce qu'il y a de plus important à méditer sur cette aimable et douce disposition de l'esprit, le plus grand moyen de bonheur et de succès pour ceux qui la possèdent.

1° *Modestie dans les mœurs.*

Et d'abord la modestie des mœurs est à peine une vertu dans le magistrat. C'est un devoir si nécessaire dans l'organe obligé de la justice, des lois et de la décence, qu'il faudrait blâmer bien plus celui qui en manquerait, que louer celui qui est resté fidèle, sur ce point, à toutes les traditions des temps anciens. En mœurs, les faiblesses des hommes du monde ne sont que des faiblesses; les faiblesses des magistrats sont presque des crimes. Et comment celui qui, chaque jour, est chargé de réprimer, au nom de la chasteté publique, les atteintes qu'y portent l'impudeur et la grossièreté, pourrait-il se dégrader, en manquant, je ne dis pas de sagesse, mais de bon goût, au point de mettre sa conduite en contradiction manifeste avec ses paroles, et de mériter de se faire appliquer à lui-même, par l'opinion, les censures que, du haut du tribunal, il prononce contre autrui! La magistrature est un sacerdoce : la pureté poussée jusqu'au scrupule est une des lois de sa dignité. Non, cette loi sainte n'est pas, ne peut pas être violée par les véritables magistrats : et il faudrait rougir pour eux, s'il devenait jamais nécessaire de la leur rappeler. Aussi, Messieurs, ne suis-je pas tenté de commettre cette espèce d'outrage envers la magistrature en votre présence, vous dont la vie entière, et j'éprouve une douce satisfaction à le dire comme à le penser, prouve chaque jour au peuple que si les mœurs se perdaient dans une société livrée aux progrès effrayans de la corruption, elles retrouveraient un refuge assuré au sein de la magistrature française.

Cependant, à côté de l'essentiel de ce grand devoir, qu'une ame noble ne saurait pas ne pas garder, il est des négligences de détail et d'extérieur auxquelles on se laisse entraîner quelquefois, ou par le peu d'importance qu'on y attache, ou par le torrent des habitudes qui nous environnent, ou par une certaine facilité de caractère qui nous empêche de réfléchir à l'inconvenance d'adopter, dans une profession austère, ce que peut se permettre la légèreté des autres professions. L'extérieur, les manières, et jusqu'à la forme de se vêtir même, font partie de la modestie. Les frivolités sont pour la frivole jeunesse. L'empire des modes ne doit pas étendre son sceptre ridicule sur les graves dis-pensateurs de la justice. Un sénateur qui, dans Rome, hors le temps de guerre, aurait paru en public dé-pouillé du laticlave, eût encouru les reproches des censeurs. Ce grand peuple savait que les formes sont conservatrices de l'ordre. Il le savait aussi cet aimable et profond génie qui, dans son imaginaire Salente, as-signait des costumes différens aux différentes classes de citoyens. Ce n'était pas, certes, que des couleurs et des ceintures lui parussent, en elles-mêmes, des choses dignes d'une grande attention ; mais il avait observé la multitude. La multitude se prend surtout par les yeux. Le respect pour l'autorité commence par la déférence qu'inspire le spectacle de formes sérieuses qui ne sont pas celles de tout le monde. Un juge ne saurait être vêtu comme un soldat, pas plus qu'un sol-dat ne doit être vêtu comme un juge. Celui-ci, avec des manières gracieuses et lestes, n'inspirerait aucune vénération ; celui-là, avec un costume lourd et grave, n'en imposerait pas aux mouvemens désordonnés par une crainte actuelle. Tous deux seraient hors de leur situation. La force doit être hardie et bruyante peut-être ; la justice doit être assurée, mais paisible et mo-deste. Changer les rôles, arborer des costumes sous lesquels on n'est plus reconnu dans le monde, c'est paraître rougir de ce qu'on est : et quel magistrat que celui qui rougirait de sa noble position ! C'est sagesse, d'ailleurs, et saine politique de ne pas laisser s'établir la confusion des rangs. La confusion des rangs produit l'anarchie : et tous nous savons ce que coûte l'anarchie aux peuples. Tous, nous pouvons savoir aussi comment elle commence. Quand, dans la première de nos assemblées politiques, le législateur affecta de se confondre avec le gros de la société, et que, se dépouillant de ses insignes, il vint voter sur nos intérêts en bottes et le fouet à la main, il fut évident pour tous les bons esprits que la société ne tarderait pas à périr. Tout, en effet, s'étant ainsi nivelé à l'œil de la multitude, qui conclut toujours du physique au moral, tout se nivela dans sa pensée. Parce qu'elle n'apercevait plus de juges, d'administrateurs et de chefs, elle ne reconnut plus de justice, d'autorité ni d'ordre. Les citoyens ne virent plus dans les dépositaires du pouvoir que des particuliers comme eux, et ils se demandèrent bientôt comment, tout semblables les uns aux autres, ils ne pouvaient pas tout aussi bien porter eux-mêmes dans la place publique des lois que d'autres portaient dans le sénat avec aussi peu de solennité et de cérémonie. Le chaos arriva. Prévenons un malheur pareil si nous le pouvons. Et nous, Magistrats, nous le pouvons pour notre part, si nous ressaisissons, avec la mesure que demande sans doute la faiblesse du siècle, cette gravité de manières, cette simplicité de mœurs et cette modestie de formes, caractères distinctifs de notre état, et qui, sans humilier personne, avertissent pourtant tout le monde de la présence des magistrats.

Toutefois, Messieurs, il est un autre rapport bien plus important encore sous lequel apparaîtra cette modestie qui doit ne nous quitter jamais, c'est dans notre ambition.

2° *Modestie dans l'ambition.*

Le plus terrible des fléaux de notre temps, celui contre lequel il convient davantage d'appeler du secours, parce qu'il menace la société d'une destruction inévitable et prochaine, celui dont, par conséquent, doivent se défendre plus que personne les magistrats, pour rendre, s'il est possible, à la modération son vieil empire, c'est ce mouvement inquiet imprimé à tous les esprits par les convulsions de la dernière période, durant laquelle qui voulut conquérir des dignités, des ordres, des généralats, des principautés et des couronnes, n'eut qu'à le vouloir. Sans doute, il s'est fait à cet égard quelque modification dans les idées. Nous commençons à entendre raison, et nous ne prétendons plus à des trônes. Mais là vient expirer l'effort de notre sagesse : et, autant que jamais, à peine entrés dans une carrière, quelle qu'elle soit, nous nous indignons de ne pas y marcher avec plus de rapidité. Sans tenir compte ni des obstacles qui naissent de la nature des choses, ni du nombre des concurrens parmi lesquels il se peut qu'il y en ait qui aient plus de droits que nous, ni de la convenance de ne pas accorder à trop bon marché les distinctions, de peur de leur ôter une grande partie de leur valeur, ni enfin du grand intérêt de tenir et les bons sentimens et les talens en haleine, en leur offrant toujours un but, et en ne tuant pas tout d'abord l'émulation par la satiété, nous crions sans cesse à l'injustice si chaque mois, au moins chaque année, ne nous amène pas quelque brillante métamorphose. Dès le lendemain, la grâce de la veille est comptée pour rien ; on ne s'en souvient plus. On demande où est la palme du talent, où le dévoûment a trouvé sa récompense ? A chaque victoire que remporte le talent au profit de la société, au lieu de l'honneur on cherche le butin. A chaque service, on murmure si l'on n'en voit arriver le prix. Et tel est le malheur des temps où nous vivons que tous nous sommes, à l'insu de notre vertu, entraînés par cette ambition générale. Royalistes comme révolutionnaires, jeunes et vieux, militaires, administrateurs et magistrats, hommes publics, simples particuliers, la population entière n'a plus qu'un cri : Des grâces ! des largesses ! des places ! des cordons ! Encore ! Encore ! Hé Dieu ! où est le trésor du prince assez riche pour suffire à tant de violentes demandes ? Et faut-il que l'État se voie ravir le zèle et les services de ses citoyens, parce qu'il n'en est plus un seul d'entre eux qui ne regarde comme une injustice suprême de ne pas obtenir soudain toutes les décorations et toutes les grandeurs au taux desquelles il les estime ? Vieillesse insensée ! calmez ces transports : le moment du repos est arrivé ; la tombe est là : il s'agit d'y descendre, non avec des dignités, mais avec des vertus. Jeunesse inconsidérée, la vie entière est devant vous. Il y a du temps pour l'ambition ; travaillez d'abord pour l'honneur.

Qu'est-il devenu ce temps, cet heureux temps de modération et de sagesse, où la récompense du devoir était dans l'honneur de le remplir, où le talent, où la vertu ne voulaient recevoir leurs décorations que d'eux-mêmes, et où chacun, enseigné par la modestie à se tenir satisfait de son sort, ne songeait pas même

à accuser le souverain d'injustice, quoique aucun mouvement ne se fît dans sa fortune! De vieux capitaines,
après un demi-siècle de bravoure et de sang versé
dans les combats pour leur prince qui ne les payait
pas, mouraient capitaines, et leur ambition était com-
blée quand brillait sur leur cercueil cette noble croix
qui était venue les trouver quelques jours seulement
avant de s'y reposer. De vieux magistrats, à la fin de
leur carrière, se retrouvaient au point du départ sans
avoir rien vu grandir pour eux que le respect et
l'estime universelle que l'envie elle-même ne pouvait
refuser à tant de vertu et de générosité. C'est ainsi
que vous que je n'ose nommer pour ne pas affliger la
modestie du chef de cette illustre compagnie, vous,
grand magistrat, grand publiciste, grand orateur,
l'ami et l'émule de Gerbier; vous, le dernier ornement du premier corps de l'ancienne magistrature
de France; vous à qui toutes les ambitions auraient
été permises, parce que tous les talens étaient là pour
les justifier; vous à qui toutes les décorations du courage et du dévoûment étaient si bien dues, valeu-
reux et constant champion que vous fûtes de la sagesse
et de la religion, contre la horde impie des novateurs,
vous êtes resté immobile et fixe dans la première
fonction qui vous fut départie, pouvant tout vouloir
et ne voulant rien que tout mériter; croyant surtout,
et avec grande raison, avoir tout obtenu quand l'État
se glorifiait d'être défendu par vous, et quand votre
beau nom volait de bouche en bouche comme celui du
héros de la morale publique.

Disons, Messieurs, pour l'honneur de la magistrature moderne, que si cette grande gloire n'a pu encore

être recueillie par personne, ce patrimoine d'une généreuse modestie a trouvé du moins des successeurs. Oui, grâce à la Providence, il est encore des magistrats qui, fiers de leur fonction, et contens de leur sort, n'aspirent ni à monter ni à vaincre leurs rivaux dans la carrière de l'ambition. Pourquoi faut-il que de leurs rangs ait disparu ce digne et respectable ancien collègue qui, appelé, pour l'éclat de son mérite, à la présidence du tribunal placé le premier sous l'autorité de la Cour, s'il ne nous appartenait plus par la communion des travaux, n'a jamais cessé de nous appartenir par la communion des souvenirs, des regrets et des affections! Long-temps, Messieurs, vous le vîtes dans ce parquet qui s'honorera toujours de l'avoir possédé, préparer avec simplicité, mais avec un tact rare, les oracles de votre justice. Quelle rapidité dans la conception! Quelle honorable défiance de ses propres lumières! Quelle connaissance des hommes et des affaires! C'est lui qui savait que les tribunaux ne doivent pas seulement bon droit aux parties, mais qu'ils le lui doivent sans délais inutiles. Il savait aussi que la véritable ambition du magistrat consiste à s'honorer par ses œuvres : jamais il ne demanda, je me trompe, jamais il ne souhaita rien; et quand, sollicités par les témoins de ses services, des honneurs, qui ne surprirent que lui, vinrent le chercher dans sa vieillesse, il crut toujours et crut tout seul ne les avoir pas mérités, et redoubla de zèle et de sacrifices pour justifier ce qu'il appelait les faveurs de son prince; modestie d'autant plus touchante qu'elle était plus vraie, et qu'elle tenait, dans cette ame essentiellement amie de l'ordre, à un sentiment profond de fixité qu'il regardait avec raison comme la base du bonheur des familles [1] !

J'avais à peine tracé ces lignes, et déjà l'impitoyable mort prenait soin de fournir une matière nouvelle à notre douleur et à nos exemples. Il n'est plus ce magistrat vénérable, reste du vieil honneur de l'autre barreau, et aussi l'ornement de celui-ci jusqu'au moment où le discernement du prince le jugea digne de devenir l'un des souverains interprètes des lois dont durant tant d'années sa science avait préparé la juste application. Sa longue carrière, il le disait lui-même, lui avait enseigné le doute ; aussi la modestie présidait-elle à tous ses travaux. Ni tranchant, ni impérieux dans la discussion, il y exerçait pourtant sans le vouloir, et par les seules forces de sa vaste doctrine, un empire qu'on était d'autant moins disposé à lui contester qu'il ne le revendiquait pas et ne semblait s'étonner jamais de ce qu'on n'était pas de son avis. Cette lumière s'est éteinte, mais en laissant après elle, pour nous fortifier encore, cette suave odeur de probité, de sagesse et de piété qu'elle avait exhalée pendant tout le temps qu'elle brilla dans le sanctuaire de la justice [2].

Tel fut aussi, Messieurs, dans une position moins connue, ce jeune magistrat dont nous avons la douceur d'avoir à déplorer la perte avant le temps, mais qui pourtant, durant le trop court intervalle qu'il nous fut donné de le posséder, eut le moyen de faire les preuves et de son excellent esprit et de sa résignation

[1] M. Try.
[2] M. Popelin.

pleine de sagesse à des mesures que n'aurait jamais su
tolérer l'orgueil d'un esprit vulgaire. Placé autrefois
presque à la tête du collége de cette jeune et brillante
candidature, l'amour et l'espoir de la Cour, aux exemples de laquelle elle se forme chaque jour, en prenant
d'avance part dans tous ses travaux, une erreur lui
ôta son rang. Cette erreur fut réparée; mais on crut
avec raison ne pouvoir enlever aux jeunes rivaux l'ordre des nominations qui par suite de cette erreur leur
avait été assignée. M. de Metzfery souscrivit modestement à cette considération : et il vint non-seulement
sans révolte, mais même sans en éprouver la moindre
contradiction, s'asseoir au-dessous de ceux dont quelques-uns l'avaient vu à leur tête; assez honoré, disait-
il, d'être magistrat comme eux, et d'exercer des fonctions pour lesquelles il se sentait fait, des fonctions
dont les devoirs parlaient plus à son ame, que leurs
prérogatives ne parlaient à son amour propre. Modeste
jeune homme qui porta le même courage d'esprit dans
d'autres bien plus cruelles épreuves qu'il eut bientôt
à subir, frappé, comme il le fut, par une maladie lente
et douloureuse dont les souffrances ne servirent qu'à
faire éclater sa douceur, sa piété et tant d'autres ai-
mables qualités qui nous le rendront à jamais re-
grettable !

Mais c'en est trop, Messieurs, détournons la vue de
tant de pertes; reportons-la plutôt sur nos richesses.
Pensons à tant de magistrats qui nous restent, dont
s'enorgueillit si justement cette Cour, et qui sauront
par leurs exemples, bien mieux que je ne le saurais
par mes faibles paroles, enseigner le mépris que des
ames élevées doivent faire de ces distinctions qui ne

distinguent pas, et de ces mouvemens désordonnés d'une ambition toujours puérile , lorsqu'elle n'a pas pour but exclusif d'obtenir plus de moyens de servir son roi et sa patrie.

La modestie du magistrat, au reste, ne doit pas seulement dominer sa conduite, elle doit dominer encore ses paroles et ses opinions, à commencer même par ses opinions judiciaires.

3° *Modestie dans les opinions judiciaires.*

Et c'est ici que pour accomplir ce grand devoir de la modestie, le magistrat a besoin de se mettre plus en observation devant lui-même. L'indépendance du magistrat est son plus essentiel attribut ; ni puissance, ni considération ne doit obtenir le sacrifice de son opinion. Son opinion une fois formée avec sagesse comme avec impartialité ne lui appartient plus : elle est la propriété des parties. La défendre n'est pas pour lui seulement un droit, c'est une obligation.

Mais il faut bien prendre garde à commettre une méprise. C'est la conscience qui veut qu'on défende son opinion : ce n'est pas l'orgueil ; et la nuance est très-difficile à saisir si la modestie ne vient pas faire obstacle aux excès dans lesquels la présomption peut nous entraîner avec d'autant plus de facilité qu'ici nous pouvons prendre les suggestions de l'orgueil pour les commandemens de la conscience.

La délibération qui précède et amène les jugemens n'est pas un combat ; c'est une discussion. Il s'agit de faire triompher non son avis, mais la vérité. Laissons, laissons aux parties les ardeurs d'une vive argumentation, l'entêtement des thèses, l'aigreur, la ressource des sophismes, et surtout l'inébranlable résolution de ne jamais abandonner un seul des moyens dans lesquels elles placent leurs espérances de succès. Le vrai magistrat procède bien autrement : il soutient le système qu'il a cru être celui de la vérité, avec la constante disposition de l'abandonner, si quelque lueur soudaine vient lui en démontrer l'erreur ; il discute avec clarté, avec précision, avec impartialité. Tant qu'il est convaincu, il reste sans doute fermement dans son avis ; mais comme il pense modestement de son propre jugement, il croit qu'il lui est tout aussi possible de se tromper qu'à un autre ; il ne cherche donc pas à l'emporter sur l'avis opposé, à force de lassitude ; il ne revient pas sans cesse à la charge, au risque de fourvoyer plutôt que d'éclairer la raison fatiguée de ceux qui controversent avec lui ; il frémirait même de l'idée de les avoir vaincus par la force plutôt que persuadés par l'évidence, en songeant qu'alors toute l'injustice possible d'une décision à laquelle peuvent être attachées les destinées de plusieurs familles, retomberait de tout son poids uniquement sur lui. Que si, après une juste mesure d'efforts également éloignés de la faiblesse et de l'emportement, il ne peut réussir à faire adopter son opinion, il ne cède pas, mais il ne conteste plus et rend hommage à l'indépendance de ses collègues, comme il veut justement qu'on respecte la sienne : et comme il est de bonne foi, dans sa bonne foi il se confesse à lui-même qu'il y aurait trop de présomption à supposer qu'il a raison seul contre tous ; il pense à sa propre faillibilité, et mettant enfin un terme à une controverse dans laquelle, si elle se prolongeait avec une inconvenante ténacité, la vérité pourrait courir le risque de se perdre, il se rend, satisfait, s'il s'est trompé, de n'avoir pas entraîné ses collègues dans son erreur par des moyens de force qui pourraient alarmer sa justice.

Cette même modestie qui commande au magistrat la mesure dans ses opinions judiciaires la lui commande à bien plus forte raison dans ses opinions politiques.

4° *Modestie dans les opinions politiques.*

Il est des dogmes sociaux sur lesquels il n'y a lieu ni à doute ni à controverse. Telle fut dans notre ancien droit public et telle est encore aujourd'hui la légitimité, ce principe populaire et sauveur sans lequel il n'y a pour les nations ni bonheur ni repos, ni fixité. Telle est aussi dans le droit nouveau l'observance du pacte social donné par la sagesse et l'amour de notre Roi à ses peuples.

Ce n'est pas sur de tels points qu'il peut être question de modestie et de présomption, parce qu'il ne peut être question d'en raisonner. Ils sont parce qu'ils sont. Parce qu'ils sont, il faut les professer et les croire.

Mais où il faut encore se garder des illusions de l'amour propre, c'est sur tous les systèmes administratifs, judiciaires et autres dont on les environne.

Quelques hommes, il est vrai, se vantent de s'abstenir non-seulement de toute discussion, mais même, disent-ils, de toutes pensées sur ces hautes matières. Si cette abstention procède d'un mouvement de raison qui, en n'étendant pas le doute à ce dont on ne peut douter sans blasphème, persuade pourtant aux citoyens dont l'éducation n'a pas été dirigée vers ces profondes méditations, qu'il vaut mieux pour eux les abandonner à des esprits plus forts et plus expérimentés, elle n'offre rien que de louable. Elle serait très-blâmable, au contraire, si elle n'était qu'une apathie déguisée, et une tiédeur parfaite pour les choses et les personnes, que c'est le devoir de tout bon citoyen, de tout sujet fidèle, de vénérer et de chérir. *Je ne me mêle pas de politique,* en ce sens, est la maxime et des lâches et de ceux qui seraient tout près de devenir perfides.

Elle ne peut être la maxime des magistrats.

Les magistrats sont des hommes éclairés. Les magistrats sont des hommes publics. Sous ce double rapport, il ne leur est pas permis de rester étrangers aux thèses politiques. Loin de cela, ils doivent, placés comme ils le sont pour être les apôtres des bonnes doctrines, confesser hautement et courageusement et leurs honorables sentimens, et tous les principes sains et conservateurs qui en découlent.

Mais où le besoin de la modestie commence pour eux comme pour les autres hommes, c'est quand il s'agit de théories et d'institutions nouvelles.

Dans ces temps de fermentation universelle de l'esprit humain, où il est devenu de mode de blâmer tout ce qui fut et tout ce qui est, pour ne s'éprendre que de ce qui sera, où les nations sont toutes plus ou moins travaillées de ce génie de réformation qui, rejetant avec orgueil l'expérience des ancêtres, n'appelle, ne veut, n'admet que le nouveau, l'inconnu et l'inoui, il n'est plus personne qui n'ait son système et son utopie. Le mal n'est pas là sans doute : car, après tout, des projets même mal conçus peuvent faire naître des idées utiles, et il n'est pas jusqu'aux rêveries imaginées de bonne foi desquelles il ne puisse sortir quelques idées de solide amélioration.

Mais où est le mal, c'est qu'aussitôt que le sophisme a paru, son sublime auteur s'y attache avec toute l'ardeur de l'amour paternel, combat avec acharnement tout ce qui fait obstacle à son succès, écarte plus qu'il n'apprécie les résistances ; et, bien persuadé que personne ne voit ni plus clair ni plus juste que lui dans les profondeurs de la politique, ne balance pas un seul instant, s'il a de la puissance, d'un côté à regarder comme autant d'ennemis ou même de factieux ceux qui ne se prosternent pas devant ses hautes conceptions, et de l'autre côté à mettre la société elle-même tout entière au hasard, s'il le faut, pour faire l'épreuve des périlleuses institutions sorties d'un cerveau malade et en délire.

C'est de cette dangereuse manie que, plus encore que les autres hommes, doivent se préserver les magistrats. Puisque ce sont des hommes publics, ils émettront sans doute avec franchise, mais avec réserve, les idées fruits de leurs sages méditations. Comme ils ne les produisent que pour le bien du pays, tout ce qui leur sera opposé au nom de cet intérêt sacré, ils l'accueilleront avec bienveillance. Ils ne s'obstineront pas surtout à faire prévaloir des notions qui ne leur sont garanties que par leur bonne foi, qu'aucune expérience ne justifie encore, et que l'événement peut trahir au grand détriment de la société. La modestie sera là pour les consoler d'un revers d'amour propre dont le triomphe coûterait bien plus cher un jour à leur sensibilité et à leur conscience, s'ils s'étaient trompés, et si leurs malheureux succès devaient produire le désespoir des familles et la ruine de la société.

Autant en faut-il dire des opinions morales et religieuses.

5° *Modestie dans les opinions morales et religieuses.*

Le scepticisme a tout envahi : tout ce qui en d'autres temps fut, sans contestation et d'un assentiment universel, réputé vrai, pieux et sacré, a été érigé en problème ; d'impudiques observations ont arraché, a-t-on prétendu, au monde physique tous ses voiles, tandis que l'analyse sacrilége s'est vantée d'avoir reconnu partout l'erreur ou l'imposture dans le monde intellectuel ; les profondeurs de la nature ont été sondées : toutes les causes vraies, matérielles et suffisantes ont apparu. La nature est une grande machine organisée qui recèle en elle-même un principe tellement vital, tellement nécessaire, que seul et spontanément il a fait la création, comme spontanément et seul il produit la propagation et la conservation. Tous les abîmes de la métaphysique ont été pénétrés par le génie de l'homme qui a su, conquête admirable ! saisir le néant. L'intelligence humaine sait désormais à quoi s'en tenir sur tous ces contes tyranniques ou superstitieux dont on a bercé l'enfance de l'espèce. L'espèce est adulte enfin ; et on ne lui en impose plus par des suppositions divines. Le temps des mystères est passé : les prêtres, les rois, les moralistes sont d'habiles charlatans qui doivent perdre toute créance auprès des raisons fortes. Dieu et sa religion sainte, une autre vie, des peines et des récompenses; la royauté, ses droits, sa nécessité ; la propriété et ses conséquences exclusives, destructives du droit naturel de tous, au profit de quelques égoïstes privilégiés; peut-être même la paternité considérée sous le rapport de l'autorité qu'elle s'est arrogée au-delà du temps où les besoins la justifient : billevesées que tout cela ! billevesées parmi lesquelles les politiques peuvent sans doute choisir celles qu'il convient d'inculquer aux peuples pour les contenir et pour empêcher la désorganisation universelle ; mais billevesées que doit rejeter un esprit raisonnable qui n'admet jamais comme réel et prouvé que ce qu'il comprend. Et comment admettre alors toutes ces rêveries sacrées ou profanes inventées évidemment pour l'intérêt de quelques-uns contre l'intérêt de tous ! Qui a vu Dieu? qui le comprend? qui est entré dans ces lieux inconnus où s'exerce l'éternelle justice? qui en est revenu ? qui les conçoit? qui conçoit que tous doivent travailler pour un seul et lui prodiguer hommages, grandeurs, richesses, priviléges, et au besoin leur propre sang? Les races royales naissent-elles toutes couronnées? les propriétaires arrivent-ils dans la vie traînant après leur faible embryon des terres et des forêts? dans quel code les pères, qui n'ont songé qu'à eux-mêmes quand ils le devenaient, puisent-ils le despotisme prolongé de leurs prétendus droits? l'intelligence humaine peut-elle même saisir toutes ces argumentations si déliées sur lesquelles on les fonde? toutes ces grandes thèses, mensonges convenus! mensonges que le jour de la vérité doit dissiper ; mensonges enfin qui ne peuvent exister un seul instant en présence de cette sage philosophie qui ne se paie ni de mots ni de traditions, mais qui explore les choses jusqu'au fond, et qui exige la *compréhensibilité* pour première garantie de toutes ses croyances.

Ainsi a parlé le siècle des lumières.

Ainsi il n'existe rien au-delà de ce que le cerveau humain peut concevoir! Mais quel est donc l'insensé qui le premier a pu refuser sa foi à quelque mystère que ce soit, par l'unique raison qu'il échappe à son intelligence! Intelligence humaine, pauvre et petite faculté si voisine du néant, que saisis-tu, en effet, pour que l'être qui te possède soit si fier de te posséder et jure exclusivement par tes oracles! Ah! Messieurs, pour rabaisser tant d'orgueil sans motif, ne nous épuisons pas à chercher dans les phénomènes de l'univers, ces miracles qui nous frappent par leur grandeur, et dont les causes nous sont à jamais cachées, tandis que leur action même ne saurait s'expliquer à nos sens. L'homme, sous peine de tout nier, veut tout expliquer. Qu'il n'aille donc pas se perdre au loin dans les merveilles des élémens, de ce feu, de cette eau, de cette terre, de cet air, à la fois homicides et conservateurs, que la volonté toute puissante du Créateur modifie sans cesse à l'infini pour promener, par la plus miraculeuse contradiction, la vie et la mort, pour tout former, pour tout conserver, pour tout dissoudre. Qu'il n'interroge ni les tonnerres, ni les volcans, ni les astres, ni les vents, ni le galvanisme et ses résurrections mensongères, mais pourtant incompréhensibles; ni l'art de s'élever dans les airs et les merveilles de cet art. Que l'homme ne voie que lui; qu'il rentre en lui seul; que lui seul et lui-même il s'explique et se comprenne; qu'il comprenne, s'il le peut, le mouvement, fils docile de la volonté; le miracle perpétuel de tous ses sens, de la vue, du toucher, de l'ouïe, de l'odorat; le miracle plus grand encore de cette décomposition rapide, simple et journalière des alimens dans l'organe chargé de les diviser en parties analogues aux différens autres organes auxquels il les transmet, pour y remplir sous des espèces différentes les différentes fonctions que le Tout-Puissant leur a assignées pour la conservation de son ouvrage.

Esprit vigoureux, qui voulez tout comprendre, et qui niez ce que vous ne comprenez pas, niez-vous la parole, et pourtant comprenez-vous la parole? comprenez-vous la parole, sa miraculeuse formation, ses miraculeux effets? Qui de nous, en effet, pourrait se rendre compte de ce prodige perpétuel qui ne nous étonne pas, que nous ne remarquons pas même peut-être, parce que, né avec nous avant que fût, pour ainsi dire, née déjà notre intelligence, notre intelligence n'a pas même songé à s'interroger sur la nature de cet interprète obéissant qu'elle a toujours connu et dont elle s'est toujours servi? Comment de l'air battu entre la langue et les dents donne-t-il un corps sonore à je ne sais quel être éthéré appelé pensée, qui se forme je ne sais comment dans je ne sais quel être matériel, mais indéfinissable, appelé cerveau, pour le faire passer à mon gré dans le cerveau de mes auditeurs, qui, au même moment et tous à la fois, par une commotion comme électrique, entrent avec moi en communion de perception et d'action de deux autres facultés également incompréhensibles, nommées imagination et jugement?

Et quand nous ne pouvons savoir, quand nous ne saurons jamais comment s'opère et ce qu'est un acte si simple, si facile, qui se passe perpétuellement en nous; quand nous en jouissons sans le comprendre; quand sans le comprendre nous ne pouvons pas assurément le nier, avons-nous bien le courage d'affirmer de rien qu'on ne doit pas le croire, parce que nous ne le comprenons pas?

Modestie! modestie! venez, contre ces puissans raisonneurs, au secours des hommes sages qui ne rejettent aucune des vérités de la morale ni de la religion parce qu'ils ne les comprennent pas; ou plutôt paraissez, noble orgueil, assez vaste pour voir plus loin que ces faibles génies qui croient avoir tout aperçu quand ils n'ont pas même regardé à côté d'eux seulement; quand ils se sont contentés d'observer un objet sous une de ses facettes; mais à qui n'a pas été donné assez d'élévation pour arriver jusqu'à concevoir qu'au-delà de l'intelligence humaine il existe une bien autre intelligence dont les desseins surpassent la portée de l'esprit humain, et qui, contente de les faire éclater pour le bien des hommes, ne s'abaisse pas jusqu'à daigner leur rendre compte des moyens qu'elle emploie.

Saisissez, noble orgueil, ces grands desseins du Tout-Puissant.

Il créa l'homme pour la société. Les insensés peuvent seuls en douter.

Il voulut donc et créa en même temps que l'homme tout ce sans quoi la société n'eût pu exister.

Il créa, par conséquent, la religion, la morale, la propriété, la légitimité, la paternité, toutes ces lois éternelles du monde, que le monde réclama de son auteur pour la nécessité de son existence, et que Dieu lui départit comme les indispensables étais de son magnifique ouvrage.

Lorsque ce grand aperçu est bien compris par les raisons élévées, rien ne leur fait plus embarras, rien ne leur est plus incroyable de ce qui est nécessaire.

La religion, et ses sacrés mystères, et ses saintes promesses ;

Les mystères de la propriété et de la légitimité, car elles ont aussi les leurs ;

Les délicatesses de la morale et ses austères devoirs, souvent contraires à l'égoïsme humain ;

Ces secrets mais doux rapports qui unissent pour la vie tout entière le père et les enfans.

Tout cela est compris et vrai : car, à moins de mentir aux lois de Dieu et aux lois de l'existence de l'homme, tout cela est nécessaire.

La vraie raison comprend et voit tout cela en masse.

La vraie raison s'humilie devant les détails, ne s'étonnant pas au reste de ne pouvoir pas tout approfondir au-delà de l'homme lorsqu'elle est forcée de convenir avec elle-même que, dans l'homme même, elle ne peut rien approfondir.

La vraie raison se console avec la modestie de ce que, finie par sa nature, elle n'ait pas le don d'une perception infinie qui n'appartient qu'à Dieu.

Et c'est ainsi que la modestie, appliquée aux différens actes de notre vie et aux différentes opérations de notre esprit, concourt à préserver la société des catastrophes dont la menacent des théories vides et superbes, et à maintenir l'ordre si nécessaire au bonheur des familles, et recommandé particulièrement à la sagesse des magistrats.

DISCOURS

Prononcé à la rentrée de 1824.

———

DU DEVOIR.

Messieurs,

Le devoir est la loi dictée à l'homme, par l'instinct et la conscience, pour sa propre conservation, pour celle de la famille et de la société. Obéir à son devoir, c'est rester dans l'ordre; c'est faire son bien et celui d'autrui. Le violer, c'est briser la chaîne des rapports des hommes entre eux et avec l'ordre social; c'est substituer l'arbitraire à la règle, la faillibilité et les caprices, quelquefois monstrueux, des passions humaines à la certitude des inspirations gravées dans notre ame par Dieu lui-même, le vague, l'inconséquent et l'inconnu, c'est-à-dire le chaos moral, à la justice et à la vérité sans lesquelles il n'y a, pour les masses non plus que pour les individus, ni bonheur, ni repos, ni assurance d'exister. Le devoir est le lien des hommes et des choses. Avec lui, tout vit et tout prospère. Sans lui, tout décline et périt. Quel texte donc, plus que celui-là, est digne de captiver notre attention dans ces graves journées où la sagesse traditionnelle de nos pères nous ordonne de nous préparer à la reprise de nos travaux, par la méditation des règles qui seules peuvent les empêcher d'être dommageables aux autres et à nous-mêmes.

C'est devant vous, Messieurs, c'est aux pieds de cette Cour qui, chaque jour, prouve si bien qu'elle connaît toute l'importance du devoir ; c'est en présence de ce saint ministre des autels, dont l'aspect ici, en réveillant des souvenirs si honorables pour lui, si exemplaires pour tous, doit donner, en pareille matière, un grand poids à mes paroles, qu'il m'est doux de traiter ces grandes thèses que je sais d'avance être à l'unisson de vos ames, et dans lesquelles mon unique ambition, après celle d'être utile, est de vous prouver que je retiens vos maximes, et que les beaux exemples que vous donnez ne sont perdus ni pour le monde ni pour vos collègues.

Il m'est doux, aussi, de les traiter devant vous, Avocats, qui m'avez appris à les comprendre, et dans les rangs desquels mon cœur démêle encore ces nobles vétérans, les compagnons de mes premiers travaux, disciples, comme moi, de ces maîtres fameux dont l'application se portait principalement à nous bien enseigner que, dans tous les temps, il faut remplir le devoir.

Si la doctrine du devoir est bonne dans tous les temps, elle l'est, surtout dans les temps d'orages. C'est une boussole qui dirige au milieu des tempêtes, et qui peut souvent montrer la voie du salut.

Le vulgaire ne voit que des côtés âpres dans le devoir. On dirait, à en croire des esprits chagrins, que l'accomplissement du devoir n'est qu'un combat perpétuel et impose une vie de privations. Pernicieuses illusions ! l'accomplissement du devoir est une vertu sans doute, mais par cela même qu'il est une vertu, il est un bonheur et une jouissance.

Jouissance dans le devoir ;

Honneur dans le devoir ;

Commodité dans le devoir ;

Intérêt personnel dans le devoir ;

Sûreté enfin dans le devoir.

Tels sont les avantages que l'homme de bien sait y trouver ; tels sont les avantages qui doivent aussi déterminer à l'accomplir ceux qui ne sont pas assez heureusement nés pour s'élever au-dessus de toutes les considérations personnelles, quand il s'agit de quelques sacrifices à faire. Ces sacrifices sont placés à grande usure. Ainsi l'a voulu le créateur et le conservateur de l'univers, dont l'ineffable sagesse a tout si bien coordonné dans son admirable ouvrage, que du vice naît le mal pour ceux qui s'y laissent aller, comme leur bien véritable sort de la vertu pour ceux qui la pratiquent : et pour première récompense des ames dociles à la loi du devoir, il y a placé le premier des plaisirs humains, la plus grande jouissance peut-être, le contentement de soi-même.

1° *Jouissance dans le devoir.*

Ici, Messieurs, ce n'est pas une abstraction que j'invoque ; c'est à notre expérience propre que j'en appelle. Lequel de nous, dans une carrière qui nous a fourni un grand nombre d'occasions d'asseoir nos jugemens, puisque déjà pour beaucoup elle s'avance vers son terme; lequel de nous, dis-je, au milieu des circonstances difficiles qui se rencontrent souvent même dans la vie commune, qui se rencontrent à bien plus forte raison dans la vie agitée à laquelle nous a condamnés le grand bouleversement social opéré de notre temps, n'a pas vu ses calculs ou ses affections aux prises avec ses devoirs? Tour à tour nous avons été faibles ou courageux. Quelquefois nous avons cédé à la terreur trop motivée qu'inspiraient d'imminens périls. D'autres fois nous les avons bravés à la voix de l'honneur, de la patrie, de la religion et de la morale. Dans nos rapports privés, dans nos fonctions ordinaires, nous avons été plus ou moins impassibles à propos d'intérêts qui se confondaient avec les nôtres; plus ou moins sévères dans l'application ou l'invocation des principes d'où pouvaient sortir, au profit de la société, des conséquences préjudiciables à notre position particulière; plus ou moins accessibles, enfin, à des considérations faites pour émouvoir nos cœurs, quoique notre justice pût en être altérée.

Hé bien, quand avons-nous été plus heureux?

Chaque jour il est un moment comme solennel, où, prêts à goûter le repos que réclament nos forces épuisées par les fatigues, soit de notre ambition, soit de notre travail, où sortis du tourbillon des agitations mondaines qui n'arrivent plus jusqu'à notre ame que comme un bruit sourd et lointain, plus propre à faire naître qu'à troubler la réflexion, notre conscience se replie sur elle-même. Séparés alors des hommes et de toutes les déceptions qu'ils savent si bien créer pour entraîner la vertu loin de ses voies, séparés de leurs traîtresses adulations, de leurs brillans sophismes, qui nous font trop souvent immoler nos répugnances instinctives à la séduction du talent ou de la réputation, dépouillés aussi de cette espèce de masque social qu'on revêt le matin pour jouer sur le théâtre de la vie le rôle de la journée, réduits à notre pure individualité, placés enfin seuls au milieu du profond recueillement de la nuit, dans le silence de la nature entière, en présence de nous-même et sous l'œil de ce Dieu qui sait tout, qui voit tout, qui juge tout, nous nous rendons un compte muet mais exact, involontaire mais énergique, de l'emploi par nous fait de ce jour de plus que sa bonté nous a donné. C'est alors qu'il n'y a plus d'étourdissement pour notre raison, et que la vérité nous apparaît dans tout son éclat pour nous censurer ou pour nous applaudir. Si par malheur nous avons commis quelque acte de faiblesse ou de fragilité, si le sentiment de notre intérêt personnel, un calcul de notre ambition, trop de complaisance pour l'amitié, trop d'amour de la gloire nous ont arraché une déviation aux principes d'ordre qui doivent nous régir, nous éprouvons je ne sais quel malaise vague qui pèse sur tout notre être. L'on dirait que nous nous cherchons nous-mêmes sans nous trouver, sans nous trouver du moins tels que notre noble orgueil, qui est aussi une voix de la Providence, voudrait nous montrer à nos propres yeux. Nous sentons douloureusement que nous n'avons pas notre estime tout entière; que si nous n'avons pas fait mal, nous n'avons pas fait assez bien; que nous avons trop sacrifié à l'imperfection de notre nature. Nous nous le disons durant nos veilles, et ce reproche se retrouve au bout de chacune de nos autres pensées. Durant notre sommeil, notre conscience nous le répète ; nos songes se sont sentis de ces pénibles idées. En rentrant le lendemain dans le cercle de nos occupations habituelles, ces impressions nous restent encore. Nous avons moins de confiance en nous, plus de crainte des jugemens d'autrui, une sorte de pudeur qui nous fait éviter les mots ou les images qui expriment et peignent la grandeur d'ame et l'héroïsme de la vertu. Nous sommes tout préoccupés de n'avoir pas pleinement rempli le devoir; et cette préoccupation vient gâter tous les biens dont nous pouvons jouir d'ailleurs.

A présent changeons de supposition. Un devoir s'est montré, un devoir a été rempli. Peut-être il nous en a coûté dans le moment : il a fallu s'oublier, et, ce qui est plus pénible, il a fallu peut-être oublier une affection pour ne voir que l'ordre social ; mais enfin nulle considération ne nous a détourné du devoir. Notre intérêt cherchait à nous tromper, nous avons dit à notre intérêt de se taire ; des périls se présentaient, nous les avons traversés en fermant les yeux pour aller droit au but montré par l'honneur. Nous avons fait entendre la voix de la sagesse, retentir exclusivement des maximes sociales, immolé l'esprit de parti au véritable intérêt des familles, combattu pour le bien public, pour la vérité, pour la justice, même au prix de notre popularité ou de notre faveur, contre les méchans ou les insensés. Quel amas de doux souvenirs et de jouissances pour nos veilles ! Le jour, la nuit, dans la solitude, au milieu du monde, dans l'âge de l'activité, dans notre vieillesse, en tout temps, en tous lieux, comme nous éprouvons une véritable sa-

tisfaction de notre conduite ! La conscience n'a pas
de modestie ; celui qui est en paix avec elle, elle le
rassasie du bonheur de sa propre estime. L'homme
qui a fait son devoir se sourit à lui-même ; il s'honore ; il se complaît à se rappeler que, malgré la révolte de l'intérêt personnel, il n'a pas manqué à la
vertu ; il sent qu'il est mis hors de la foule, non point
par des distinctions extérieures, mais par une distinction qui leur est bien préférable, par la dignité de
son ame. Il sait qu'il a été bon, qu'il sera bon, qu'il
ne s'avilira jamais ; tout son être est pénétré de la noble assurance que lui donne cette juste confiance en
lui-même. Il est bien avec soi, il est bien avec les autres, ne se reproche rien, est content de tout le monde,
et jouit avec délices, sans trouble et sans inquiétude,
de tous les biens parmi lesquels celui qu'il prise davantage et qui le dédommagerait de tous les autres,
dût-il les perdre, est la satisfaction indestructible d'a-
voir fait son devoir. Que dis-je, la satisfaction d'avoir
fait son devoir ! il en est peut-être une plus grande,
c'est celle de périr pour le remplir encore. On doit
son sang à la vérité : Socrate ne balance pas à donner
le sien pour elle ; en mourant il se proclame heureux ;
il éprouve une volupté comme céleste à boire la ci-
guë ; c'est pour les cieux en effet qu'en expirant est
sa dernière pensée ; et le calme de cette dernière pensée est un indice incontestable du bonheur dont jouissait sa grande ame en sacrifiant sa vie pour des vérités
utiles. On doit son sang à ses princes : Strafford jouit
de marcher à l'échafaud pour le service de son roi.
On doit son sang à sa patrie : et ce généreux d'Assas
sourit de bonheur en poussant le cri magnanime qui,

s'il est le signal de sa mort, est le signal de la vie de mille de ses concitoyens. Voilà le bonheur du devoir.

Mais quelle est, Messieurs, au milieu de cet héroïque cortége des victimes du devoir, cette ombre auguste qui nous apparaît resplendissante de gloire et de majesté? Regardez, Français; votre cœur et votre deuil vont bientôt la reconnaître : ce fut votre roi ; c'est ce souverain révéré par tous les souverains, le conciliateur de l'Europe; Louis le clément; Louis le sage, le fondateur de notre paix et de nos libertés ; Louis le Desiré : c'est ce grand roi ; grand dans l'infortune et dans la prospérité; grand dans l'exil et sur le trône ; grand dans toute sa vie et jusque dans la mort ; ce grand roi dont le devoir fut l'idole et l'inflexible règle. C'est lui qui vient nous enseigner par ses actions encore plus que par ses paroles ce qu'est la soumission au devoir. Abandonné du monde, livré comme les infortunés vulgaires à toutes les détresses de la vie, errant de contrée en contrée, et lorsqu'il ignorait s'il lui resterait bientôt une pierre où reposer sa tête découronnée, un soldat que tourmentait en secret la légitimité, quoiqu'à haute voix, en présence des nations consternées, il affectât de proclamer les droits du glaive, osa bien lui proposer de lui acheter la France au prix d'autres diadêmes. Le devoir parlait. Un père ne vend pas ses enfans. Les diadêmes furent refusés. Un exil éternel, s'il le faut ; s'il le faut, la pauvreté, mon honneur et mes droits : telle fut la réponse.

Et sa longanimité, mise à l'épreuve durant plus de trente années, ne se démentit jamais.

La Providence enfin jeta un regard de miséricorde

sur la France. Le trône rappela Louis. Louis, dans les délices de l'étude, dans les douceurs de la vie privée, et dans la pratique des vertus, au sein d'une famille adorée autant que digne de l'être, s'était fait un bonheur à l'abri de la fureur des hommes et des caprices du sort. Et qui, plus que cette droite et noble raison, que cet esprit si délicat et si sensible au charme des lettres, que ce cœur aimant dont le plus impérieux besoin était d'inspirer et d'éprouver de l'affection, était fait pour apprécier un tel bonheur et pour s'y tenir? Le devoir parlait. Un père n'abandonne jamais ses enfans. Louis revient dans son royaume se jeter à travers nos agitations, nos malheurs, nos folies et nos passions.

Son sublime dévoûment fut récompensé. Il put jouir de son ouvrage; du calme rétabli; des divisions détruites; des haines éteintes; d'un gouvernement reconstitué sur de fortes et inébranlables bases, en même temps que sur le vieil amour des Français pour le sang de leurs rois; du succès de ses armes enfin, recevant un lustre nouveau d'un héros de sa race. Il put jouir encore d'un spectacle non moins doux à son cœur si avide de la félicité de la France, du spectacle d'un successeur dont la félicité de la France ferait le premier soin; brillant comme lui de tous les charmes de l'esprit; comme lui sachant ce secret si rarement connu au pouvoir, de régner par le sentiment non moins que par l'autorité; d'un successeur enfin, et c'est leur plus bel éloge à tous deux, qui le continuerait dans sa sagesse, dans sa tendre affection pour ses sujets et dans la religion des promesses.

Cependant ce bonheur n'était pas sans mélange, et

tous nous voyions, avec une bien cruelle anxiété, croître les souffrances de notre Roi, nées de tant de tempêtes auxquelles si long-temps furent livrés son corps et son esprit, sans compter celles qui l'attendaient encore au sein de la patrie. Une ame ordinaire en eût été abattue. Une ame ordinaire, oui : celle de Louis, non. Qu'importent des souffrances, disait ce sublime monarque, un roi meurt, il n'est pas malade ! Et sa conduite fut conforme à ses paroles. Et les maux ne lui arrachèrent pas une plainte. Et il fut roi et père jusqu'aux bords du cercueil. Et jusqu'à l'instant suprême, il ne s'occupa que de deux seuls objets, son peuple et son salut. Son salut et son peuple se partagèrent toutes ses pensées, ses dernières pensées, ses dernières paroles. Et le dernier regard de Louis, en se dirigeant vers Charles, s'y dirigea tout à la fois parce qu'il était son frère bien aimé, et parce qu'il allait devenir à son tour l'arbitre des destinées d'un peuple chéri qu'il léguait à ses soins paternels. Voilà ce que tous nous savons, ce que tous nous avons vu avec autant d'admiration que de douleur. Hé bien ! Messieurs, honorons cette douleur et ces souvenirs en les rendant profitables à la vertu. Que cet auguste exemple ne soit perdu pour aucun de nous. Rappelons-nous souvent et par amour et par intérêt la haute leçon qui nous fut donnée. En présence de cette résignation surhumaine, de cet admirable désintéressement de tout ce qui n'a rapport qu'à soi-même, de cette plus admirable énergie avec laquelle l'ame de notre bon Roi se réfugiait des douleurs de l'agonie dans l'accomplissement prolongé de ses devoirs de monarque, il ne sera aucun de nous qui ne sente tout ce que pour les nobles cœurs il y a de bonheur réel à accomplir le devoir.

2° *Honneur dans le devoir.*

Faut-il prouver qu'à remplir le devoir on amasse un incommensurable honneur? Ces grands noms que je viens de citer seraient mes preuves. J'en veux de plus fortes encore, et je les puise dans les temps et dans les circonstances qui auraient semblé les plus propres à dépraver l'opinion, relativement à l'idée de gloire qui se rattache à l'accomplissement du devoir.

En effet, que dans les temps d'un calme profond, que lorsque toutes les passions se sont tues et toutes les discordes éteintes; qu'au milieu d'un ordre de choses enfin, régulier, constant, régi par les hommes même qui imposent le devoir, l'accomplissement du devoir soit glorifié, c'est une conséquence toute simple de ce qui est : et l'intérêt personnel alors, tout aussi bien que la justice, pourrait décerner des palmes aux héros du devoir. Ainsi Strafford dut être honoré sous les Stuart, comme d'Assas sous la monarchie des Bourbons.

Mais il est, pour le devoir, un plus grand triomphe que celui d'être honoré par ceux à qui il profite; c'est de l'être même par ceux à qui il nuit, tant est puissant ce sentiment de justice inné dans les hommes, et qui est tel, qu'ils sont contraints de rendre hommage à la vertu, alors même que leur intérêt circonstanciel serait de la blasphémer!

Quel plus grand exemple de l'honneur infini qui résulte de l'accomplissement d'un grand devoir, et du mépris que l'espèce entière attache à sa violation, que ce qui s'est passé sous nos propres yeux !

Dans ses jeux cruels, l'aveugle fortune avait précipité du trône une race auguste et chérie. Ce roi honnête homme, ce saint roi, le père de ses sujets, à qui il voulut donner tout son sang pour ne pas faire couler le leur, à la voix de quelques assassins consternés eux-mêmes de l'énormité de leur forfait, était descendu dans la tombe. Un quart de siècle s'écoula depuis lors. Une usurpation, d'un succès sans exemple, semblait avoir éteint jusqu'au souvenir de ces princes qui nous furent si chers. Leur asile même était ignoré, tant la tyrannie redoutait de donner le moindre aliment à la fidélité française ! Cette tyrannie, toutefois, était forte, si forte, qu'après avoir subjugué l'Europe entière, notre infortunée patrie avait perdu jusqu'à la pensée de la voir jamais détruite. Que faisait le désespoir de quelques-uns ? A tous l'arrêt du sort paraissait irrévocable, et une génération toute nouvelle n'avait plus d'autre desir que celui de rendre moins funeste pour le pays une domination inconnue qu'elle n'eût point appelée, mais que l'assentiment de l'univers la condamnait à subir. Quand les esprits se furent, quoique malgré eux, jetés dans cette disposition, ce fut à qui montrerait le plus de zèle pour le nouveau prince. Tous les hommages se dirigèrent vers ce centre du pouvoir. Hommes, institutions, langage, tout prit les directions et la teinte du temps. L'usurpateur et les Bourbons étaient incompatibles. On eût dit que dès là ce grand crime, dont avait recueilli le fruit l'étranger, devenu l'arbitre de nos fortunes, devait être préconisé presqu'avec fureur, et ses auteurs célébrés comme des vengeurs publics. Non, Messieurs, vous le savez, et j'en atteste la population entière, l'adulation elle-même n'osa jamais aller jusque là. Ce qu'elle aurait pu faire, du moins, c'eût été de se taire. Hé bien ! elle ne se tut pas. Elle parla ; et elle parla pour couvrir d'éloges la vertu des sujets fidèles qui s'étaient dévoués pour leur roi, et pour détester la conduite des factieux qui avaient osé devenir ses juges. Les courtisans, comme le reste de la France, eurent en horreur les régicides, et les régicides, on ne peut le dire qu'avec douleur, eurent plus à rougir de leur crime sous l'usurpation que sous la légitimité. Il fut aisé même de s'apercevoir plus d'une fois que tel était le sentiment du maître lui-même ; et l'on n'a pas oublié une ironie sanglante qui trahit dans une occasion le mépris concentré qu'il portait à ceux qu'il accusait d'avoir rougi leurs mains du sang de leur roi.

En même temps que ce mépris poursuivait les violateurs du plus sacré des devoirs, les plus hautes marques d'estime étaient prodiguées à ceux qui l'avaient rempli. L'immortelle mémoire de cet auguste vieillard, accouru du fond de sa retraite à la défense de son roi malheureux, recevait des hommages publics. Avocats, vous eûtes votre part de ce triomphe. La France entière le décernait aussi à l'un des vôtres, à cet illustre compagnon du grand Malesherbes, assez heureux pour avoir survécu dans toute la pureté de sa gloire à ces épouvantables désastres, et dont la défection eût été payée si cher par l'usurpateur, trop habile pour ne pas mettre en effet lui-même un grand prix à des hommes de cette vertu. Après de tels exemples, comment ne pas reconnaître, Avocats, que l'honneur, l'honneur vrai, l'honneur incontesté, se trouve dans l'accomplissement du devoir. J'ajoute que le devoir n'est pas seulement honorable, mais encore qu'il est commode à la paresse de l'esprit humain.

3° *Commodité dans le devoir.*

En parlant de ce nouvel avantage qui se trouve à remplir le devoir, je m'adresse toujours aux hommes qui veulent sincèrement leur bien et celui du pays, mais qui éprouvent malgré eux des doutes et des incertitudes sur les moyens propres à le leur faire trouver.

C'est surtout à présent, dans ce siècle éminemment spirituel et raisonneur, dans ce siècle aussi fécond en événemens dont l'issue n'est jamais facile à prédire, qu'un guide infaillible est devenu plus indispensable. Même pour une multitude de gens de bonne foi, mais qu'a fourvoyés la manie du temps, tout est devenu problème. Quelle thèse n'a pas été soutenue ? La religion, Dieu, l'immortalité de l'ame, la légitimité, la propriété, le moral même de la paternité, tout est devenu question. La société entière a été livrée comme un vain jouet à l'aberration de l'esprit humain. Des auteurs, souvent privés de raison, mais brillans d'esprit, ont répandu l'erreur à flots. Doués par le génie du mal du pernicieux talent de décomposer les doctrines politiques et la morale privée pour en extraire des systèmes destructifs de toute vertu et de tout ordre, ils ont ébloui par leurs sophismes quelques esprits faux, assez forts pour suivre les subtilités d'une trompeuse argumentation, trop faibles pour bien concevoir une grande vérité innée.

Hé bien ! au milieu de ce bouleversement universel des principes, qui fait qu'on ne sait plus à quelle opinion s'arrêter, au milieu de cette succession rapide d'événemens contradictoires, dans lesquels on ne peut prévoir quelle est au juste la fortune qui nous attend, on est livré à tous les tourmens de l'irrésolution.

Conduite, doctrine, en les considérant l'une et l'autre sous le rapport de l'intérêt humain, tout est devenu comme une grande loterie, dans laquelle la multitude de ceux qui doivent agir ou penser ne démêle pas ce qui convient le mieux à sa propre position. Le jugement tout seul ne suffit plus à vous tirer de cette perplexité. De toutes parts, des inconvéniens, des incertitudes, peut-être même des périls. A peser tel ou tel parti qu'on peut prendre, on n'aperçoit que raisons de douter. L'esprit nage dans une fluctuation dont il ne voit pas comment sortir. A quoi se décider ? comment se montrer ? quelle règle suivre ?

Comment se montrer ? comme un homme de bien.

Quelle règle suivre ? le devoir.

Le devoir est commode. Il dissipe les obscurités, détruit les irrésolutions et fixe invariablement le jugement. Il n'y a plus ni temps à consumer en délibérations périlleuses, ni hésitation à éprouver, ni risques à courir, ni variations à se faire reprocher. La doctrine est tout d'une pièce et la conduite fixée à l'avance. Tout d'abord, sans être obligé ni d'interroger les voix du dehors, ni même de se consulter long-temps soi-même, on professe le sentiment et l'on prend le parti indiqué par l'instinct et la conscience.

Avec le raisonnement l'on se trompe souvent, et même la bonne foi a eu bien des occasions d'en faire l'expérience ; avec l'instinct, à moins qu'il ne soit dépravé, ce qui est rare, jamais. La prévoyance, presque toujours, est déjouée dans ses calculs. La conscience a bien rarement à se plaindre de la justesse de ses inspirations.

Comment donc pourrait-on balancer sur le choix du guide? Vertu à part, la nécessité de se fixer dans ses pensées ou dans ses actes, le danger perpétuel pour le jugement de se tromper, enfin l'incertitude de l'avenir, tout se réunit pour donner la préférence au devoir. Il est commode que l'opinion soit toujours toute formée et la conduite toujours toute tracée. On s'épargne bien des embarras, bien des tourmens, bien des anxiétés, et surtout bien des repentirs.

J'ajoute qu'on s'épargne aussi communément bien des préjudices, et que dans le devoir l'intérêt ne se rencontre pas moins que la commodité.

4° *Intérêt dans le devoir.*

Ce n'est point un aveugle destin qui a ordonné des choses de l'univers, et tracé au hasard à l'espèce humaine la ligne du devoir. C'est une Providence infiniment éclairée, infiniment conservatrice, qui voulant tout rattacher, tout coordonner à un but d'utilité commune, a gravé le devoir dans le cœur de l'homme comme la plus essentielle des bases de l'ordre social. Le devoir, qui n'est autre que la religieuse observation de tous les rapports bien réglés par lesquels les hommes sont unis entre eux et avec la société, est une chaîne mutuelle dont un de ceux qui la portent ne peut briser le chaînon dont il est lié aux autres, sans séparer tous les autres de lui.

Ainsi, une voix céleste nous ordonne d'adorer notre Créateur selon le culte que son divin fils nous a enseigné, d'aimer nos semblables et de les couvrir de notre charité, de révérer notre père, comme aussi de diriger nos enfans dans la voie du bien; de défendre notre roi et la société contre les méchans et les rebelles; d'obéir consciencieusement aux lois; dans nos rapports privés, d'être justes, probes et désintéressés; dans nos rapports publics, d'être fidèles et dévoués. C'est-à-dire que le souverain conservateur de toutes choses, **dans sa science de tous les points par lesquels** l'homme, l'espèce et la société se touchent, les a intimement unis par des obligations réciproques, dont une seule ne peut être enfreinte sans que le tout ne tombe, si cette expression m'est permise, en *déshérence.*

Cependant nous sommes plus sages que Dieu.

Nous avons raisonné et méprisé notre instinct.

Nous avons menti à toutes les inspirations salutaires, et décidé que le joug de la religion était une fable; la charité envers les autres, une duperie; l'amour filial et le zèle paternel, des conventions qui n'ont nul fondement sacré; la fidélité au monarque et au pays, un précepte indifférent; la justice et la probité, des sons privés d'un sens véritable. Nous avons vécu isolés des autres et rapportant tout à nous. Croyons-nous donc que notre intérêt en soit mieux servi d'avoir perdu tous ses appuis? La première loi physique et morale de l'univers est la réaction : et comme la consonnance des élémens gouverne l'homme naturel, l'homme social est soumis à la répercussion du bien et du mal. La religion des maîtres enfante autour d'eux la probité des serviteurs; la charité des riches, la re-connaissance du pauvre; la vertu des pères, la bonne conduite des enfans; la fidélité au monarque, le repos public, c'est-à-dire la prospérité de toutes les fortunes; la justice, la justice; les bons exemples, enfin, des imitations profitables à tous. Le revers de ce tableau est le malheur général. Impiété dans les uns, dans les autres, brisement de tous les liens, le vol, le meurtre; les grands sont inexorables et durs, les petits sont vindicatifs et cruels; à l'indifférence des pères correspond le mépris des enfans; la violation des devoirs envers le souverain fait appel à toutes les ambitions, à toutes les révoltes, à l'agitation perpétuelle, à la dissolution finale; l'iniquité invoque l'iniquité, et les leçons d'immoralité forment des disciples, qui trop souvent apprennent aux maîtres d'une manière terrible qu'ils les ont fort bien comprises et se les sont appropriées.

Et qu'on ne croie pas, en violant les devoirs, échapper à la réaction par des préceptes sonores donnés aux autres, alors qu'on ne les applique pas d'abord à sa propre conduite. La multitude, Messieurs, n'est pas si inepte que le suppose l'orgueil de certains hommes qui se croient trop supérieurs à la foule pour ne pas tromper facilement celle-ci. La multitude n'écoute pas seulement; elle regarde. Ceux qui l'ont un peu observée savent que son gros bon sens, comme l'appellent les docteurs, sait vérifier fort bien les maximes par les actions : et quand elle a trouvé celles-ci en contradiction avec celles-là dans la vie de ses précepteurs, elle en tire la conséquence qu'on la trompe; que rien n'est vrai dans le devoir; que le devoir est un lien qu'on ne veut créer que pour elle, et que tout en ira bien mieux pour son avantage quand elle se dégagera de ce lien factice, ainsi qu'elle voit que les personnages élevés s'en dégagent eux-mêmes. Bien fausse conséquence sans doute substituée à la conséquence vraie, que ceux-ci ne trompent pas le peuple, et trompent au contraire leur propre intérêt ! mais conséquence en quelque sorte forcée pour des hommes sans lumières, à qui il est difficile de concevoir que ceux qui en savent plus qu'eux parlassent d'une façon et agissent d'une autre, si leurs paroles étaient des paroles de vérité ! conséquence bien malheureuse pour la société, et juste en ceci du moins, que la violation réagit sur le violateur, et qu'il est puni dans son intérêt pour n'avoir pas su que le moyen de le servir était d'obéir le premier aux règles communes, qui mettent l'avantage de tous sous la protection de la bonne conduite générale !

Remplissons donc le devoir, sinon par vertu, du moins pour notre intérêt véritable. Remplissons-le enfin, même pour notre salut, dans les circonstances équivoques et douteuses.

5° *Sécurité dans le devoir.*

De terribles temps ont passé sur nous. Nous avons traversé plusieurs époques, de bien douloureuse mémoire, où la nation entière, frappée de stupeur, fut livrée, par un petit nombre de vils tyrans, aux plus odieuses persécutions, à toutes les causes de ruine, à la captivité, à la mort. Pendant deux années entières, on dit au prêtre : renie ton Dieu ; au sujet fidèle : renie ton Roi; à la fille vertueuse : renie la pudeur ; au père tendre : renie la nature : ou meurs.

Il fut des ames faibles qui s'épouvantèrent de la menace, et qui, entraînées, malgré elles souvent, dans l'exécrable route qu'on ouvrait devant elles, y cheminèrent au gré des monstres qui voulaient détruire toute vertu, tout devoir. Et comme il arrive dans la carrière des fautes, quand on a consenti une fois d'y mettre le pied, ces ames faibles ne tardèrent pas à étonner les autres et à s'étonner elles-mêmes des détestables progrès de leur pusillanimité première. La peur les y fit entrer, une fausse honte les y retint. La nécessité de faire croire leurs oppresseurs à leur bonne foi les précipita dans les excès, dans les folies, dans les crimes de tous genres. On vit des lévites souiller eux-mêmes l'autel sur lequel ils avaient long-temps sacrifié au Dieu de vérité, et ne pas craindre de se proclamer hypocrites et imposteurs. Des apostats politiques, tremblant de n'en pas faire assez pour convaincre un gouvernement de bourreaux de leur perfidie érigée en vertu, ne savaient quelles expressions assez fortes trouver pour dire anathème à ce qu'ils avaient vénéré jusque là, à ce que, pour comble de supplice intérieur, dans leur cœur ils vénéraient encore. D'infâmes cérémonies attentèrent à la pudicité de jeunes vierges livrées par leurs tremblantes familles pour être offertes demi-nues à l'indécente curiosité d'une populace, dont de pareils spectacles achevaient de corrompre toutes les idées. Des pères trahissaient leurs enfans, des époux leurs épouses, des frères leurs sœurs. A force de turpitudes, on croyait se sauver; à force de turpitudes aussi, l'on cherchait à s'étourdir. Efforts, dans tous les cas, bien déplorables, puisque la vie ne valait pas d'être conservée à un tel prix !

A Dieu ne plaise, Messieurs, que je retrace ces affreux tableaux pour réveiller les passions, les douleurs et les haines. Ah, loin de moi, loin de nous une telle disposition ! Pleurons bien plutôt sur ces victimes, les plus infortunées, de nos troubles, la plupart vouées au crime ou à la bassesse par une trop impérieuse fatalité, et qui, dans les temps ordinaires, seraient restées pures et vertueuses. Pleurons sur ces victimes qui ne trouvèrent pas en elles-mêmes, et dans le témoignage qu'elles s'étaient enlevé la puissance de rendre sur leur vertu, la plus douce des compensations, la plus grande des consolations des maux qui pesaient alors sur la France entière. Rappelons-nous ces temps et ces défections, non pour y puiser des idées de vengeance, mais pour y former notre expérience et pour nous enseigner l'avenir par le passé ; pour comparer ceux qui faillirent à ceux qui ne faillirent pas, et pour apprendre de quel côté il y eut plus de maux et plus de danger.

Disons donc qu'il fut aussi des ames fortes et fidèles à la dignité de l'homme, qui surent dédaigner les menaces et la peur, pour demeurer immobiles dans le devoir. De saints pontifes ne paraissaient plus en public, puisque leur présence eût amené des scandales ; mais, dans l'intérieur des familles restées religieuses, ils portaient encore les secours de leur ministère et de fortifiantes exhortations. Des sujets fidèles se réunissaient pour déplorer en commun l'exil de nos rois, ne bravant pas l'usurpation, ne la servant pas, et attendant le moment où il leur serait permis de défendre une cause sacrée. D'autres, plus dévoués encore, sacrifiaient famille, fortune, et jusqu'à l'air de la patrie, au devoir de suivre leurs princes dans la terre étrangère. Un immensément grand nombre de Français enfin eurent soin de se séparer de la poignée d'hommes de sang qui commandaient à la France entière de s'unir à eux sous peine d'une destruction universelle.

Eh bien! Messieurs, aujourd'hui et après l'expérience, dans laquelle de ces deux phalanges, dont l'une sacrifia à la peur et dont l'autre la vainquit, fallait-il se ranger?

L histoire le dira.

Non pas seulement pour le devoir, mais pour la sécurité, ce fut dans la seconde.

La phalange du crime n'a pas fait moins de pertes que celle de la vertu.

·Ah, sans doute, et puissent les honneurs que nous rendons à leurs cendres apaiser leurs mânes, il n'en a péri que trop de ces illustres martyrs de la religion et de la royauté, et nous ne prononcerons jamais sans des larmes expiatoires les noms consacrés des Lenfant et d'un si grand nombre de saints évêques ou de saints prêtres massacrés aux pieds des autels, des Malesherbes, des Angran-Dalleray, des Gilbert-des-Voisins, des Grammont, des Du Chatelet, de tant d'autres qui honorèrent leur vieille noblesse ou se donnèrent une noblesse nouvelle par le courage avec lequel ils aimèrent mieux renoncer à la vie qu'à leur foi! Il n'en a péri que trop de ces victimes augustes dont le sacrifice, hélas, souvenir accablant, ne fait pas seulement le désespoir éternel de la France!

Mais jetons les yeux sur les artisans de tant de crimes et de tant de malheurs. Où sont-ils tous? Où sont tous ceux qui ont donné le signal de notre révolution? Où sont ceux qui y ont rendu leurs noms célèbres à force d'infamie, ceux qui les ont attachés à chacune des phases meurtrières dont s'est composée notre ère sacrilége? Que sont devenus ces insolentes dynasties des dominateurs de la France, se succédant les unes aux autres en quelques mois, en quelques semaines, en quelques jours? Mirabeau, le puissant Mirabeau, que tout son génie ne put garantir de sa chute, ni probablement d'une mort violente; puis ces rêveurs Rolland et les prosélytes de leurs fausses et impuissantes doctrines; puis cette Gironde si splendide de talens et d'une si criminelle audace; puis Danton et ses complices; puis le farouche Marat tout seul; puis Camille-Desmoulins, dont le tardif retour à la pitié ne fit que précipiter le supplice; puis cette ignoble faction des Hébert et des Chaumette; puis l'effroyable Robespierre, sa commune de Paris tout entière, ses compagnons de crimes les tribunaux révolutionnaires et tous leurs complices; puis la plupart des membres de ce comité de salut public, pressé de recueillir la succession de ce chef fameux qui leur légua le champ de Grenelle; puis tous ces agens subalternes de tant de sottises et de cruauté; ces prélats apostats, un Gobel; ces séides sanguinaires, un Fouquier-Tinville; ces généraux d'un gouvernement de mort, un Custine, un Houchard, et tant d'autres dignes pourtant, par leur courage, de servir une plus noble cause, et dignes aussi, par leurs talens, d'un meilleur sort. Je le répète : tous, que sont-ils devenus? Où sont-ils? Allez le demander aux gémonies. Tous ils sont morts sous le fer des bourreaux. Dans la tombe, les rangs des hommes de bien ne sont pas plus pressés que ceux des cannibales qui dévorèrent la France. Victimes de leurs rivalités mutuelles, ils ont péri en aussi grand nombre que les apôtres de la vertu. Sublime Edgeworth! vous leur avez survécu à tous. Vous leur avez aussi survécu, fille héroïque, généreuse Sombreuil ; et, grâces soient rendues à l'éternelle justice, vous leur survivez aussi, noble défenseur du Roi-Martyr, qui deviez, après avoir été l'exemple de la France, devenir l'honneur de la magistrature.

Le devoir, Avocats, n'a donc pas plus de périls que la trahison. Dans le devoir il y a donc autant de sécurité que dans la perfidie. La vertu périt. Le crime périt aussi. Pourquoi, dans des chances semblables, donnerait-on la préférence à celles qui traînent après elles peut-être le danger, mais certainement le remords et l'infamie, sur celles qui peuvent aussi, sans doute, comme les autres recéler le danger ; mais qu'ennoblit la gloire et qui donnent le plus vrai de tous les bonheurs, celui d'avoir obéi à sa conscience?

C'est surtout, Avocats, sur cette dernière considération que je veux, que je dois m'arrêter. Je rougis presque d'avoir énuméré les autres. Non, non, Avocats, et je sens avec fierté l'honneur d'avoir appartenu long-temps par la communion de travaux, l'honneur d'appartenir encore par une indissoluble affection à un si honorable corps : ce n'est ni dans votre intérêt, ni dans le soin de votre sécurité, ni dans d'autres convenances de ce genre que vous voulez aller chercher les raisons de remplir le devoir.

La conscience parle :

La conscience est tout pour votre ordre.

Placé par l'éclat des talens qu'il recèle, mais surtout par l'austère vertu qui le distingue depuis les anciens temps, à la tête de la société, c'est de lui que la société entière attend l'exemple de la sagesse et du respect pour le devoir.

En dépit de quelques aberrations individuelles, fruits de l'irréflexion plutôt que de la perversité, le corps entier se glorifiera de le donner. Il veillera surtout à ce que l'antique discipline soit observée ; c'est-à-dire à ce que le devoir soit rempli, et ainsi méritera bien de son prince et de son pays. Il en méritera bien, comme en a constamment bien mérité l'un de ses plus beaux ornemens que la mort vient de lui ravir d'une manière si soudaine. Je veux parler de cet orateur jurisconsulte que je n'aurai pas besoin de nommer, lorsque j'aurai dit que, dans une vieillesse déjà avancée, il savait retrouver toute la verve du jeune âge pour combattre avec une généreuse indignation et avec l'éloquence du cœur toute mauvaise doctrine, toute atteinte à la probité, à la religion, ou à la majesté royale : digne et noble caractère, qui fut aussi ami constant du devoir, et qui en a donné, entre mille autres preuves trop longues à citer, une preuve qu'a pu donner seule la plus haute vertu. Qui de nous, en effet, a pu ne pas admirer la tendre piété avec laquelle il s'est dévoué pendant quarante ans, non-seulement à garder dans sa maison et près de lui, mais encore à soigner, à servir, à consoler sans relâche une compagne chérie frappée du plus affreux malheur qui puisse affliger notre intelligence ? Jamais ne lui vint même la pensée de se séparer de cette épouse infortunée, malgré le déchirant spectacle dont elle le nâvrait chaque jour. Ce cœur généreux aurait éprouvé des remords, si, dans les retours rares de sa raison, la mère de ses enfans n'eût pas goûté la douceur de retrouver près d'elle un époux fidèle. Toutes les vertus se tiennent. Bon mari, il fut bon père, ami chaud, bon confrère; défenseur infatigable de l'opprimé, de la veuve et de l'orphelin, sujet fidèle, moraliste pur, zélateur un peu ardent quelquefois (mais qui n'eût pardonné l'effet à la cause), de la dignité de son caractère et de sa profession, dont il lui était en effet permis d'être fier, parce qu'il ne s'en servit que pour faire du bien. Tel fut M. Gicquel, objet de longs et sensibles regrets pour son ordre, qu'il illustra par ses talens et par ses vertus; pour ses jeunes confrères, à qui il offrait un beau modèle; pour nous, ses vieux compagnons, qui lui étions attachés par des liens d'estime et d'amitié que le temps avait cimentés; pour la Cour elle-même, qui aimait à retrouver dans l'action de cet habile orateur les belles discussions qui préparaient la sagesse de ses arrêts et les chaleureuses improvisations que lui suggéraient un cœur droit et la haine de l'injustice. En finissant, j'ai dû prononcer son nom, son nom revenait à mon sujet. Son nom tout seul est une leçon d'amour du devoir, et il est bien que ce soit un grand avocat qui la donne.

Pour vous, Avoués, votre mission est moins éclatante, mais elle est semblable. C'est à tous les degrés de la société que le devoir commande; c'est dans tous les degrés de la société que l'on s'honore en le remplissant. Vos efforts pour atteindre ce but ne sont pas perdus : la Cour les connaît, et j'éprouve une satisfaction véritable de pouvoir vous transmettre l'assurance qu'elle y applaudit.

DISCOURS

Prononcé le 15 mars 1819, sur la tombe de
M. Barthélemy.

———

Messieurs,

Parler de gloire en présence du néant, prodiguer
des éloges emphatiques à d'insensibles cendres, sont
des contre-sens de l'orgueil humain, que des Chré-
tiens ne doivent pas commettre, et que désavouerait
l'homme modeste dont nous restituons les restes à la
terre. Un bien autre soin doit nous animer, quand en
ces momens solennels nous semblons escorter l'ami,
qui nous quitte, jusqu'aux pieds du tribunal redoutable où sa vie doit être jugée dans le silence de toutes
les vanités. Quel allégement à notre douleur, Messieurs, en reportant nos souvenirs sur cette vie, heureusement si pleine de bonnes actions, de n'y trouver
que de justes sujets d'espérance pour lui ! Une austère probité, caractère comme distinctif de sa famille ;
une piété sans faste ; la plus constante application à
tous ses devoirs ; un dévoûment qui ne connut ni
dégoûts ni périls, lorsqu'il s'agit de servir la société,
sa ville et son Roi ; une ardeur, pure de toute haineuse
affection, à résister aux mauvais principes ; un esprit

éminemment conciliateur qui, sans pactiser jamais avec le crime, voulait toujours tolérer la faiblesse; de la sévérité pour soi, de l'indulgence pour autrui : telles étaient les qualités que nous eûmes souvent occasion d'honorer dans M. Joseph-Anicet Barthélemy. Nous surtout, associés à ses travaux administratifs pendant près de vingt années, nous pouvons porter témoignage sur l'inaltérable constance, cachet des ames fortes, qui ne l'abandonna jamais dans nos troubles; sur cette longanimité avec laquelle il poursuivit toutes les améliorations, toutes les économies; sur la tendre sollicitude que, même enfoncé déjà dans la mort, et en s'élevant au-dessus de ses cuisantes souffrances, il ne cessa de porter à ces grands intérêts généreusement défendus par lui pendant si long-temps. Noble et utile citoyen! sujet fidèle et patriote! n'ayant jamais voulu d'autres récompenses de ses services que l'honneur de les avoir rendus; luttant seulement avec bien de la sagesse pour retenir l'obscurité qui le fuyait; et ne voulant accepter d'autres titres que ceux qui lui permettaient de se livrer sans éclat, dans ses différentes fonctions, toutes gratuites, à des travaux suffisamment payés à son gré par l'estime de ses concitoyens et par les bénédictions des pauvres.

Qu'est-il besoin de dire que ce qu'il fut dans sa vie publique, il le fut dans sa vie privée? Bon mari, bon père, bon ami, je n'ajouterai pas bon frère; car ici sa vertu pouvait devenir un juste orgueil. Sous chacune de ces qualités diverses il sut rendre aux autres tout ce qu'il recevait d'eux; d'autant plus digne de son bonheur domestique, qu'il y était plus propre par l'exemplaire simplicité de ses goûts, et par ses mœurs toutes patriarcales. Une carrière si moralement remplie devait être la même de tous points. Elle le fut : M. Barthélemy est mort ainsi qu'il a vécu, cherchant, trouvant dans la religion ces consolations ineffables, ces grands et inestimables salaires qu'elle seule est assez riche pour assurer à ceux qui, comme lui, furent fidèles toujours à sa douce voix, en accomplissant tous les devoirs d'amour qu'elle prescrit, et en ne faisant que du bien à leurs semblables.

Allez donc en paix, ombre vénérable et chère : précédez-nous de quelques jours dans ces demeures réservées aux hommes de bien. Vous ne vous séparerez pas de nous. Vos exemples nous restent. En les méditant nous goûterons l'heureuse illusion de vous retenir encore parmi nous ; et par nos efforts pour vous imiter, nous nous préparerons le bonheur de vous retrouver un jour.

ACTES D'ACCUSATION.

AFFAIRE

CASTAING.

Le Conseiller d'État, Procureur général de Sa Majesté près la Cour royale de Paris,

Expose que, par arrêt du 26 août 1823, la Cour a ordonné la mise en accusation et le renvoi devant la Cour d'assises du département de la Seine, pour y être jugé suivant la loi,

De Edme-Samuel Castaing, âgé de 27 ans, né à Alençon, département de l'Orne, demeurant à Paris, rue d'Enfer, nᵒ 31; accusé,

1ᵒ D'avoir, dans les premiers jours du mois d'octobre 1822, à l'aide de substances pouvant donner la mort, attenté à la vie de Daniel-Hippolyte Ballet;

2ᵒ D'avoir, à la même époque, de complicité avec Claude-Louis-Auguste Ballet, décédé, détruit volontairement un titre contenant les dispositions de dernière volonté de Daniel-Hippolyte Ballet;

3ᵒ D'avoir, dans les derniers jours du mois de mai et le 1ᵉʳ juin 1823, à l'aide de substances pouvant donner la mort, attenté à la vie de Claude-Louis-Auguste Ballet;

Crimes et délits connexes prévus par les art. 301, 302 et 439 du Code pénal.

De l'instruction résultent les faits suivans.

§ 1er.

Le 1er juin dernier est mort, dans une auberge de Saint-Cloud, un jeune homme qui, deux jours auparavant, y était arrivé par les petites voitures, bien portant, sans domestiques, et en compagnie d'un seul ami de son âge.

La maladie qui l'emporta avait commencé subitement, le soir du vendredi 30 mai, lendemain de son arrivée, immédiatement après avoir bu du vin chaud. Elle redoubla le samedi matin, après avoir pris une tasse de lait froid. Elle devint une agonie le même jour, quelques minutes après qu'il eut avalé une cuillerée de potion calmante. Dès ce moment, il perdit connaissance. Il expira le dimanche, à une heure après midi, sans l'avoir recouvrée.

La maladie parut extraordinaire, sa marche bien brusque, la catastrophe effrayante.

Le défunt avait exhalé son dernier soupir loin de tous les siens, dans les bras de son compagnon de voyage.

Le vin chaud, le lait froid, la cuillerée de potion lui avaient été administrés par ce dernier.

Avant qu'on sût rien de plus, et durant cette courte maladie, en en observant les symptômes et, après son issue, en en appréciant les circonstances, aubergistes, médecins, voisins, tout le monde fut frappé de stupeur. Tout le monde s'était demandé ce que cela signifiait, et ce qu'étaient ces deux étrangers.

Des soupçons affreux, quoique vagues encore, s'élevèrent sur celui qui survivait.

Une circonstance vint tout-à-coup leur donner plus de gravité. On apprit avec une sorte de terreur que le jeune survivant était légataire universel du jeune pré-décédé, et que celui-ci était riche.

Même avant cette découverte, les médecins du mort, auxquels, selon leurs propres expressions, les circon-stances du décès paraissaient extraordinaires et contre l'ordre naturel des choses, avaient cru que la justice devait prendre connaissance de cette affaire.

Le nouvel incident rendait ce devoir plus impérieux.

La justice vint et examina. Voici ce qu'elle décou-vrit.

Le mort était Claude-Louis-Auguste Ballet, âgé de vingt-cinq ans, et fils d'un riche notaire de Paris.

Le vivant était Edme-Samuel Castaing, âgé de vingt-sept ans, issu d'une famille honorablement pla-cée dans la société, quoique peu riche. Il était docteur en médecine.

Castaing avait reçu l'éducation que comportait la position de ses parens.

Après ses études finies, comme il fallait vivre, ils voulurent qu'il prît un état. Il choisit celui de mé-decin.

Beaucoup de temps est nécessaire dans cette pro-fession pour s'instruire et pour se former une prati-que. Les bénéfices y sont d'abord à peu près nuls.

La grande ressource de la famille consistait dans les émolumens de la place du père de Castaing. Sur ces émolumens roula long-temps, presque exclusive-ment, l'existence de six personnes, savoir : le père, la mère et quatre enfans. C'est sur ces émolumens que le père fit à son fils le médecin une pension pour subvenir à ses besoins. On ne sait pas quelle elle était. On sent qu'elle devait être médiocre.

Castaing, même exempt de toutes passions, se trouvait donc nécessairement dans une position gênée. Sa gêne dut être plus grande encore s'il n'eut pas le bonheur d'échapper à des liaisons qui ajoutassent à ses besoins et à ses dépenses.

Castaing d'ailleurs, ainsi que le prouve une correspondance qui est sous les yeux de la justice, est né ardent, impétueux, plein d'ambition ; il a toujours été dévoré d'un violent desir de faire fortune ; un tempérament très-vif doit l'avoir entraîné déjà dans de très-grands écarts. On lit, en effet, dans une lettre saisie chez lui, que sa propre mère, il y a plusieurs années, en disait *des horreurs*. Ces mots sont écrits en toutes lettres dans la missive.

Quelles étaient ces horreurs?

Par respect pour la nature on n'a pas dû interroger la mère.

Par ménagement pour une grande passion bien malheureuse, on n'a pas voulu interroger l'auteur de la lettre.

On ne peut donc savoir quels étaient au juste les griefs qui arrachèrent à la mère une aussi sévère expression.

Le père était aussi très-mécontent de la conduite de son fils. C'est encore dans les papiers de ce dernier qu'on en a trouvé des preuves ; une lettre de ce père lui reproche bien vivement et la vie licencieuse à laquelle il se livre, et les amers chagrins dont il abreuve le cœur de son père et de sa mère. Il lui prédit de grands malheurs s'il ne change pas de conduite.

Telle est pourtant l'organisation humaine, que les défauts ont aussi leurs qualités.

Cette ardeur de Castaing qui, tournée vers le mal, pouvait produire des vices, pouvait, tournée vers le bien, produire des vertus; elle engendra chez lui une grande application au travail. Fût-ce soif de faire fortune? fût-ce goût de la science? il est certain, du moins, qu'il voulut devenir un homme distingué dans son état : et pour arriver à ce but, il se livra à des études aussi opiniâtres qu'étendues.

Il voulut savoir et approfondir la physiologie, l'anatomie, la botanique, la chimie. Une multitude de cahiers trouvés dans ses papiers, tout couverts de ses observations et de ses extraits, attestent la constance de ses recherches de tout genre relatives à ces sciences diverses. Au milieu de toutes ces élucubrations, on ne peut s'empêcher, après le déplorable événement qui donne lieu à la présente instruction, de frémir en remarquant que ce jeune adepte avait aussi fait reposer son attention sur les poisons. Il étudiait leurs différentes espèces, leurs effets, les traces dénonciatrices que les uns laissaient dans les parties du corps humain qu'ils avaient attaquées, tandis que d'autres, aussi cruels, mais bien plus perfides, ne laissaient après eux nuls vestiges qui pussent les rendre perceptibles à l'œil de l'anatomiste le plus exercé. Il était enfin arrivé à la funeste connaissance que tels poisons n'agissent qu'à l'égal de certaines maladies et en ne signalant leur passage que par des symptômes identiques avec ceux qu'auraient offerts, après la mort, ces mêmes maladies dans les corps des sujets qui avaient succombé. Cela résulte clairement des pièces trouvées chez Castaing. Plusieurs de ces pièces, qui font partie d'un grand travail sur la matière médicale, traitent des poisons, de leur nature et de leur action. Quant à leur nature, Castaing les divise en minéraux, animaux et végétaux; quant à leur action, il établit qu'il y en a deux modes : le premier, et c'est celui qui est à peu près commun à tous les minéraux, « désorganise « le tissu sur lequel il est mis immédiatement en rapport; » le second, et c'est celui qu'on remarque en général des poisons végétaux, étend son action au loin sur tel ou tel organe, « *sans* que nous *puissions* « trouver *une seule trace de désorganisation*, der- « nière circonstance qui nous laisse *ignorer comment* « *il agit.* »

Ainsi, un point bien certain, c'est que Castaing savait très-bien, et peut-être trop bien, que certains poisons ne laissaient nulle trace. Il est d'autant plus important de le remarquer dès à présent, qu'on verra que, depuis, il a commis la faute, énorme dans l'intérêt de sa justification, de nier ce qu'il sait.

Ce n'est pas, assurément, que l'on veuille prétendre que Castaing avait des intentions criminelles quand il se livrait à ces dangereuses études; il serait trop affreux d'avoir à supposer une scélératesse aussi profonde. Trop malheureusement l'accusation n'a pas besoin d'aller jusque là; c'est avec innocence sans doute qu'il se livrait à ces recherches; c'est avec innocence et sans but du moment qu'il s'initiait dans toutes ces funestes connaissances qui, recueillies par un pervers, pouvaient lui donner une si redoutable puissance sur la vie de ses semblables; ces études qu'il faisait sont celles-là mêmes auxquelles se sont

appliqués tant d'illustres savans qui, comme les Boer-
haave, les Becher, les Rouelle, les Lavoisier, ne s'en
sont servis que pour devenir les bienfaiteurs de l'humanité. Tout est bon aux bons; tout, aux méchans,
est moyen de nuire. Castaing ne s'enfonça pas dans
ces secrets de la science peut-être pour en faire un
mauvais usage : mais, sans qu'il l'eût prévu, le temps
arriva où il est possible qu'il ait été tenté d'abuser de
ses tristes connaissances. Succomba-t-il à la tentation?
Il s'était armé, et ce n'était pas pour servir le crime;
mais le crime vint à lui et le trouva tout armé. Que
fit-il de ses armes alors? Il faudra le voir tout-à-
l'heure.

Trop heureux, Castaing, au reste, si son esprit,
avide d'instruction de tout genre, s'était laissé absorber par cet amour dominant des sciences et avait exclusivement retenu l'idée de se frayer une route à la
fortune et à la considération par des moyens qu'a-
vouaient également l'honneur et la vertu !

Mais il connaissait d'autres goûts; et, de désordre
en désordre, il arriva à une passion qui put, par la
détresse qu'elle produisit, lui inspirer des idées que
peut-être, dans une autre situation, il n'aurait jamais
conçues. Bien effrayant exemple et bien terrible leçon
des horribles fruits qui peuvent naître de la licence
des mœurs !

Castaing, comme on l'a vu, n'était pas riche.

Il retirait à peine quelque fruit de son travail.

La pension que lui faisaient ses parens était modique.

Il vivait chez eux. S'il eût obéi à la sagesse paternelle, il en avait assez pour lui, pour lui seul, et

pour attendre que les bénéfices de son art le missent, un peu plus tard, en état de fonder un ménage.

Malheureusement déjà ce ménage était tout fondé ; Castaing avait une maîtresse très-pauvre elle-même, et si pauvre qu'il était obligé de venir à son secours pour l'aider à se soutenir elle et trois enfans qu'elle avait d'un mari qui n'existait plus. Il en avait eu lui-même deux autres enfans. Ses besoins personnels, ceux de cette femme, des enfans de celles-ci nés du mariage, de leurs enfans nés de la débauche, formaient une masse de dépenses à laquelle tout naturellement il ne savait pas comment suffire. Castaing était d'autant plus tourmenté de cette idée qu'on voit, par la correspondance même qui a été trouvée, que sa passion n'était pas une passion commune ; il faut le dire en sa faveur, parce que la vérité l'ordonne : ce commerce, très-blâmable pour son irrégularité, ne méritait pas du moins d'autre reproche ; ce n'était pas de la débauche grossière, ce n'était pas du cynisme ; c'était une union de cœur autant que de sens. Castaing idolâtrait la mère, qu'il appelait sa *femme;* il idolâtrait ses deux enfans ; ces *trois êtres chéris,* comme il ne cesse de les appeler, occupaient toutes ses pensées avec une violence peu ordinaire ; il ne rêvait qu'à eux trois, qu'au moyen de leur assurer une existence : *Que je voudrais,* disait-il à la mère, *t'offrir une existence digne d'une âme comme la tienne !* « J'ai un si grand besoin (lui écrivait-il un autre jour) que la fortune me favorise ! » Une autre fois il lui disait : « Conserve bien précieusement tout « ce que je te dis... c'est ainsi que tu *m'encourageras* « à me livrer à mes travaux, et aux moyens *de for-* « *mer notre existence et celle de ces chers petits*

« *êtres*, etc.» Si elle se livrait à de trop vives inquiétudes sur le sort de leurs enfans, il lui protestait de
ses efforts pour le fixer : «Ne perds pas courage, lui
« disait-il, mon E..., je fais ce qui dépend de moi pour
« nous donner une existence qui puisse assurer celle
« de nos chers enfans; mais je t'en conjure, ne te li-
« vre pas à des idées qui te font tant de mal.» Enfin,
sa maîtresse se plaignait-elle de ne pas le voir assez :
« Comment faire autrement! s'écriait-il; si je pouvais
« me livrer à mes occupations et être près de toi, je
« serais bien heureux; si je travaille, c'est par l'espoir
« d'arracher à un sort pénible trois êtres auxquels je
« suis entièrement uni; si je n'écoutais que le senti-
« ment du bien-être actuel, je resterais près de toi;
« mais, s'il vient un temps de détresse, *où seront nos*
« *ressources à tous quatre?* QUE DEVENIR? »

C'est à dessein que le procureur général rapporte
en détail ces premiers épanchemens des inquiétudes
de Castaing, inquiétudes honnêtes dans leur principe,
légitimes dans leur but, et qui, si elles fussent nées au
sein d'une union consacrée par la religion et par la morale, fussent toujours restées telles, tandis que, sorties
du vice et dénaturées par les principes avec lesquels
familiarise la débauche, elles ont pris un développement trop bien expliqué par l'impureté de leur source.

Ainsi, ces révélations apprennent deux vérités.

La première est de fait. Elles enseignent pourquoi
Castaing s'est rendu coupable de crimes odieux.

La seconde est de doctrine : et il importe de la remarquer pour effrayer, dans l'intérêt de la société,
les ames faibles du danger de se laisser maîtriser par
des penchans contraires aux mœurs. Les vices con-

duisent aux forfaits, et c'est par le mépris des lois de la décence publique que commencent les empoisonneurs et les brigands.

Ainsi, ces mots et ces idées : « *Détresse ! quel* « *avenir ? où sont nos ressources ? que deviendront* « *ma maîtresse et mes enfans ?* » retentissaient sans cesse aux oreilles de Castaing, et sans cesse agitaient son imagination. Déjà il cherchait à conjurer ces malheurs, qu'il entrevoyait en perspective, par l'opiniâtreté avec laquelle il se livrait au travail; mais ce travail ne produisait rien ou que peu de chose. Quand produirait-il? Il s'était avisé, à ce qu'il paraît, d'un moyen qui pouvait être plus promptement fécond; et c'est encore dans sa correspondance que se trouve la preuve que, à la fin de 1821, il avait tenté, dans sa famille, un voyage dont le but paraissait être d'obtenir des avantages de quelques-uns de ses parens. En effet, on lit dans une de ses lettres ce qui suit : « Lais « ser femme et enfans au moment où des peines de « tout genre viennent fondre sur mon E..., moi-même « aussi peu heureux et dans l'impossibilité de me « rendre utile à celle que j'aime plus que ma vie! « être obligé de faire un voyage dans ces mêmes cir « constances et avec la presque certitude que son but « ne sera pas atteint! »

Il paraît qu'il ne le fut pas.

Après ce voyage, Castaing resta aussi pauvre qu'auparavant et toujours aux expédiens pour faire face à ses dépenses.

Son malaise était tel que, dans les papiers saisis chez lui, on trouva toute une liasse relative à un billet de 600 francs qu'il avait endossé, en 1818, par

obligeance pour un de ses camarades. Ce billet était
échu en 1820; le camarade ne put pas payer; Castaing
non plus; Castaing commença par obtenir des délais
successifs; le créancier s'impatienta et devint plus
pressant. Castaing et sa mère ne surent où donner
de la tête; toute modique qu'était la somme, ils ne
purent la trouver; ils avaient pourtant grand intérêt
à payer, car, d'un côté, Castaing était obligé de se
cacher devant les poursuites qu'on faisait contre lui;
et, d'un autre côté, tout près de prendre le bonnet
de docteur, la faculté, à qui avait été dénoncée cette
dette, refusait de le lui donner tant qu'il serait exposé aux contraintes. La mère et le fils s'agitèrent en
tout sens pour faire ressources; ils pensèrent même
à s'adresser alors à un grand fonctionnaire auquel ils
supposaient beaucoup d'ascendant sur le père de leur
débiteur, pour l'engager à payer pour son fils. Dans
cette espèce de supplique, ils peignent leur embarras
dans les termes les plus propres à l'émouvoir : « On
« me poursuit sans relâche, disait le fils...; je suis
« dans l'impossibilité de payer; je ne puis continuer
« de passer mes examens; la faculté ne veut pas m'ad-
« mettre... Telle est ma position affligeante...; il y va
« dans cette circonstance de mon existence à venir...;
« ma mère se joint à moi pour vous supplier de dai-
« gner prendre en considération la situation *pénible*
« où je me trouve *plongé...;* délivrez-moi du chagrin
« qui pèse sur moi...; je suis contraint *de me sous-*
« *traire aux poursuites.* » La mère écrivait de son
côté : « J'aurais voulu que ma fortune eût pu nous
« mettre, mon mari et moi, dans le cas de ne rien
« réclamer du père; mais j'ai quatre enfans, mon

« mari est loin d'avoir augmenté ses ressources...
« mon fils ne vous a pas encore exprimé assez vive-
« ment la position dans laquelle il se trouve, et que
« je partage avec d'autant plus d'amertume, etc. »
Toutes ces sollicitations ne produisirent rien. Castaing fut, à ce qu'il paraît, plus heureux avec le
créancier; celui-ci suspendit quelque temps ses poursuites; mais, au milieu de 1822, il se fâcha; Castaing ne put plus reculer, il fallut faire un effort;
cet effort, de payer 600 francs, ajoutait à l'état de
gêne habituel de la famille; on recommença donc
les sollicitations auprès du grand fonctionnaire qui,
le 26 juin 1822, répondit enfin à Castaing que tous
les moyens de persuasion avaient échoué et que le
père refusait absolument de rien payer des 600 francs.

Quoi qu'il en soit, ce qu'il importe seulement de
remarquer, c'est que Castaing s'était laissé poursuivre,
jusqu'au mois de juin 1822, pour une somme tellement modique, qu'il avait fallu être réellement bien
dénué de ressources pour faire honneur si tard à son
engagement et pour se consumer de tant d'inquiétudes et d'agitations à l'occasion d'une si misérable
dette.

Ce qu'il importe aussi de remarquer, c'est que le
même homme qui ne pouvait trouver, depuis plus de
quatre ans, ni dans ses propres moyens, ni dans ceux
de sa famille, assez de ressources pour faire face à
une dette de 600 fr.; qui pour un embarras de 600 fr.
frappait à toutes les portes, confiait sa détresse même
à des étrangers, implorait des protections pour en être
tiré, disait que son avenir même dépendait du remboursement qu'il sollicitait, avec une chaleur bien

propre en effet à attester son impuissance ; dont la détresse continuait encore au mois de juin 1822 ; quatre
mois après, c'est-à-dire au mois d'octobre de la même
année, était devenu riche et propriétaire de gros capitaux, et que, sans succession recueillie, sans libéralité connue exercée envers lui, sans bénéfices de
nulle sorte faits ni dans son état, ni sur des spécu-
lations, ni même au jeu, il prêtait, vers ce temps,
30,000 fr. à sa mère, et plaçait sous des noms suppo-
sés, ou au porteur, plus de 70,000 fr. dans les fonds
publics.

Comment ce changement miraculeux s'était-il opéré
dans la fortune de Castaing ? c'est ce qu'il faut chercher.

§ II.

Ici commence un autre ordre de faits.

Castaing s'était lié avec la famille Ballet dont le
chef avait exercé avec beaucoup d'honneur, pendant
long-temps, les fonctions de notaire à Paris.

Cette famille se composait, il y a deux ans environ,
de six individus, le père, la mère, un oncle, une fille
d'un premier lit, mariée au sieur Martignon, commerçant, et deux fils d'un second lit, l'aîné appelé Auguste et le cadet Hippolyte Ballet, tous deux avocats.

C'était surtout avec ces deux jeunes gens, tous deux
plus jeunes que lui, que Castaing avait contracté amitié. Il voyait aussi les parens, qui l'accueillaient comme
les pères et mères accueillent, en général, les amis de
leurs enfans.

La mort se mit dans cette famille. M. et madame
Ballet moururent à cinq mois l'un de l'autre. L'oncle est

mort aussi dans ces derniers temps. M. et madame Ballet laissèrent à leurs enfans une fort belle fortune, qui se partagea entre eux trois, à cause de la différence des lits, dans des proportions inégales, et dont la plus grosse part se distribua par moitié entre les deux frères.

Leur grande aisance n'était pas une raison pour dégoûter Castaing, qui était pauvre, de leur amitié.

Castaing eut des rapports intimes, surtout, d'abord avec Hippolyte.

Hippolyte était valétudinaire. Menacé de phthisie pulmonaire, par son état même, il devait être disposé à s'attacher davantage à un ami qui, comme Castaing, pouvait lui être d'autant plus utile par ses connaissances en médecine, que l'ami et le médecin ne faisant qu'un, la tendresse du premier devait encore ajouter au zèle du second. On sent même que, quand la jeunesse de Castaing eut fait penser à Hippolyte qu'il convenait de confier le soin de sa santé à des hommes plus mûrs dans leur art, Castaing n'en était pas moins précieux pour lui, surtout s'il en était véritablement aimé, à cause de la sollicitude intelligente et de tous les momens qu'il apporterait à réaliser les prescriptions de ses anciens, et qu'avoir ainsi sous la main le médecin et l'ami à la fois, ce devait être pour lui une grande ressource, et une raison d'aimer celui près duquel il la trouvait.

Aussi l'aimait-il beaucoup, et Castaing avait-il un grand ascendant sur lui.

§ III.

Hippolyte avait eu aussi de l'amitié pour son frère; mais, vers ce temps-là même, cet attachement s'était beaucoup refroidi. Fût-ce ressentiment de quelques préférences maternelles dont Auguste avait été l'objet? fût-ce mécontentemens suscités avec perfidie entre les deux frères par un méchant habile qui se serait promis d'en tirer parti pour sa propre fortune? fût-ce enfin, véritable déplaisir qu'inspiraient au sage Hippolyte, la vie très-dissipée et les prodigalités d'Auguste, qui avait des maîtresses, des voitures et des chevaux.

Ici l'on est réduit à conjecturer.

Ce qu'il y a de bien certain, c'est qu'Hippolyte, dans les temps voisins de sa mort, confia successivement à plusieurs de ses amis, aux uns d'abord qu'il voulait faire un testament, aux autres ensuite qu'il avait fait un testament, et que par ce testament il portait une grande atteinte aux droits légaux d'Auguste.

C'est ce qui résulte en premier lieu de la déclaration du sieur Lebret, jadis long-temps maître clerc du sieur Ballet père, et ayant, en raison de cette vieille intimité, conservé la confiance des deux fils, qui le consultaient volontiers, et par une sorte de routine, sur tout ce qui avait rapport à leur fortune.

Le sieur Lebret a déposé que huit ou dix jours avant son décès, Hippolyte lui avait dit qu'il voulait faire un testament; qu'Auguste dépensait toute sa fortune, qu'il lui laisserait quelque chose, mais qu'il lui ôterait les moyens d'en disposer.

C'est ce qui résulte aussi des déclarations des sieurs Bidault et Raisson.

A Raisson, Hippolyte a confié qu'il ferait des dispositions au préjudice de son frère.

Il a dit à Bidault qu'il avait fait son testament et qu'il laissait toute sa fortune à madame Martignon, en réservant à son frère 1,000 fr. de rente viagère.

L'existence de ce testament est d'autant plus impossible à révoquer en doute, que Castaing lui-même a déclaré à plusieurs personnes qu'Hippolyte l'avait fait et qu'il y déshéritait son frère. Le sieur Lebret, les demoiselles Dossion et Percillé ont formellement déclaré à la justice que Castaing l'avait dit devant eux.

Auguste Ballet a également confessé à plusieurs personnes qu'il avait vu et tenu ce testament après la mort de son frère.

Il l'a dit à la demoiselle Percillé.

Il l'a dit au sieur Raisson.

Il l'a dit au sieur Prignon.

Il l'a dit au sieur Briant.

Quoi qu'il en soit, il est certain que le testament ne s'est pas retrouvé dans la succession d'Hippolyte lorsqu'elle s'est ouverte par son décès, le 5 octobre 1822.

Comment ne s'est-il pas retrouvé ? c'est ce qu'il faut essayer de pénétrer, lorsqu'on aura rendu compte des circonstances particulières qui se rattachent à la mort d'Hippolyte.

§ IV.

Ce jeune homme était attaqué, comme on l'a vu plus haut, d'une phthisie pulmonaire.

Ce n'est pas cependant de la phthisie pulmonaire qu'il est mort.

Au milieu des progrès de cette maladie, non arrivée encore à son terme, un très-brusque accident morbide est survenu, qui a emporté le malade en quatre jours, comme depuis son frère Auguste a été emporté en trois.

Castaing fut auprès de lui pendant tout le temps de cette courte maladie, comme depuis il fut auprès d'Auguste durant la maladie très-courte qui termina sa vie, et il ne le quitta pas les trois dernières nuits.

Hippolyte, comme Auguste, expira dans les bras de Castaing.

Castaing, au reste, donnait à son ami Hippolyte les doubles attentions de l'art et de l'amitié. Au commencement de leur connaissance, il ne venait qu'une ou deux fois par semaine; quand la santé empira, il y venait tous les jours plutôt deux fois qu'une.

Il mangeait avec Hippolyte.

Hippolyte même éprouvait un tel besoin de sa présence et de ses soins, que souvent, et pour qu'il fût dehors le moins de temps possible, il lui prêtait son cabriolet, afin qu'il fît ses courses et vît ses malades avec plus de rapidité.

Bref, il avait en lui la plus haute confiance.

Il prenait bien de temps à autre les consultations de quelques médecins fameux, comme MM. Lherminier, Laennec, Segalas; mais le surveillant habituel de sa santé c'était son ami Castaing. Castaing était son médecin ordinaire.

M. le docteur Segalas vit l'agonisant quelques instans avant d'expirer. Castaing était auprès de lui. Sa contenance frappa le docteur. Castaing, dit-il, lui fit l'effet d'un ami affligé. La servante atteste également sa douleur. C'est le même rôle que plus tard on lui

vit jouer en assistant aux derniers momens d'Auguste.
On verra, par la suite, comment il faut juger ses hypocrites démonstrations. On saura quel sentiment,
bien différent du moins de la douleur, agitait le cœur
de Castaing à l'instant même où ses deux amis ren-
daient le dernier soupir, et durant les heures qui précédèrent cet instant funèbre.

Pour le moment il faut se contenter de remarquer
que Castaing resta seul dans l'appartement d'Hippolyte.
Hippolyte n'avait que deux domestiques. La cuisinière
s'était retirée de douleur et d'effroi dans la salle à
manger. Par l'ordre de Castaing, le domestique alla
avertir, de la mort d'Hippolyte, Auguste Ballet et son
beau-frère Martignon.

Personne n'a vu ni pu voir ce que fit Castaing dans
cette maison dont il était resté le maître.

On se demande comment il fut obligé de faire avertir le frère et la sœur d'Hippolyte, et comment ceux-ci
désertaient le poste que la nature, le respect humain
du moins, et certainement leur intérêt leur assignaient
près du lit du mourant dont ils étaient les héritiers.

Si l'on en doit croire les deux domestiques, Hippolyte aurait défendu de les recevoir.

Plus tard on verra qu'Auguste aussi avait défendu,
si l'on en croit Castaing, qu'on instruisît ni sa sœur
ni personne de sa maladie, de peur qu'ils ne vinssent
à Saint-Cloud.

Ainsi Castaing est toujours seul auprès du lit des
mourans.

Leurs frères et leurs amis n'y sont jamais.

Il y a toujours eu des raisons pour les en écarter.

Dans cette première occasion, madame Martignon

avait demandé, prié et supplié Castaing lui-même de lui permettre de voir son frère. Il s'y refusa opiniâtrement, alléguant toujours la volonté et la faiblesse d'Hippolyte.

Après la mort d'Hippolyte, son frère et sa sœur firent procéder à son autopsie. Le procès-verbal constate une maigreur, caractère spécifique de la phthisie, mais maigreur, est-il dit au procès-verbal, *insuffisante pour faire croire à la mort par épuisement.* Du reste les médecins qui procédèrent à cette opération, au nombre desquels était Castaing lui-même, ont énuméré les divers symptômes remarqués dans le sujet. Une autopsie aussi a eu lieu après la mort d'Auguste. Les médecins ont trouvé de l'analogie entre les symptômes aperçus dans la première et dans la seconde, et, sans prononcer sur la question de fait, ils ont pensé que ces symptômes pouvaient également être causés par certaines maladies naturelles ou par certains poisons.

§ V.

Ce qui rend cette remarque très-importante, c'est que vers ce temps-là même Castaing s'occupait de l'étude des poisons, manipulait, de son propre aveu, des poisons, et précisément les poisons qui ont pu tuer Hippolyte et Auguste sans qu'il en restât d'autres traces que ces traces communes à certaines maladies et à ce genre de poison.

En effet, il avait rencontré, il y avait plusieurs années, dans ses cours, un jeune pharmacien nommé Chevalier qui se voua depuis à l'étude des réactifs. M. Chevalier avait publié un ouvrage sur cette matière. Cet ouvrage fixa l'attention de Castaing, qui, ayant trouvé l'auteur sur la place Saint-Germain-l'Auxerrois, lui demanda des renseignemens relativement à l'effet que pouvaient produire sur les chiens les poisons végétaux. L'on sent bien que si le malheureux Castaing roulait, dès ce moment, l'atroce dessein d'employer des poisons *végétaux* sur des *hommes*, ce n'était pas des hommes, en pareil cas, mais des chiens ou d'autres animaux, qu'il devait seulement oser parler.

Chevalier n'a pu préciser l'époque à laquelle s'est tenue cette conversation. Il déposait en juin 1823, et il la reporte *à six mois à peu près de là,* ce qui la place en décembre ou novembre; or Hippolyte est mort le 5 octobre 1822. Il semblerait donc résulter de ce rapprochement que la conversation de la place Saint-Germain aurait eu lieu après la mort d'Hippolyte.

Mais il faut remarquer, d'abord, que Chevalier ne fixe pas certainement et avec précision l'époque de cette conversation. C'est un souvenir douteux et effacé en partie, qu'il livre seulement à la justice ; ensuite, on doit remarquer encore que, sur un fait d'aussi peu d'importance quant à lui Chevalier, il lui a été facile de confondre les souvenirs et de dater de novembre ou de décembre ce qui se datait de septembre ou d'octobre. A côté de la possibilité de cette confusion des dates se place un autre fait qui précise d'une manière bien autrement positive, et par une preuve matérielle, l'époque même où Castaing s'était enquis à Chevalier de l'effet des poisons végétaux sur des chiens, sur lesquels il voulait, disait il, faire des expériences ; et cette époque est terrible! Le sieur Caylus, autre pharmacien, a été entendu. Il a déclaré qu'en mai 1822, il a vendu dix grains d'acétate de morphine à Castaing, et qu'il lui en a vendu dix autres grains le 18 septembre de la même année. Le sieur Caylus a rapporté ses registres. Ces deux ventes faites à Castaing y sont inscrites à ces deux dates.

Ainsi, dans les temps qui précédèrent la mort d'Hippolyte, Castaing s'occupait de ses recherches sur l'effet des poisons végétaux. Il faisait des expériences sur les animaux.

Et le 18 septembre 1822... quelle date! le 18 septembre 1822, dix-sept jours seulement avant la mort d'Hippolyte, Castaing achetait dix grains d'acétate de morphine. Douze jours après Hippolyte est brusquement surpris par une maladie qu'on crut être une fluxion de poitrine. Douze jours après cet ami si savant s'enferme avec le malade. Pendant quatre jours, il reste seul auprès de lui; pendant quatre jours le frère et la sœur ne peuvent arriver jusqu'au lit de leur frère. Ce frère enfin expire le cinquième jour, et les médecins, en consultant l'autopsie, aiment mieux croire que la mort a été produite par la congestion au cerveau, résultat possible d'une fluxion de poitrine, qui survient assez souvent dans les phthisies, quoique pourtant ils n'osent assurer que les symptômes remarqués après la mort ne fussent pas les mêmes si l'acétate de morphine avait été administré au malheureux Hippolyte.

Une circonstance bien autrement grave encore vient révéler les secrètes pensées de Castaing et sa prescience de l'événement funeste qui se préparait.

On verra bientôt que le fruit qui a résulté pour

Castaing de la mort d'Hippolyte est une somme de 100,000 fr. moyennant laquelle il a vendu à Auguste le testament de son frère.

Hippolyte était frappé. Sa maladie faisait des progrès assez lents ; et il paraît que, sans la fluxion de poitrine survenue tout subitement le 1er ou le 2 octobre, ou bien sans la cause de mort qui se déclara alors, et dans laquelle on crut reconnaître une fluxion de poitrine, il pouvait vivre encore plusieurs mois. La catastrophe en ce moment ne paraissait donc imminente pour personne.

Toutefois, ce que personne alors ne savait, Castaing le savait. La demoiselle Percillé, artiste dramatique, qui vivait dans une intimité très-étroite avec Auguste Ballet, et à qui cette intimité a donné de fréquentes occasions d'être instruite de beaucoup de particularités relatives à ce qui se passait alors, a déclaré que, la veille même du jour où Hippolyte tomba malade de cette courte maladie de quatre jours si peu prévue, Castaing entretint Auguste du testament d'Hippolyte ; lui dit qu'il soupçonnait Lebret d'être dépositaire du double de ce testament, et qu'il savait, d'un clerc de notaire qu'il ne voulait pas nommer, mais qui était de ses amis, que Martignon avait promis 80,000 fr. à Lebret, s'il venait à hériter d'Hippolyte. La demoiselle Percillé ajoute qu'Auguste demanda sur-le-champ ce qu'il fallait faire pour empêcher les projets de Martignon ; et que Castaing répondit qu'il ferait les démarches nécessaires auprès de Lebret.

Ce n'est pas le moment d'apprécier tous les détails de la manœuvre employée par Castaing pour arracher à Auguste une somme de 100,000 fr. en échange de ce testament attentatoire aux droits d'Auguste.

Le procureur général ne veut faire observer en ce moment que deux points : le premier, que la mort d'Hippolyte devait produire, et a produit en effet immédiatement à Castaing, 100,000 fr. ; le deuxième, qu'aux approches, *imprévues pour tout autre,* de cette fluxion de poitrine, qui, cinq jours après, faisait échoir les 100,000 fr., Castaing savait qu'il était temps de préparer la machine d'où devait sortir pour lui cette grosse somme.

Comment savait-il qu'il était temps et grand temps? C'est à la conscience des jurés qu'est confié le devoir de répondre à cette question, en rapprochant ce fait de toutes les autres circonstances qui prouvent que Castaing, dans ces circonstances - là même, étudiait l'effet des poisons végétaux sur les animaux, faisait provision de cette espèce de poison, s'emparait des derniers momens d'Hippolyte, et était auprès de son lit, épiant le dernier soupir qui devenait pour lui le signal de la conquête d'une opulence inespérée.

Il est juste de dire, toutefois, que la demoiselle Percillé, qui paraît avoir une grande vivacité dans les idées, a varié quelquefois sur les faits, sur les époques et sur les détails. Ainsi il résulterait de ses variations que ce n'est pas Castaing qui a ainsi parlé devant la demoiselle Percillé, mais que ce serait Auguste lui-même qui lui aurait dit, peu de jours avant la mort de son frère, que Castaing lui avait parlé du testament d'Hippolyte et de ses efforts, de lui Castaing, pour le faire révoquer, et que ce ne serait que depuis qu'elle aurait entendu Castaing raconter l'anecdote des 80,000 fr.

Toutes ces variations, d'abord, sont naturelles ; ce sont les témoins qui inventent, qui se souviennent de tout avec précision et avec une exactitude mathématique.

Les témoins vrais, à la connaissance desquels se sont passés des faits de peu d'importance pour eux, se souviennent des masses et des à peu près d'époques. Les dates fixes et les détails rigoureux leur échappent.

Loin donc que la timoration de la demoiselle Percillé, par rapport à la date, doive dépouiller cette date de la précision que la demoiselle Percillé avait d'abord cru devoir lui assigner, elle la lui laisse entièrement, si d'autres circonstances l'établissent.

Or, trois remarques très-importantes sont à faire sur cette partie du témoignage de la demoiselle Percillé.

1° La demoiselle Percillé n'invente pas le fait de l'assertion de Castaing, que les Martignon avaient offert à Lebret 80,000 fr. ou une grosse somme quelconque, pour se faire assurer, par un testament soigneusement conservé, l'entière succession d'Hippolyte ; car plusieurs témoins ont entendu Castaing raconter devant eux, de sa propre bouche, cette prétendue histoire. La femme Durand Veyrat, la femme Paul et la femme Dubois en déposent.

2° Ce qui résulte en somme des déclarations et de la demoiselle Percillé et de beaucoup d'autres témoins, c'est que, très-peu de temps avant la fluxion de poitrine, Castaing s'agitait beaucoup pour faire croire à Auguste qu'il avait déterminé Hippolyte à supprimer un double du testament qui était en ses mains, mais qu'il y en avait un autre entre les mains de Lebret. Or, ce qui importe ici, c'est de savoir que Castaing se donnait tous ces mouvemens dans un temps où personne ne se doutait encore qu'il fût nécessaire de se hâter, et où pourtant, comme l'événement l'a prouvé, il y avait urgence réelle d'agir en ce sens, pour ceux qui avaient le don de lire dans l'avenir, puisque quelques jours plus tard la catastrophe qui rendait ces mouvemens nécessaires allait avoir lieu; d'où l'on est forcé d'induire que Castaing agissait comme s'il en avait su plus que tout le monde.

3° C'est que, malgré les incertitudes de la mémoire de mademoiselle Percillé, et puisqu'elle est certaine d'avoir entendu Castaing parler de l'anecdote des 80,000 fr., il est évident qu'elle en a ouï parler, comme elle l'a d'abord dit, quelques jours avant la mort d'Hippolyte, et non pas après. C'est la nécessité même des choses qui le veut ainsi.

Cette anecdote des 80,000 fr. est une pure invention de Castaing.

Jamais le sieur Martignon et sa femme n'ont offert à Lebret 80,000 fr. ou telle autre grosse somme pour conserver et faire valoir le testament à leur profit, par la raison toute simple que jamais Lebret, comme cela sera prouvé tout-à-l'heure, n'a eu de double de ce testament en sa possession.

Celui qui avait, soit la seule minute du testament qui ait jamais existé, soit un double de ce testament;

Celui qui, dès avant la mort d'Hippolyte, arrêtait la résolution de le vendre à Auguste;

Celui qui voulait le lui vendre 100,000 fr.;

Celui qui le lui a vendu 100,000 fr.;

Celui qui a reçu d'Auguste ce prix de 100,000 fr.,

Comme cela sera aussi établi bientôt;

C'est Castaing.

Dans quelques momens il sera irrésistiblement prouvé que ce marché et la vente du testament moyennant 100,000 fr. a été conclu le jour même de la mort d'Hippolyte et peu d'heures après qu'il venait d'expirer.

Or, en partant de ces faits comme démontrés, et on peut les admettre comme tels, car tout-à-l'heure la démonstration en sera pleinement acquise, il devient évident que Castaing a raconté l'anecdote des 80,000 fr. avant la conclusion du marché de la vente du testament moyennant 100,000 fr., puisque les causes doivent précéder les effets, et que le mensonge des 80,000 fr. n'avait été inventé que pour amener le marché des 100,000 fr.

En effet Castaing, poursuivi par la cupidité, avait arrêté que la mort d'Hippolyte lui produirait 100,000 fr.

Il savait ou prévoyait que dans quelques jours Hippolyte n'existerait plus.

Il voulait que le marché des 100,000 fr. fût conclu le jour même de la mort.

Il fallait donc y préparer Auguste.

Cela n'était pas facile.

La succession d'Hippolyte ne valait en tout que 10 à 12,000 fr. de rente.

Il y avait deux héritiers, la dame Martignon, demi-sœur pour un quart ; Auguste, frère germain, pour trois quarts.

Le testament subsistait-il, Auguste n'avait rien.

Etait-il détruit, Auguste recueillait les trois quarts de 12,000 fr. de rente, c'est-à-dire 9,000 fr. de rente tout au plus.

Mais donner 100,000 fr. comptant pour acheter 9,000 fr. de rente qu'on payait de plus au prix d'un crime, c'était réellement de la part d'Auguste un prix exorbitant.

Il était bien permis d'hésiter ou de chercher du moins à se débattre du prix pour s'efforcer de le rabattre à 20, 30 ou 40,000 fr.

C'est ce que ne voulait pas Castaing.

Castaing avait de grands besoins. Il voulait une grosse somme, il voulait 100,000 fr.

Or, ce qu'il imagina de mieux pour étonner l'imagination d'Auguste, et pour prévenir toute hésitation et toute volonté de marchander de sa part, ce fut de faire le conte des 80,000 fr. promis par la dame Martignon, au dépositaire Lebret, pour faire valoir ce testament.

Puisque la dame Martignon avait promis à Lebret 80,000 fr. pour faire un acte très-simple, très-honnête, très-nécessaire, c'est-à-dire pour produire en justice un testament qu'il ne pouvait supprimer sans improbité, il est bien évident que pour amener Lebret à supprimer ce testament il fallait couvrir l'enchère. Or, pouvait-on espérer d'obtenir de lui la suppression du testament, c'est-à-dire un acte malhonnête, un acte d'improbité grave, un délit qui l'exposerait à d'immenses dommages-intérêts et à la perte de sa liberté, pour une somme moindre de 20,000 fr., ajoutée à celle qu'il ne tenait qu'à lui de recevoir pour remplir son devoir?

Si on fait bien attention à présent que ce marché des 100,000 fr. a été conclu le jour même de la mort, et pour ainsi dire en présence du cadavre d'Hippolyte, il sera très-mathématiquement prouvé que le conte des 80,000 fr., inventé uniquement pour forcer le marché, a été mis au jour, comme le dit la demoiselle Percillé avec la crainte de se tromper sur l'époque, fort peu de temps avant la mort d'Hippolyte; et alors reste contre Castaing cette terrible charge de la prescience de la mort d'Hippolyte comme prochaine, lorsque la marche de la phthisie ne le condamnait pas encore à périr de sitôt; charge qui, jointe à la précaution simultanée d'avoir acheté du poison végétal, et à toutes les autres charges qui sortent des faits exposés ci-dessus, accable, quant à l'empoisonnement d'Hippolyte, Castaing de la conviction qu'il a commis ce crime.

Dans ces charges, il en est une surtout qu'il n'est pas permis au procureur général de négliger : c'est celle de l'affliction dont Castaing parut profondément pénétré à la vue de son ami expirant.

Tout les faits déjà exposés prouvent comment Castaing aime ses amis. Devant le corps tout chaud de cet ami, dont la mort lui fait verser des larmes, Castaing vend indignement, à son frère Auguste, ses dernières volontés. A qui peut-il être permis de croire que celui qui trafiquait ainsi, au moment même de la mort de celui qu'il appelait son ami, de son testament, et qui se montrait un monstre de cupidité dans les circonstances funèbres, si propres à faire sentir le néant des choses humaines, et à détacher non-seulement de toute idée de convoitise coupable, mais même de tout intérêt légitime, versait des larmes véritables sur une mort qu'il faisait, à l'instant même, servir à sa fortune au prix d'un délit des plus graves? Mais si ces larmes n'étaient pas véritables, qu'étaient-elles donc? Pourquoi

Castaing s'abaissait-il à cette odieuse hypocrisie? Bientôt on le verra pleurer encore sur la mort d'Auguste ; et cependant, lors de l'une et de l'autre de ces deux morts, et avant qu'elles fussent arrivées et lorsqu'elles ne faisaient que d'arriver, Castaing était livré entièrement et sans partage, dans le secret de sa conduite, au soin de voler les dépouilles de ses deux amis. Le crime était dans le cœur, la douleur était sur le visage. Quelle terrible force ne donne pas aux autres charges la preuve de tant de fausseté unie à tant de convoitise?

Après avoir exposé ces faits, desquels, selon le soussigné, sort la preuve que Castaing a empoisonné Hippolyte, et pour achever la démonstration, il convient d'établir, et toujours par les faits, que Castaing avait, en effet, intérêt à commettre ce crime, parce que ce crime commis lui a donné les moyens de commettre un délit qu'il n'eût pas pu commettre sans ce crime, et qui lui a valu une somme de 100,000 fr.

Arrive ici un troisième ordre de faits.

§ VI.

Castaing, du vivant de son ami Hippolyte, avait tout préparé pour abuser de la crédulité d'Auguste, et pour l'amener à la résolution d'acheter, au prix de très-grands sacrifices, la suppression du testament qui lui enlevait toute la succession d'Hippolyte.

Ainsi, et comme on l'a vu, il s'était paré aux yeux d'Auguste d'un grand zèle pour ses intérêts. Il lui avait dit que son frère avait fait un testament ; que, par ce testament, il lui ôtait tout pour donner tout à sa sœur ; que lui, Castaing, avait fait tous ses efforts pour ramener Hippolyte à plus de bienveillance en faveur d'Auguste; qu'il y avait même réussi; qu'il était parvenu à lui faire supprimer ce testament inique. Mais là, Castaing, fidèle à son plan de spoliation, avait placé l'expression de beaucoup d'inquiétudes sur un double qu'il croyait, disait-il, avoir été déposé entre les mains d'un tiers; ce tiers, il supposait que c'était Lebret; et l'on se rappelle que c'est à Lebret qu'il assurait que, selon que cela lui avait été révélé par un de ses amis, avait été promise par la dame Martignon, ou par son mari, une somme de 80,000 fr. si le testament recevait son exécution.

Les choses ainsi disposées, Hippolyte expire.

Soudain, Castaing expédie un message aux deux héritiers. Ils viennent tous deux.

Il s'abouche avec Auguste.

On a su, et par Auguste, et par lui-même Castaing, à qui différentes indiscrétions sont échappées, ce qu'il lui dit.

Il lui rappela qu'il avait fait supprimer le double du testament conservé par Hippolyte, mais que lui, Auguste, n'en était pas plus avancé; que Lebret avait un autre double; que lui, Castaing, se faisait fort de le retirer des mains de Lebret en lui comptant une somme de 100,000 fr., mais qu'il n'y avait pas un instant à perdre; que l'événement de la mort mettait Lebret, dépositaire du testament, dans la nécessité de le faire ouvrir par le Président; et qu'ainsi il fallait se décider sur-le-champ.

Auguste se décida.

Il avait des inscriptions et des capitaux considérables entre les mains du sieur Sandrié, agent de change.

Un sieur Prignon, avec qui il avait quelques liaisons, en avait de son côté avec l'agent de change Sandrié.

Auguste écrivit, en grande hâte, à Prignon, le billet suivant ; il est daté du 5 octobre, jour de la mort d'Hippolyte, et de la maison mortuaire :

« Je vous annonce, avec la plus grande peine, que « je *viens* de perdre mon frère. — Je vous écris aussi « que j'ai *absolument* besoin de *cent mille francs,* « pour *aujourd'hui même,* si cela est possible. J'en « AI LE PLUS GRAND BESOIN. *Déchirez ma lettre* et ré« pondez-moi *de suite* si M. Sandrié sera assez obli« geant pour accéder à ma demande. Je suis *dans la* « *maison de mon malheureux frère,* d'où je vous « écris. »

Quand on n'aurait pas et les déclarations de Castaing et celles d'Auguste sur le sens de ce billet, son contexte seul dirait tout.

Cette alliance des deux idées qui se suivent si brusquement et sans intermédiaire : « *Je viens de perdre* « *mon frère. — Il me faut* 100,000 *fr.;* »

L'importance de la somme ;

La violation de toutes les convenances qui fait que, non pas en présence du cercueil, qu'on n'avait pas encore eu le temps de fabriquer, mais en présence presque de l'agonisant rendant son dernier souffle, Auguste demande une grosse somme d'argent ;

L'urgence de cette demande : « *J'ai besoin abso-* « *lument... aujourd'hui même. J'ai le plus grand* « *besoin* ; »

Le mystère de la lettre qui se rattache à un acte certainement condamnable... « *Déchirez ma lettre :* » -

Tout prouve qu'il s'agissait, en effet, de consommer un acte qui se rattachait au décès d'Hippolyte; aux intérêts d'Auguste dans sa succession; au projet de corrompre quelqu'un; c'est-à-dire qu'il s'agissait du fait allégué, la suppression du testament d'Hippolyte à prix d'argent; et que les cinq déclarations qu'a faites à ce sujet Auguste ne sont pas de sa part des jeux d'imagination.

En effet, à la demoiselle Percillé, et le jour même de la mort, et dans tous les jours suivans, il dit que Castaing lui a dit de donner 100,000 fr. à Lebret pour acheter cette suppression.

Il dit encore à la demoiselle Percillé qu'il venait de terminer avec Lebret; que le double lui a été remis, qu'il l'a déchiré, qu'il n'en a conservé que le cachet, que même *il lui montre*.

Il dit à Prignon qu'il jetait les 100,000 fr. qu'il lui procurait par la fenêtre, pour hériter de son frère.

Il dit à Briant qu'il avait été obligé de donner ces 100,000 fr. pour anéantir le testament, et qu'il les avait fait compter par Castaing.

Il dit à Raisson, enfin, que Castaing lui avait fait supprimer le testament.

S'excusant au reste, devant tous les témoins, en disant qu'il n'avait fait que rétablir la justice et les droits légaux de chacun des deux cohéritiers.

De son côté, Castaing laissait échapper de pareils aveux. C'en était un par exemple que d'avoir reproché un jour, à Auguste, en présence de la demoiselle Percillé, d'avoir mis celle-ci dans la confidence. La demoiselle Percillé en dépose.

Tout, au reste, n'est pas démontré encore par ces déclarations et ces aveux contre Castaing ; car, s'ils prouvent que Castaing a donné un bien détestable conseil, ils pourraient paraître établir, en même temps, que ce n'était pas à son profit, mais au profit de Lebret. Castaing, devant la demoiselle Percillé, présentait Lebret comme ayant reçu ces 100,000 fr. Auguste lui-même a cru, pendant toute sa vie, que c'était Lebret qui les avait reçus : bien affreuse calomnie, dont un innocent a failli devenir la victime ; calomnie qui ne s'est éclaircie que tard, et qui est un crime nouveau ajouté à tous ceux dont Castaing s'est rendu coupable.

Ce n'est pas Lebret qui a reçu les 100,000 fr. Il n'en a pas reçu un denier, il le proteste ; il proteste n'avoir jamais eu de double du testament d'Hippolyte ; il proteste que nulle proposition ne lui a été faite, que nulle proposition n'a été agréée par lui ; qu'il n'a ni reçu d'argent, ni remis de double de testament, et que la seule idée lui en fait horreur.

Lebret dit vrai.

C'est Castaing qui a reçu et gardé les 100,000 fr.

C'est encore ce qui va résulter des faits qui vont être rapportés.

Et l'on conçoit, d'abord, pourquoi Castaing abusait du nom d'un tiers.

Castaing se prétendait l'ami d'Hippolyte et d'Auguste.

Castaing voulait, en trahissant les volontés du premier, et en volant le second, conserver à la fois les profits du crime, les honneurs de la vertu, et surtout les avantages d'une amitié avec Auguste, sur laquelle il spéculait encore dans l'avenir.

D'ailleurs, il y aurait eu une rare imprudence à venir dire, à pleine bouche, à Auguste : « Je regarde le testament d'Hippolyte comme un monument d'iniquité qu'il faut supprimer. Je l'ai en ma possession, le voici ; je veux bien le supprimer, mais c'est à une seule condition, vous me donnerez sur-le-champ 100,000 fr. »

A quoi il faut ajouter qu'en tenant ce langage, il eût, du moins, renoncé pour l'avenir à tout espoir d'intéresser la reconnaissance d'Auguste à son profit : et telle était l'habileté avec laquelle sa cupidité ourdissait un vaste système de spoliation, qu'il voulait faire produire le gain au gain, et qu'il méditait déjà de se faire récompenser ultérieurement par Auguste, pour avoir commencé par lui voler 100,000 fr.

Il imagina donc la fable du tiers dépositaire du double à qui il était convenu de compter les 100,000 fr. d'Auguste.

Il fallait donner un nom à ce tiers.

Celui de Lebret se présenta tout naturellement.

Lebret avait été le maître clerc du père.

Lebret avait la confiance de sa famille.

C'était lui qui avait préparé les liquidations des deux successions paternelle et maternelle des frères.

Il était consulté par eux dans leurs affaires.

Il était assez simple, si Hippolyte avait fait un testament, qu'il eût choisi Lebret pour dépositaire.

L'assertion de Castaing qu'il l'était n'avait donc rien que de très-vraisemblable.

Castaing, dès le jour de la mort, s'était même ménagé un prétexte pour aller le voir au nom d'Auguste et de Martignon, et, ainsi qu'en a déposé Lebret lui-même, dans cette courte entrevue il lui parla, en effet, du testament d'Hippolyte, en lui disant que lui, Castaing, avait obtenu d'Hippolyte qu'il le déchirât.

Il est bien probable qu'il traduisit tout autrement cette conversation à Auguste. Il eut même grand besoin de la traduire autrement ; car, en faisant intervenir le nom de Lebret dans le vol qu'il méditait, il était bien nécessaire qu'il rendît impossible, entre Auguste et Lebret, toute explication ultérieure sur la suppression du testament.

Il dut donc lui dire que Lebret, outre la délivrance de la somme, mettait pour condition au traité qu'on ne l'exposerait pas à rougir en présence d'Auguste ; que tout se passerait entre Castaing et lui ; que l'on n'en proférerait pas un mot après la consommation du traité, et que le tout resterait à jamais enseveli entre les parties intéressées.

De cette manière, si, contre toute attente, Auguste parlait un jour à Lebret des 100,000 fr., et que celui-ci niât, la dénégation et même l'obstination de la dénégation ne paraîtraient, à Auguste lui-même, être que le résultat des conventions primitives, et Castaing en serait quitte pour reprocher à Auguste de violer la foi des traités. D'ailleurs, Castaing, qui méditait bien d'autres forfaits, se promettait sans doute qu'il ne donnerait pas aux éclaircissemens le temps d'arriver.

Il faut voir présentement ce système se dérouler.

Au moment donc de la mort même d'Hippolyte, Castaing appelle Auguste.

Auguste et Martignon viennent.

Castaing se fait donner la mission d'aller parler à Lebret.

Il y va ; il lui parle de tout ce qu'il veut, et sûrement ne lui dit pas un mot de la suppression du double qu'il avait lui-même en sa possession, de quelque manière qu'il se la fût procurée, et que certainement Lebret n'avait pas.

Il revient; il dit à Auguste, en se cachant de Martignon, que tout est convenu;

Que Lebret consent à tout, pourvu qu'il ne voie que Castaing, et pourvu que tout se fasse bien vite;

Qu'il faut donc 100,000 fr.

Qu'il les faut tout de suite.

Auguste, subitement et dans la maison même de son pauvre frère gissant, là, sur le lit où il vient de rendre le dernier soupir, met la main à la plume.

Il écrit à Prignon de lui avoir les 100,000 fr. dans la journée, et de les obtenir de Sandrié, agent de change.

Prignon se met en mouvement sur-le-champ.

Sandrié n'a pas ou ne veut pas donner 100,000 fr. à l'instant.

Il faut donc attendre, malgré soi, deux ou trois jours.

Le 7 octobre, Sandrié transfère des rentes d'Auguste en suffisance pour produire 100,000 fr.

Le 8 octobre il donne un mandat de cette somme sur la Banque de France à Prignon pour le remettre à Auguste.

Prignon lui apporte ce mandat sans délai.

Enfin on est en état d'agir et de consommer la vente et la destruction du testament.

Mais pour arriver à ce but, Auguste a besoin de Prignon et de Castaing :

De Prignon, pour toucher le mandat dont il est porteur;

De Castaing l'entremetteur de la corruption de Le-

bret, et avec lequel seul Lebret veut avoir des rapports, pour remettre cette somme à Lebret en échange
du testament.

Les trois amis montent le 8 octobre dans le cabriolet
d'Auguste.

Jean, le nègre d'Auguste, et qui a de l'intelligence
comme un nègre, les suit.

Ils vont d'abord à la Banque de France.

Là, Auguste n'avait besoin que de Prignon pour
recevoir le mandat. Lui seul et Prignon descendent
de cabriolet; ils montent à la Banque ; Castaing reste
dans la voiture.

Auguste et Prignon reviennent. Auguste remonte
dans le cabriolet, avec son paquet de billets à la main,
qu'il montre à Castaing en achevant de les rouler dans
un morceau de papier, et en lui disant : « Voilà les
100,000 fr. »

Le rôle de Prignon était fini, Prignon ne remonte
pas en cabriolet et s'en va.

Le rôle de Castaing allait commencer, puisqu'il faut
aller terminer avec Lebret, dont il était l'entremetteur,
selon ce que croyait Auguste. Castaing reste.

Soudain, Auguste et Castaing, suivis du nègre Jean,
vont chez Lebret.

Le nègre a dit qu'à la Banque, Prignon, Castaing et
Auguste étaient montés tous les trois à la Banque, et
il est constant qu'il n'y est monté qu'Auguste et Prignon.

Le nègre a dit que c'était le jour de l'enterrement
d'Hippolyte que cette course a eu lieu, et il est certain qu'elle n'a eu lieu que le lendemain.

Le nègre a dit, une première fois, qu'arrivés chez
Lebret, son maître et Castaing y sont montés tous les

deux; puis il a dit, une seconde fois, qu'il n'en est monté qu'un, et, après bien des hésitations, que celui qui a monté c'est Auguste.

Ce fait, sur lequel on a interrogé ce nègre près d'un an après qu'il a eu lieu, n'a pas dû laisser de traces bien profondes dans sa mémoire.

Il sait qu'un jour voisin de l'enterrement d'Hippolyte, il a fait, avec son maître et deux personnes, une course à la Banque et chez Lebret; qu'ils n'ont pas été partout ensemble, que tous ils ne sont pas montés chez Lebret. Mais quel jour a eu lieu la course? est-ce le jour de l'enterrement ou le lendemain? Comment les choses se sont-elles passées précisément? tous les trois sont-ils montés à la Banque, ou n'y en est-il monté que deux? Quand ils sont restés deux dans le cabriolet et qu'ils sont allés chez Lebret, Auguste et Castaing sont-ils entrés tous les deux dans la maison de Lebret? Un d'eux est-il resté dans le cabriolet? Il croit se rappeler, après avoir exprimé le contraire, qu'un d'eux est resté dans le cabriolet. Mais lequel? est-ce Auguste? est-ce Castaing? finalement, il croit que c'est Castaing.

On conçoit que tout autre qu'un nègre, et un nègre, à plus forte raison, qui ne croyait pas alors un seul de ces détails important, n'ait pas fait beaucoup d'efforts pour graver chacun d'eux fixément dans sa mémoire; que neuf à dix mois après, en ayant bien retenu le fait de la double course et des allées et venues d'Auguste et de ses deux compagnons à la Banque ou chez Lebret, il se trompe sur le jour et sur celui qui est resté dans le cabriolet.

Les vraisemblances sont là pour rectifier les erreurs

si naturelles de la mémoire du nègre ; et les vraisemblances sont que c'est Castaing qui est monté chez
Lebret, et non pas Auguste, puisque, à travers toutes
ces incertitudes de la mémoire du nègre, ce qu'il paraît avoir plus positivement retenu, c'est qu'il est resté
l'un des deux dans le cabriolet.

Elles veulent que Castaing soit monté chez Lebret,
car sans cela pourquoi y serait-il venu? pourquoi
même eût-il été dans le cabriolet? Auguste n'avait
pas besoin de lui à la Banque, et en effet il n'était pas
allé avec Auguste à la caisse. Il ne s'était donc en-
tassé, lui troisième, dans le cabriolet, que parce que
Auguste avait besoin de lui ailleurs qu'à la Banque ; et
puisqu'après la Banque on n'est allé que chez Lebret,
c'est donc pour Lebret qu'Auguste avait cru avoir
besoin de Castaing : d'où il suit que Castaing est monté
chez Lebret, et qu'au dire du nègre, un seul y étant
monté, Auguste n'y est pas monté avec lui.

Ce sont encore les vraisemblances qui veulent que
Castaing étant l'entremetteur, celui qui avait, disait-il,
fait la proposition à Lebret, celui qui avait promis de
réaliser le marché, et Lebret devant avoir la pudeur
de ne pas admettre dans la conclusion de ce marché
honteux d'autres témoins que le témoin nécessaire,
c'est-à-dire celui avec qui il traitait, Castaing ait été
seul chargé de conclure le marché, d'aller livrer les
100,000 fr. et de se faire livrer le testament.

Enfin, et ce qui achèvera de démontrer que Castaing
est monté chez Lebret, qu'il y est monté pour lui remettre les 100,000 fr., qu'il y est monté seul et sans
la présence d'Auguste, c'est que par la suite, en parlant avec la demoiselle Percillé, qui en a déposé, de

la défiance habituelle d'Auguste, il disait à la première:
« Croiriez-vous que, malgré toute la peine que je me
« suis donnée pour lui relativement au testament de
« son frère, il hésitait encore à me confier les 100,000 fr.
« qui devaient être donnés à Lebret? »

A cette déposition, il faut en ajouter une tout aussi forte, celle du sieur Briant l'un des amis d'Auguste à qui celui-ci, quelques jours après la mort d'Hippolyte, a dit qu'il avait été obligé « de donner une somme de « 100,000 fr. pour anéantir le testament de son frère, et « *qu'il avait fait compter cette somme par Castaing.*

Il est donc bien prouvé que, dans le trajet de la Banque de France à la maison de Lebret, Castaing s'est fait confier par Auguste les 100,000 fr. qu'il allait remettre à Lebret; que si Auguste a eu, d'abord des défiances, il les a quittées; qu'il les a quittées, au reste, d'autant plus facilement qu'il ne perdait ni Castaing ni les 100,000 fr. de vue; qu'en déposant le premier à la porte de Lebret, il l'attendait dans son cabriolet pour reprendre de ses mains, quand il allait redescendre, ou les 100,000 fr. ou le testament; et qu'enfin, muni de ces 100,000 fr., Castaing est entré seul dans la maison de Lebret.

Il en est ressorti.

Tout était consommé.

Il avait, disait-il, donné les 100,000 fr. à Lebret.

Il rapportait le testament.

Il le remet à Auguste.

Auguste le déchire; il en garde même le cachet qu'il montre à la demoiselle Percillé.

Il dit ensuite à plusieurs de ses amis ce qu'il a fait, et le sens de tout ce qu'il leur dit à cet égard, est que c'est Lebret qui a reçu l'argent, et que c'est Castaing qui a été le conseil et l'entremetteur de toute cette affaire.

Reste pourtant que Castaing est entré dans la maison avec les 100,000 fr., et qu'il en est sorti avec le testament. On peut se demander comment tout cela s'est fait, si Lebret n'est pour rien du tout dans ce vil marché, et comment Castaing s'est procuré le double du testament échangé contre les 100,000 fr.

Qu'on prenne d'abord et tout seul le fait matériel; Castaing est entré dans la maison de Lebret.

Personne ne l'y a suivi.

Personne ne l'y a vu agir ni ouï parler.

Qu'a-t-il dit?

Qu'a-t-il fait?

Que s'y est-il passé?

Dieu seul le sait.

A-t-il pénétré dans l'appartement de Lebret? S'il l'y a trouvé, que lui a-t-il dit? S'il ne l'a pas trouvé, à qui a-t-il parlé? a-t-il parlé à quelqu'un? a-t-il même eu besoin de parler à quelqu'un?

On peut, à cet égard, conjecturer tout ce que l'on voudra, et plusieurs versions sont également admissibles sans que l'innocence de Lebret puisse être mise en péril, et qu'il faille aller chercher ailleurs que dans Castaing la personne du coupable qui a vendu et détruit le testament.

Castaing, entré dans la maison de Lebret, a pu n'y trouver personne, ni maître, ni servante; car Lebret, qui n'est pas riche, n'a pas un domestique nombreux.

Il a pu aussi y trouver la servante seule.

Il a pu enfin y trouver Lebret lui-même.

Dans tous ces cas, il a pu consommer, toujours, son vol tout seul et sans que Lebret s'en soit douté et en ait rien soupçonné.

N'a-t-il trouvé Lebret ni personne? alors, rien de plus facile : il sera resté quelques minutes dans les escaliers, frappant à la porte et s'estimant heureux de frapper en vain.

A-t-il trouvé la servante seule? alors il aura causé avec elle quelques minutes sur Lebret, sur l'heure à laquelle il était sorti, sur l'heure à laquelle il reviendrait, et sera redescendu.

A-t-il trouvé Lebret? déjà il l'avait vu, le jour même de la mort, pour les affaires de la succession. Mille prétextes étaient tout prêts et tous spécieux pour une conversation indifférente : quand pourrait-on se réunir pour chercher les papiers? quand pourrait-on les mettre en ordre? ferait-on un inventaire? etc. On sent qu'un texte quelconque n'était pas difficile à trouver pour une conférence de quelques minutes. Puis Castaing se retirait.

Il se retirait avec le testament, qu'il avait apporté avec lui, et qu'il livrait à Auguste comme le tenant à l'instant même de Lebret.

Il se retirait avec les 100,000 fr. aussi qu'Auguste lui avait confiés, et qui restaient à jamais à lui Castaing, tandis qu'Auguste croyait, très-raisonnablement, qu'ils étaient passés entre les mains de Lebret.

Dans cette hypothèse on est embarrassé seulement de savoir comment Castaing, s'il ne tenait pas le double du testament de Lebret, l'avait pourtant en sa possession : et il fallait bien qu'il l'eût en sa possession, puisqu'il l'a livré à Auguste.

Le procureur général doit commencer par faire observer que quand il serait vrai qu'il l'eût tenu de Lebret, il n'en serait pas moins criminel; il y aurait seulement un coupable de plus. Lebret aurait commis
l'acte odieux d'avoir, à prix d'argent, facilité la destruction du testament. Castaing serait son complice.

Mais, grâce à Dieu, il n'y a qu'un seul coupable.
Lebret ne l'est pas; comme on va le voir tout-à-l'heure,
il ne peut pas l'être, et ce n'est pas lui, ce ne peut
pas être lui qui ait livré le testament à Castaing.

Castaing l'a donc apporté ce jour-là, sur lui, dans
la maison de Lebret; et il en avait été mis d'avance en
possession de toute autre manière que par la trahison
de Lebret.

Ici encore se présentent des conjectures en grand
nombre et toutes plausibles, toutes également possibles du moins.

Un premier point bien certain, c'est qu'Hippolyte
avait fait un testament, puisqu'après sa mort ce testament a été vendu à son frère Auguste.

Un second point, tout aussi constant, c'est que Castaing en connaissait l'existence, puisque lui-même
il a dit à plusieurs personnes qu'il avait déterminé
Hippolyte à supprimer le double qu'il en avait, et
puisqu'il s'en est vanté auprès d'Auguste.

Un troisième point enfin, qu'on ne peut plus révoquer en doute, c'est que ce testament (soit le même
qu'avait par-devers lui Hippolyte, soit un double qu'il
aurait confié à un tiers) existait, après sa mort, entre
les mains de Castaing, qui l'a livré à Auguste.

A présent, s'il est vrai que Castaing ait jamais parlé
à Hippolyte de le supprimer, il est bien prouvé au-

jourd'hui par l'événement que ce n'était nullement dans l'intérêt d'Auguste, puisque Castaing, ce faux ami, avait le projet de faire servir ce testament d'instrument à sa propre fortune.

Si donc, en roulant de pareilles idées, il poussait Hippolyte à la destruction du testament qu'il avait écrit et signé contre Auguste, il a dû prendre le moyen de rester le maître de cet acte.

Hippolyte, dans l'excès de sa confiance, avait-il déposé un double de ce testament, comme cela est tout-à-fait possible et même vraisemblable, entre les mains de Castaing? Castaing, alors, n'a eu qu'une chose à faire pour en rester le maître, c'était de porter Hippolyte à supprimer le sien, soit en lui persuadant qu'il supprimerait aussi celui que lui, Castaing, avait de son côté, soit en lui promettant de le lui rapporter prochainement.

Ou bien, après avoir persuadé Hippolyte de supprimer l'unique exemplaire du testament que celui-ci avait entre les mains, il a pu faire l'officieux : se charger lui-même du soin matériel de brûler ou de détruire cet acte; en faire le semblant ; y substituer un autre papier, et garder pour lui-même cet exemplaire qui devait l'enrichir : toutes choses pour lesquelles pouvait lui donner beaucoup de facilités la confiance d'Hippolyte en lui, et surtout, de la part de celui-ci, l'impossibilité de soupçonner une fraude qu'une belle âme n'eût même su imaginer ni comprendre.

De quelque manière, au reste, que Castaing soit devenu possesseur de cette pièce importante, il est hors de doute qu'il l'est devenu, puisqu'il l'a remise à Auguste. Le *comment* et le *principe* de cette possession sont tout-à-fait inutiles à approfondir. Il suffit qu'on puisse être convaincu qu'il ne le tenait pas et n'a pas pu le tenir de Lebret ; et il faut subir cette conviction sous peine d'absurdité, ainsi que vont l'établir encore les faits.

Si Lebret a eu cet acte en son pouvoir et qu'il l'ait livré, il faut bien qu'il ait eu intérêt à le faire ; car on ne concevrait jamais que le dépositaire d'un testament trahit la confiance d'un ami décédé et la religion du dépôt, sans motif quelconque.

Sans doute, et sauf la bonne réputation de Lebret, ce motif, selon les données communes de la corruption humaine, pourrait se trouver dans le prix de 100,000 fr. si Lebret les a reçus.

Mais s'il n'en a pas reçu une obole ;

S'il n'apparaît depuis cette époque nulle augmentation dans sa fortune ;

S'il nie constamment, et avec énergie, le fait du dépôt du testament, et que ce dépôt ne soit prouvé par rien ;

Si pendant qu'il nie, et ce dépôt et la remise qu'on lui eût faite d'une somme quelconque, et d'une somme de 100,000 fr., cette somme de 100,000 fr. se retrouve dans la fortune de Castaing ;

Si elle ne s'y trouvait pas avant la mort d'Hippolyte arrivée le 5 octobre ;

Si elle y était le 8 octobre ;

Si, le 8 octobre, elle y était tout entière, et sans qu'il en manque un denier ;

Si, embarrassé de cette soudaine et miraculeuse opulence, Castaing avise sur-le-champ aux moyens de l'employer utilement à son profit, et de la soustraire à tous les yeux ;

Si, le 11 octobre, il en donne 30,000 à sa mère;

Si, le 14 octobre, il en donne 4,000 à sa maîtresse;

Si, le 15 octobre, et ces 34,000 fr. déduits, il place dans les fonds publics tout ce qui lui reste, c'est-à-dire 66,000 fr.;

Si, dans ce dernier placement, il veut que les rentes ne soient pas en son nom;

Si, interrogé depuis sur sa fortune, il a déclaré n'en avoir aucune;

S'il a nié avoir jamais reçu un denier des deux Ballet;

Si, quand on découvre, enfin, toute cette fortune qu'il a long-temps reniée, il ne peut en indiquer aucune source raisonnable;

Si, d'un côté, il dit à certains témoins que c'est de la succession d'un de ses oncles, quand il ne lui est échu aucune succession;

Si, d'un autre côté, il fait une fable absurde pour l'attribuer à une libéralité inexplicable d'Auguste;

Il est bien impossible de n'être pas convaincu que Castaing, tout seul, a vendu et détruit le testament, moyennant les 100,000 fr. que lui avait comptés Auguste, et que son assertion d'en avoir traité avec Lebret est une abominable calomnie.

Or, il n'y a pas un seul de ces faits qui ne soit vrai et prouvé.

On se rappelle le malaise de Castaing dans des temps voisins de la mort d'Hippolyte, malaise si complet encore en juin 1822, qu'il lui fallut faire de grands efforts pour payer une misérable dette de 600 fr., créée quatre ans auparavant.

Cependant, le 11 octobre, il prête à sa mère 30,000

francs payables dans quinze ans, sans intérêts. Il fallait être bien riche pour prêter à si longues échéances, et se priver de revenus pendant tout ce temps.

Le 14 octobre, il prête à sa maîtresse 4,000 fr., remboursables dans cinq ans, sans intérêts. On dit *le 14 octobre*, quoique le billet porte 14 juillet; mais, en y jetant la vue, il est aisé de voir que la signataire, qui n'était assurément pas, ou du moins il faut le supposer, dans la confidence de l'odieuse source de cette opulence, et qui n'y entendait pas finesse, avait trouvé tout naturel de dater le billet du jour où il fut fait; qu'elle avait commencé après la date 14 le mot *octobre*, qu'elle avait même déjà écrit les trois premières lettres de ce mot *oct*, lorsqu'elle fut avertie par Castaing, dont la conscience agitée ne s'accommodait pas de ce rapprochement des dates, d'antidater le billet en le reportant au 14 juillet; ce que fit la signataire en recouvrant les trois caractères *oct* des deux premières lettres de juillet, *ju*, qui laissent lire encore les trois caractères qu'elles recouvrent mal, et dont le dernier jambage de l'*u*, bien plus alongé que le premier, trahit le *t* commencé auquel il est substitué.

Le 15 octobre, il achète, avec les 66,000 fr. restant, par le ministère de l'agent de change Vatry, 2,500 fr. de rentes françaises, 80 piastres d'Espagne et 250 ducats de Naples.

Lors de ce placement, il exige de son agent de change qu'il mette l'inscription française en son nom, à lui agent de change, et il n'en tire même pas de contre-lettre, tant il s'effrayait qu'on le trouvât en contact apparent avec des capitaux aussi considérables.

Et cette inquiétude, il la poussa au point qu'il ne voulut rester dépositaire ni des rentes étrangères ni même des billets de sa mère, et que, billets, rentes et inscriptions, il remit tout à sa maîtresse, tout, jusqu'aux propres billets de celle-ci.

Au milieu pourtant des précautions par lui prises pour couvrir de mystère sa nouvelle fortune, Castaing, soit que, rien ne se découvrant, il finît par reprendre un peu de sécurité, piége si souvent tendu aux coupables par la vengeance céleste, soit que, ne redoutant plus rien de la justice humaine, assuré qu'il croyait être que nulle preuve ne viendrait plus trahir ses forfaits, il crût convenable de préparer ses amis à n'être pas trop surpris quand paraîtrait cette opulence qu'il avait bien le projet de finir par révéler, puisque autrement il n'en aurait pas pu jouir, soit, enfin, que sa tête, peu vaste, sache mieux combiner les moyens de commettre un crime que ceux de l'ensevelir, laissa échapper quelques indiscrétions.

Ainsi, en décembre 1822, il confiait à deux femmes de sa connaissance qu'il avait 100,000 fr. à lui, qu'il en avait prêté 30,000 à ses parens, qu'il avait placé le reste, qu'il avait été assez heureux pour raccommoder deux frères qui étaient brouillés ensemble, et que celui qui avait survécu, pour le récompenser de ce qu'il n'avait pas exercé contre lui son influence sur l'esprit du frère mort, lui avait donné ces 100,000 fr. Ces deux femmes, la dame et la demoiselle Bourdin, en ont déposé, et ces deux témoins ne sauraient être suspects, car ce sont des obligés de Castaing qui leur donnait gratuitement des soins.

Plus tard, il a fait une autre version sur ces 100,000

francs, et en en parlant, dans la prison de Versailles, à un compagnon de captivité, le nommé Goupil, il lui conta que cette somme lui avait été donnée par un de ses oncles. Du reste, il avait expliqué dans le plus grand détail à ce détenu les divers placemens fractionnés qu'il avait faits de cette somme, en telle sorte qu'il est impossible de douter de la véracité de ce témoin, puisqu'il n'existait alors encore dans l'instruction le moindre rudiment de ces divers détails, que Castaing seul savait, et qu'il est impossible d'imaginer une seule personne au monde, autre que Castaing, dont Goupil, alors détenu depuis quelque temps dans la prison de Versailles, ait pu les apprendre, surtout quand tous ces détails se sont trouvés conformes à la vérité.

Pour en finir sur cette somme de 100,000 fr., Castaing a été interrogé plusieurs fois sur tout ce qui y avait trait.

D'abord, il avait nié très-formellement être allé à la Banque avec Auguste.

Deux jours après, il était convenu d'y être allé avec lui et Prignon, mais sans savoir du tout ce qu'ils y allaient faire, et sans avoir, le moins du monde, entendu parler des 100,000 francs.

Douze jours après, il s'était justifié de ses premières dénégations d'être allé à la Banque de France, sous prétexte qu'il avait tout-à-fait oublié cette course ; mais il avait persisté à soutenir qu'il ignorait complètement ce qu'Auguste et Prignon y étaient allés faire ; qu'Auguste ne lui avait pas parlé des 100,000 fr.; qu'il ne lui avait pas montré le rouleau des billets ; qu'il ne lui avait pas dit : voilà les 100,000 fr. On a vu que

Prignon affirme précisément le contraire de toutes ces déclarations.

Pressé d'expliquer pourquoi donc il se trouvait avec eux, si ce n'était pas pour l'affaire des 100,000 fr., Castaing avait fait un conte ridicule. Si on l'en croit, il était allé chez Auguste pour s'entendre avec un jardinier par rapport à un parterre qu'on voulait planter sur la tombe d'Hippolyte; Auguste lui avait dit qu'il n'avait pas le temps de vaquer ce jour-là à ce soin, qu'il allait ailleurs, et lui avait proposé de monter dans son cabriolet; ce qu'il avait fait, quoi qu'il n'y eût à cela ni motif ni but.

Cependant on arrive dans l'interrogatoire à un point capital.

On lui demande s'il a jamais reçu aucune somme d'argent d'Hippolyte et d'Auguste. Il le nie de la manière la plus expresse. Il affirme, il affirme deux fois, et avec opiniâtreté, qu'il n'a nul pécule, qu'il n'a nuls capitaux, qu'il ne possède rien autre chose que la rente que lui font ses parens.

Cependant le juge insiste avec force; il lui remontre que, par ses dénégations obstinées, il peut se faire un grand tort si l'on découvre, par la suite, que ces dénégations sont contraires à la vérité.

Attéré par la solennité du ton qu'a pris le juge, Castaing cesse enfin de se débattre sur ce point, et il confesse qu'il a reçu d'Auguste une somme de 100,000 fr., qu'il a distribuée ensuite en placemens, précisément tels que, dans la prison, il en avait fait la confidence à Goupil, et tels que celui-ci les avait détaillés à la justice.

Et à ce propos, et pour expliquer comment Auguste

lui a donné ces 100,000 fr., il invente un roman tout dégoûtant d'invraisemblances et d'absurdités.

Si on l'en croit, Hippolyte aurait fait un testament contre Auguste ; lui, Castaing, il a réconcilié les deux frères ; il a fait supprimer le testament. Le testament contenait un legs de 4,500 fr. de rente perpétuelle à son profit. Auguste a été pénétré de reconnaissance et des bons procédés et de la générosité de Castaing, qui sacrifiait son legs en faisant supprimer le testament. Il a voulu récompenser Castaing de sa noble conduite ; il lui a donné 90,000 fr. pour le remboursement de la rente, et de plus, 10,000 fr. pour les peines qu'il avait prises à l'occasion de la réconciliation des deux frères.

Que si l'on oppose à Castaing que toute cette version est en contradiction manifeste avec les circonstances certaines et connues ;

Que, d'abord, la somme considérée comme don volontaire est énorme en la comparant à l'émolument de la succession ;

Que, d'ailleurs, si c'est un don volontaire, on ne voit pas pourquoi Auguste veut avoir ces 100,000 fr. dès le moment qui suit le dernier soupir de son frère ; pourquoi des bords du lit, où est gisant ce frère qui vient d'expirer, il écrit à Prignon une lettre si vive ; pourquoi il veut avoir les 100,000 fr. dans la journée ; pourquoi il recommande le plus grand mystère ; pourquoi il ordonne de déchirer la lettre ; pourquoi il dit depuis que les 100,000 fr. avaient été employés, par le conseil de Castaing, à acheter le testament ; toutes circonstances qui s'expliquent fort bien, si c'étaient 100,000 fr. qu'on demandait à Auguste pour conclure un marché honteux, et dont il rougissait lui-même, mais qui restent absolument sans explication, si les 100,000 fr. ont été donnés en pur don à Castaing.

Castaing convient de tout cela.

Il convient qu'il n'est pas d'abord présumable que, dès l'instant même de la mort de son frère, Auguste ait demandé, avec tant d'urgence et de mystère, 100,000 fr. pour les lui donner. Il dit que les 100,000 f. demandés le 5 octobre par Auguste, et les 100,000 fr. qu'Auguste lui a donnés le 8 octobre, n'ont rien de commun. Les premiers ont pu être employés au traité du testament, dont lui, Castaing, n'a eu nulle connaissance, et une autre somme de 100,000 fr. l'être au don qu'il a reçu : en sorte que, pour une succession de 9,000 fr. de rente, Auguste se serait résigné à donner 200,000 fr., savoir : 100,000 fr. à Castaing, et 100,000 fr. au dépositaire du testament.

Castaing ne peut, il est vrai, indiquer les sources où Auguste a puisé cette somme de 100,000 fr. qu'on n'a pas vue disparaître de sa fortune.

Il ne peut non plus comprendre comment Auguste s'est complu à dire que c'était par ses conseils et sa médiation qu'il avait acheté le testament.

Mais il n'en persiste pas moins dans son assertion que les 100,000 fr. lui ont été donnés pour le remboursement de son legs.

Chacun peut juger cette assertion.

Elle disparaît, au reste, tout entière, et devant le silence, et aussi devant les paroles d'Auguste.

Son silence. Auguste, qui a tant parlé, et à tant de monde, et même, on peut le dire, avec une sorte de cynisme en pareille matière, puisque l'action était bonne à cacher, des 100,000 fr. donnés pour acheter le testament, n'a jamais dit un mot à personne au monde du don de 100,000 fr. par lui fait à Castaing, action noble et généreuse, qu'il pouvait ne pas taire, puisqu'elle ,n'était propre qu'à l'honorer. Voilà une bien singulière réticence placée à côté d'une pareille indiscrétion.

Ses paroles. Auguste, comme il arrive aux pervers, qui se méprisent quand ils ont pactisé ensemble sur un crime, a parlé quelquefois de Castaing après la mort d'Hippolyte, et il n'en a parlé que pour exprimer, à son sujet, de la méfiance et de la mésestime. Et, par exemple, il a dit, quelques jours après la mort d'Hippolyte, à son ami Raisson, qui en a déposé, qu'il n'avait pas de confiance en Castaing ; que Castaing avait acheté pour un capital de 8,000 fr. des rentes d'Espagne ; et que, comme Castaing n'avait aucune ressource pour faire une telle acquisition, il le soupçonnait d'avoir pris cet argent dans le secrétaire de son frère.

Or, si Auguste, quelques jours auparavant, avait donné à Castaing les 100,000 fr. que ce dernier a effectivement employés en acquisition de rentes d'Espagne et autres effets publics, il eût trouvé tout naturel que Castaing eût placé un capital de 8,000 fr., qui n'était pas la douzième partie de celui qu'il avait donné à Castaing.

Mais il n'avait, d'un côté, rien donné du tout à Castaing.

D'un autre côté, il était persuadé que les 100,000 fr. qu'il lui avait remis à la porte de Lebret étaient passés en entier dans les mains de Lebret.

Lors donc que, dans de telles circonstances, il voyait Castaing placer 8,000 fr., il était tout simple que, ne lui connaissant nulle ressource, il l'ait soupçonné d'avoir volé le secrétaire de son frère.

Et ce soupçon bat en ruines, de fond en comble, la fable de Castaing.

Cette fable doit être écartée.

En l'écartant, la vérité qui reste, c'est qu'en abusant du nom de Lebret, Castaing a vendu lui-même et livré, pour le détruire, à Auguste Ballet, le testament de son frère, moyennant une somme de 100,000 fr., qu'il a gardée tout entière, et qui se retrouve encore aujourd'hui dans sa fortune.

La vérité qui reste encore, c'est que, pour assurer le succès de cette odieuse spéculation, il a précipité, selon toutes les probabilités, la fin du malheureux Hippolyte, et qu'il a eu beaucoup d'intérêt, un intérêt très-pressant à commettre ce crime.

Il pouvait attendre sans doute la mort naturelle, et tout semblait assurer qu'elle était inévitable.

Mais attendre était un danger immense pour la spéculation.

Quelle que soit la fraude sur laquelle Castaing l'avait établie, il est constant qu'il l'avait établie sur une fraude.

Hippolyte avait fait son testament avec l'intention de le maintenir.

Il importait cependant que, d'une manière quelconque, cet acte, sur la suppression duquel Castaing faisait reposer toutes ses espérances de fortune, ne dépendît plus que de lui.

Il fallait donc inspirer à Hippolyte la volonté de

détruire ce testament, et s'arranger en même temps de manière que, malgré la destruction, l'acte restât entre les mains de Castaing.

S'il faut en croire Castaing, il employa un singulier moyen pour accomplir la première partie de ce plan. Lui-même il commit l'indiscrétion de s'en vanter à plusieurs personnes, qui en ont déposé. Selon ce récit, il aurait commencé par essayer de donner de la colère à Hippolyte contre la dame Martignon, en accusant celle-ci, auprès de son frère, de ne rêver que sa mort et ses dépouilles; d'avoir calomnié Auguste dans son esprit pour lui suggérer de faire un testament qui ôtât tout à ce dernier pour lui donner tout à elle; et d'avoir promis 20,000 fr. à un notaire et 3,000 fr. à son clerc, pour qu'Hippolyte fît ce testament à son profit. Dans ce récit, Castaing ne nommait ni Auguste ni la dame Martignon. Il parlait d'une sœur qui avait deux frères, dont l'un était malade, et son ami à lui, Castaing. Il ajoutait que le frère malade avait refusé d'abord de croire à cette bassesse de sa sœur, et que lui, Castaing, pour lui en donner la preuve, l'avait un jour invité à venir chez lui, où il l'avait caché dans une alcôve; qu'il avait eu soin de donner rendez-vous, pour le même moment, au clerc de notaire qui, sans se douter de la présence du testateur, avait confirmé, dans sa conversation avec Castaing, tout ce que Castaing avait dit au frère, en sorte que celui-ci, dans son ressentiment, avait déchiré le testament.

De cette manière réussit donc la première partie de la manœuvre. Mais supprimer le testament n'était pas ce que voulait Castaing. Ce qu'il voulait, c'était en être le maître. On a déjà dit qu'il avait deux moyens de le devenir : le premier, s'il n'y a jamais eu qu'un double du testament, c'était de s'immiscer matériellement dans le fait de la suppression, ce à quoi lui donnaient beaucoup de facilité, si tout s'est passé comme il le dit, et la conduite d'Hippolyte et la confiance qu'inspirait à cet ami trompé le faux zèle de Castaing. En feignant de se charger lui-même de détruire ou de brûler, il a pu très-aisément décevoir le simple Hippolyte, qui était sûrement à cent lieues de pénétrer toute la profondeur de la scélérate combinaison de Castaing, et qui n'avait nulle espèce de motif pour suivre avec scrupule chacun de ses mouvemens. Le deuxième, s'il y a eu deux doubles, et que Castaing en eût un lui-même en dépôt, a été de faire croire à Hippolyte qu'il supprimerait ce double de son côté, ou bien qu'il le lui rapporterait prochainement pour être supprimé par lui.

Mais, quelle que soit celle de ces suppositions qu'il faille adopter, et il faut pourtant adopter l'une d'entre elles, puisqu'en résultat le testament d'Hippolyte s'est retrouvé dans les mains de Castaing, pour être par lui vendu à Auguste, Castaing n'était pas hors d'embarras, soit par la destruction du double d'Hippolyte, soit par l'adresse qu'il aurait eue de se l'approprier, soit par la promesse qu'il aurait faite de rapporter le sien à Hippolyte.

D'abord, et si cette promesse avait été faite, un jour ou l'autre il fallait la tenir, et Hippolyte pouvait finir par exiger qu'on lui rapportât la pièce. Alors s'écroulait la spéculation de Castaing.

S'il n'avait pas eu besoin de faire cette promesse, et

s'il avait persuadé Hippolyte que le second double était supprimé, ou bien, s'il n'y avait jamais eu qu'un double, celui dont il se serait emparé en fascinant la vue d'Hippolyte, ou en s'en rendant le maître à toute autre époque ou par tout autre moyen dont il ne rend pas compte, il subsistait toujours pour la spéculation de Castaing un grand péril, en cas qu'Hippolyte vécût quelques mois encore. Durant cet intervalle, il pouvait faire des reproches à sa sœur ; recevoir d'elle des explications ; découvrir la vérité de toute autre manière, ou même, sans découvrir la vérité, réfléchir sur ce qui lui avait été dit, concevoir des doutes, reprendre sa première volonté, refaire son testament, ou bien enfin en faire un autre. Et, dans toutes ces suppositions, les 100,000 fr. convoités par Castaing étaient perdus.

Qu'a-t-il donc fallu pour échapper à tous ces dangers, pour prévenir ces explications, pour ne pas laisser à Hippolyte le temps de s'étonner de ce que la promesse de rapporter le second double n'était pas tenue, pour ne pas lui laisser le temps de refaire un testament ?

Frapper ;

Frapper soudain ;

Ne pas attendre le progrès, inévitable, mais trop lent, de la phthisie ;

Précipiter la mort d'Hippolyte.

La mort, la mort prompte d'Hippolyte, au moment où toutes ces manœuvres pratiquées pour devenir exclusivement maître du testament avaient été suivies du succès, était du plus grand intérêt, de l'intérêt le plus impérieux pour Castaing.

Si Hippolyte périssait en quatre jours, sans se reconnaître, sans voir personne (et on aurait soin d'écarter tout le monde de son lit), sans pouvoir plus ni presque parler, ni agir, tout était consommé. Castaing avait ses 100,000 fr. à lui.

Hippolyte a péri en quatre jours, et l'on se rappelle toutes les autres circonstances qui dénoncent les moyens employés pour le faire périr.

Ces réflexions suffisent à expliquer quel a pu être l'intérêt de Castaing à empoisonner Hippolyte. Le délit de vendre et détruire le testament ne pouvait pas être commis sans la mort prompte du testateur. L'empoisonnement a été commis pour acheminer à la consommation du vol.

Il faut continuer, à présent, le récit des faits pour arriver à la catastrophe de cette honteuse histoire, et pour voir comment Castaing, de crime en crime, en est venu à empoisonner Auguste à son tour.

§ VII.

L'on croit facilement que l'attachement d'Auguste pour Castaing ne s'était pas fortifié par toute cette bassesse dont Castaing venait de faire preuve.

Tout en profitant de cette bassesse, Auguste, dans sa conscience, ne pouvait repousser le sentiment qui lui représentait son complice sous le hideux aspect d'un faux ami et d'un homme sans honneur.

Quoiqu'il ne soupçonnât même pas que Lebret ne fût pour rien du tout dans la violation de la foi envers un mort, violation si chèrement payée, il ne pouvait sans doute s'empêcher d'entrevoir que Castaing, dans toute cette affaire, agissait pour son propre intérêt, et non par pure amitié pour lui.

Les sentimens généreux ne produisent pas des crimes, et l'amitié ne donne jamais, quand elle n'est que l'amitié, le conseil d'en commettre.

Auguste ne savait pas au juste quel intérêt pouvait avoir suggéré à Castaing cette conduite contraire à toutes les lois de la morale. Castaing avait-il fait son marché avec Lebret? Castaing attendait-il une récompense de lui, Auguste, et se proposait-il de la réclamer à la première occasion? Castaing, devenu maître des secrets d'un jeune homme riche et dépensier, avait-il le dessein de s'associer, de fait, à l'opulence d'une maison dont personne n'oserait le chasser? Auguste ne savait rien de tout cela; il savait, ou il devait savoir et se dire seulement que les méchans ne font rien pour rien; que Castaing était devenu méchant; que Castaing n'avait pas fait un premier pas dans la route du mal pour reculer, et pour n'y pas chercher son profit; que, naturellement, ce profit, il devait le puiser dans la fortune qu'il avait grossie; et qu'ainsi, sans savoir précisément quoi lui, Auguste, avait à redouter, de sa part, des prétentions et des exigences qui pourraient lui devenir pénibles ou même ruineuses.

Ce n'était qu'après coup que toutes ces réflexions, comme il arrive toujours dans les grandes fautes, venaient à Auguste. Castaing désormais était son despote; il pouvait le déshonorer. Cet empire funeste que le crime donne à chacun des deux complices sur l'autre, ne pouvait plus être détruit. Il fallait le subir; il fallait vivre à côté de Castaing, même en l'ayant pris en dégoût; il fallait le traiter comme un ami, bien que toute amitié fût éteinte; il fallait enfin, et aux yeux du monde, le traiter honorablement, et en secret se prêter à ses volontés, pour échapper aux malheurs qu'un acte d'indiscrétion ou de vengeance aurait pu amener de sa part.

Auguste n'aimait donc plus Castaing.

Il le redoutait.

Castaing ajouta-t-il, dans le mystère de leurs communications secrètes, aux craintes de cet esclave qu'il s'était donné, par quelques menaces?

Abusant de sa crédulité, et de l'opinion où il l'avait laissé que tous les 100,000 fr. étaient allés à Lebret, et que lui, Castaing, qui avait rendu un si grand service à Auguste, n'avait tiré aucun profit d'une action malhonnête qu'ils avaient commise ensemble, et dont il ne convenait pas qu'Auguste eût tout le lucre à lui seul, le tourmenta-t-il pour qu'enfin il lui donnât sa part?

Si Auguste se refusa à ses sollicitations, l'effraya-t-il de la possibilité d'une révélation à la justice?

Entrèrent-ils ensemble en composition?

Castaing, faisant le généreux, se relâcha-t-il de plus hautes prétentions, à condition que, si Auguste ne faisait rien pour lui présentement, il lui donnât quelques espérances pour l'avenir?

Fit-il valoir, auprès d'Auguste, la considération que, s'il ne voulait rien retrancher de ses jouissances viagères, il était du moins de son devoir d'assurer sa succession à celui qui avait tout fait pour augmenter sa fortune, plutôt qu'à une sœur cupide qui n'aurait pas mieux demandé que de lui enlever toute la succession d'Hippolyte?

Comment s'y prit-il pour insinuer cette idée à Auguste?

Comment parvint-il à déterminer un jeune homme plein de force et de santé, livré à la dissipation et aux plaisirs, à faire un acte aussi sérieux qu'un testament, un acte qui pouvait paraître à ce dernier aussi hors de saison?

Ce jeune homme, en se résolvant à le faire, crut-il se racheter, à bon marché, des importunités d'un complice incommode, auquel il lui était difficile de rien refuser, lorsqu'il restait le maître de révoquer cet acte quand il le voudrait, et lorsque, après tout, il s'acquittait de cette dette imposée par le crime, sans qu'il lui en coûtât un seul sacrifice actuel?

Dans la légèreté de son âge, et surtout dans sa trop heureuse ignorance de tout ce que Castaing était capable de faire pour obtenir de prompts effets de cette spéculation, livrée en apparence au vague d'un avenir si éloigné, imagina-t-il même qu'il était trop heureux pour lui que Castaing ne lui demandât rien de plus, et qu'il serait insensé de refuser de le satisfaire par un acte pour ainsi dire vide et insignifiant?

Personne ne sait ce qui s'est passé entre eux, ce qu'ils ont dit ni ce qu'ils ont pensé.

Il faut se contenter des résultats connus.

Et ces résultats les voici :

D'une part, le 1er septembre 1822, si tant il y a que cette date ne soit pas supposée, comme il y a de fortes raisons de le croire, Auguste fit un testament par lequel il institua Castaing son légataire universel, sans nulle autre restriction que quelques legs de très-médiocre valeur faits à deux amis et à trois domestiques, et qui est terminé par une dérision dirigée contre la sœur unique du testateur, dérision qui sert à prouver que le cupide suggesteur du testament, pour subjuguer le faible testateur, avait commencé par ruiner dans son cœur les sentimens qu'avait dû y graver la nature.

D'une autre part, ce testateur, si généreux envers Castaing, n'en avait pas augmenté de tendresse pour lui. Il se refroidissait envers son complice, devenu son tyran, et il aspirait à se délivrer de son joug.

Jean, le nègre, avait remarqué, dans le dernier mois de la vie d'Auguste, que son maître et Castaing se voyaient beaucoup moins. Castaing en est convenu lui-même. Le nègre, attribuait la rareté des visites du dernier, vers cette époque, à quelque différend qu'ils auraient eu, et que Jean ignorait.

Quinze jours environ avant sa mort, Auguste déplorait avec Prignon la nécessité où il était de voir Castaing, dont la société ne lui plaisait pas, sans qu'il osât ou voulût dire rien de plus à Prignon. Il pressa même ce dernier, dans l'intention où il était de s'éloigner de Castaing, d'aller avec lui chercher un logement.

Si Auguste a eu l'indiscrétion de laisser percer ce dégoût et ce dessein avec Castaing, elle a dû faire trembler Castaing.

Castaing était en beau train de fortune : déjà, dans les 100,000 fr., il avait recueilli une partie des dépouilles d'Hippolyte.

Là ne s'arrêtait pas sa cupidité ; et il est bien apparent qu'il avait le vif desir de recueillir tout ce qui en était passé dans la fortune d'Auguste, et, avec cette seconde proie, toute la fortune même de celui-ci,

ç puisqu'il s'était fait faire par lui un testament qui lui
donnait tout ce qu'il possédait.

Toutefois Castaing n'ignorait pas qu'un testament
est un acte bien fragile et toujours destructible au
premier caprice du testateur.

Et Auguste se refroidissait ;

Et Auguste voulait aller demeurer loin de lui ;

Et Auguste, impatient de son joug, de ses assiduités,
de sa surveillance, paraissait vouloir reprendre sa liberté.

Qu'en ferait-il ?

Que deviendrait le testament ?

Chaque jour, chaque heure, chaque minute pouvait renverser de fond en comble toutes les espérances
de Castaing.

Il avait bien le testament entre les mains ;

Mais ce n'en était pas moins une vaine garantie, qui
pouvait périr d'un mot, d'un mot même qu'il ne con-
naîtrait que quand il n'y aurait plus de remède.

Castaing savait trop ce qu'en pareil cas il était possible de faire et quels étaient les moyens puissans de fixer
à jamais les choses dans l'état où elles étaient encore.

Il n'y avait même pas, par d'autres raisons encore,
beaucoup de temps à perdre. Auguste venait de réaliser un capital de 100,000 fr. Cela n'est pas douteux, car peu de jours avant le voyage de Saint-
Cloud il les avait montrés à son ami Raisson, qui en a
déposé. Castaing aussi ne l'ignorait pas. Les vraisemblances indiquent qu'il portait une attention très-
soutenue sur tous les mouvemens d'une fortune à laquelle il ne devait plus rester étranger. D'ailleurs, sa
conduite ultérieure prouve qu'il savait, non-seulement

qu'Auguste était en possession de cette grosse somme, mais encore quel était précisément celui de ces meubles dans lequel il l'avait renfermée.

Quel emploi Auguste voulait-il donc faire de cette somme?

Auguste était très-dissipé.

Il était adonné aux femmes.

Il venait de former une liaison nouvelle.

Serait-il capable, dans le premier moment d'une passion naissante, de se livrer à quelques grandes profusions, dont cette somme deviendrait l'aliment?

Alors que deviendrait le testament?

Il y avait de quoi trembler pour le legs universel!

Et quelqu'un tremblait, en effet, à propos de toute dépense un peu forte que faisait Auguste.

C'est encore Raisson qui l'apprend à la justice.

Raisson assure qu'Auguste, le lendemain d'un dîner qu'il donna à quelques amis, reçut une lettre anonyme dans laquelle on le gourmandait sur ses dépenses et sur son train de maison, en disant que le fils d'un petit notaire ne devait pas trancher du grand seigneur.

De qui pouvait être cette tendre sollicitude pour la fortune d'Auguste?

Qui avait un grand intérêt à ne pas voir Auguste la diminuer par des prodigalités?

Quoi qu'il en soit des conjectures auxquelles ces faits peuvent conduire, il faut regarder Castaing agir.

C'est sur ces entrefaites mêmes, et vers la fin du mois de mai dernier, que se lia entre Auguste et lui une partie de campagne, sans que personne puisse savoir ni dire comment elle s'arrangea ; qui, d'Auguste ou de Castaing, la proposa à l'autre ; pourquoi ils la firent seuls, et quel en fut le but.

Il faut prendre les faits tels qu'ils sont : et les faits tels qu'ils sont c'est que, le 29 mai dernier, de six à sept heures du matin, Auguste et Castaing allèrent ensemble, par les petites voitures, faire une course à Saint-Germain-en-Laye; et que, de retour de cette première promenade, ils repartirent, vers sept heures du soir, sans indiquer le lieu où ils allaient, après qu'Auguste eut dit seulement qu'ils seraient absens un ou deux jours.

Le lieu où ils allaient cependant était Saint-Cloud.

Ils s'y rendirent aussi par les petites voitures : ils s'y rendirent seuls.

Cette circonstance peut paraître si non étonnante, du moins un peu bizarre, car Auguste avait trois chevaux, plusieurs voitures, plusieurs domestiques. Tous ils restèrent à Paris, sans qu'on sût où allaient les deux maîtres.

On l'apprit deux jours après, c'est-à-dire le samedi 31 mai. Ce jour-là arriva dans l'après-dînée, adressé aux domestiques d'Auguste, un billet de Castaing ainsi conçu :

« M. Ballet se trouvant indisposé à Saint-Cloud, Jean
« viendra de suite le rejoindre avec le cheval gris et
« le cabriolet. Lui et la mère Buret (femme de charge
« d'Auguste) *ne parleront* A PERSONNE *de tout cela.*
« On dira à ceux qui le demanderont qu'il est à la
« campagne, et *cela par ordre* TRÈS-EXPRÈS de M. Bal-
« let. »

« Adresse de M. Ballet : Tête-Noire, à Saint-Cloud. »
Jean obéit. Il partit avec le cabriolet. Il arriva à

Saint-Cloud et trouva dans son lit, son maître qui se plaignait d'avoir été bien tourmenté par des coliques, le dévoiement et des vomissemens.

Que s'était-il donc passé dans ce malheureux voyage?

Le voici :

Castaing et Auguste étaient arrivés à la Tête-Noire, à Saint-Cloud, le jeudi 29 mai, vers neuf heures du soir. On donna aux voyageurs une chambre à deux lits qu'ils occupèrent ensemble : et Castaing paya 5 fr. d'arrhes.

Les deux amis se promenèrent ensemble toute la journée du vendredi 30, sauf le temps du dîner qu'ils vinrent prendre à l'auberge, et après lequel ils ressortirent.

Ils furent de retour de la promenade à neuf heures du soir.

Castaing demanda alors une demi-bouteille de vin chaud, et défendit de donner du sucre, attendu qu'ils avaient le leur avec eux.

Le vin fut monté de huit à neuf heures.

Les voyageurs y mirent de leur sucre, et du citron que Castaing avait acheté.

Le vin était ainsi préparé, lorsque Castaing, sans nulle provocation de la part de personne, quitta la chambre, et se trouva quelques momens après devant le lit d'un jeune domestique de la maison qui était malade, lui tâta le pouls, ne prescrivit rien, et redescendit près d'Auguste.

Auguste avait trouvé le vin très-mauvais, et il n'avait pas bu ce qui lui en avait été versé. Castaing a même dit à quelqu'un qu'Auguste n'en avait bu qu'une cuillerée, quoiqu'il eût dit à un autre qu'il en avait bu deux ou trois verres. Variante imaginée après coup pour affaiblir la gravité des soupçons.

La servante de la maison survint; Auguste dit : « J'ai trop mis de citron dans ce vin, il est si amer, que je ne puis le boire. » La servante en goûta et le trouva effectivement bien sûr. Elle se retira.

Les deux amis se couchèrent.

Cette nuit n'a eu que Castaing pour témoin. L'on sent que son récit ne peut être admis qu'avec une extrême circonspection.

Quoi qu'il en soit, voici ce dont lui-même il est obligé de convenir :

Auguste fut agité toute la nuit; il ne dormit pas; il se plaignit plusieurs fois à Castaing de ne pouvoir rester en place. Il eut des coliques. Le matin enfin il déclara qu'il ne pouvait sortir du lit; qu'il avait les jambes enflées, et qu'il ne pourrait mettre ses bottes.

Quant à Castaing, il sortit, à ce qu'il dit, pour aller faire un tour de parc. Ce n'était pas seulement une fantaisie assez déplacée, c'était aussi une fantaisie bien pressée à ce qu'il paraît, car il n'était encore que quatre heures du matin, et les portes de la maison étant fermées et les gens non encore levés, Castaing alla dans la chambre des domestiques, les éveilla, et en fit relever un pour qu'il lui ouvrît les portes.

Telle fut la première journée du voyage.

Elle fait naître plusieurs doutes assez extraordinaires.

Pourquoi Castaing a-t-il fait prendre du vin chaud à son ami?

Pourquoi avait-il acheté du citron lui-même, et

pourquoi a-t-on mis dans le vin chaud du citron, ce qui ne se fait pas ordinairement?

Pourquoi a-t-il quitté si brusquement le vin chaud qui venait d'être assaisonné, avant d'en avoir pris sa part, et pour aller près du lit d'un malade qui ne l'appelait ni ne le faisait appeler, et à qui il n'a rien prescrit du tout?

Pourquoi ce vin assaisonné de sucre et de citron s'est-il trouvé assez mauvais et assez amer pour qu'Auguste n'ait pu ou voulu le boire?

Pourquoi s'en est-il sur-le-champ trouvé incommodé, au point d'avoir été très-agité toute la nuit, et de n'avoir pu se lever le matin?

Pourquoi enfin Castaing, lorsque son ami avait été malade toute la nuit et ne pouvait se lever le matin, le quittait-il si brusquement et avec tant d'indifférence?

Aurait-on servi du vin pour y mêler quelque chose de nuisible qu'on aurait apporté de Paris?

Aurait-on acheté au dehors du sucre pour mettre dans le vin chaud, afin de se donner un prétexte de l'assaisonner, et d'y mettre en même temps tout ce que l'on voudrait mêler au vin?

Aurait-on été si pressé de sortir après le mélange et avant toute autre action, pour se décharger du reste de ce qu'on aurait pu jeter dans le vin, et aurait-on pris, pour cette sortie inopinée, ce prétexte de la maladie d'un jeune homme qui ne connaissait pas Castaing et qui n'invoquait pas son secours?

Aurait-on acheté du citron et mêlé du citron au vin chaud, pour absorber, par une saveur agréable, la saveur trop repoussante d'une substance qu'on avait besoin de ne pas laisser à nu dans la boisson?

L'amertume remarquée dans le vin, malgré les précautions prises pour l'affaiblir, serait-elle la saveur de la substance étrangère et nuisible qui aurait été mêlée au vin?

Enfin serait-on sorti si vite le matin après la mauvaise nuit d'Auguste, nuit qui, toute mauvaise qu'elle avait été, n'avait pas amené le résultat qu'on en attendait, peut-être pour renouveler des provisions épuisées et pour se donner les moyens de frapper le coup d'une manière plus infaillible?

Castaing, quand on lui a demandé des éclaircissemens sur ces points divers, en a donné d'assez peu satisfaisans : et il avait assuré d'abord que le matin il était allé faire un tour de parc. On saura bientôt à quoi s'en tenir sur cette dernière allégation, qui voile une bien affreuse vérité.

Quoi qu'il en soit, rentré, le samedi 31 vers huit heures, de la longue promenade matinale qu'il avait faite sans trop s'embarrasser de l'état d'un ami qui avait été malade toute la nuit, son premier soin, en rentrant, fut de demander pour Auguste du lait *froid*.

Castaing a prétendu qu'il avait demandé du lait *chaud*. Tous les témoins ont déposé du contraire. C'est du lait *froid* qu'il a demandé, et il y avait pour cela de bonnes raisons. C'est du lait *froid* qui a été donné. C'est du lait *froid* qu'Auguste a bu.

Auguste prit ce lait.

Fort peu de temps après l'avoir pris, les vomissemens se succédèrent rapidement, et les coliques le saisirent. On se débarrassa sur-le-champ de toutes les déjections. Castaing voulut sortir encore.

Pendant son absence, la maîtresse de la maison et sa servante rendirent quelques soins au malade, qui empirait très-sensiblement.

Castaing retrouva son ami dans un état alarmant. Auguste demanda un médecin. Castaing lui proposa d'en faire venir un de Paris. Auguste voulut qu'on en prît un sur les lieux mêmes.

Ce médecin, le sieur Pigache, ne put arriver que vers les onze heures du matin.

Il paraît qu'à cette heure le mal avait un peu cédé. Le médecin demanda les évacuations. On lui répondit qu'elles avaient été jetées. Il demanda à Castaing ce qu'il pensait de la maladie. Castaing lui répondit qu'il la regardait comme un *cholera morbus*. M. Pigache ordonna des émolliens, et se retira.

Vers trois heures le médecin fut rappelé. Le malade était plus mal. Son ami était sorti pour la troisième fois de la journée.

Castaing rentra. Le médecin se plaignit de ce que les prescriptions n'avaient pas été suivies. On lui promit plus d'exactitude. Il s'en alla.

M. Pigache revint une troisième fois spontanément, vers les cinq heures. Il ordonna cette fois une potion calmante. Le malade avait manifesté le desir d'être transporté à Paris. Le médecin ne fut pas de cet avis. Il promit de revenir une quatrième fois dans la soirée. Castaing lui dit que cela n'était pas nécessaire.

Castaing, au reste, soit sur le desir exprimé par Auguste, soit spontanément, avait écrit aux domestiques de celui-ci la lettre qu'on a vue plus haut, et qui motiva l'arrivée du nègre Jean.

Les soins de ce fidèle serviteur furent à peu près

inutiles. Les symptômes augmentèrent. La respiration du malade était gênée. Il ne pouvait plus avaler sa salive. Castaing, sur ces entrefaites, lui administre une cuillerée de potion. L'effet en fut prompt et malheureux. Cinq minutes après Auguste eut une espèce d'attaque de nerfs. A partir de ce moment il n'eut plus de connaissance. Castaing le laissa dans cet état jusqu'à onze heures et demie du soir. Alors M. Pigache, averti par un domestique de l'hôtel, à qui Castaing avait dit que son ami ne passerait pas la nuit, vint encore une fois.

M. Pigache trouva le malade couché sur le dos, le col fortement tendu, la tête découverte, et pouvant à peine respirer. Il avait perdu la faculté de l'entendement, celle de toute sensation. Le pouls était petit, la peau brûlante, les membres fortement contractés et livrés à des convulsions, la bouche fermée, le ventre tendu. Tout le corps était couvert d'une sueur froide et parsemé de taches bleuâtres. Le médecin fit une saignée par les sangsues et la lancette ; elle produisit un peu de mieux. M. Pigache, frappé de cet effet, dit à Castaing qu'il regardait l'état de son ami comme à peu près désespéré, mais que pourtant une seconde saignée pourrait faire du bien. Castaing fit des objections, et dit que, si elle n'était pas suivie de succès, M. Pigache pourrait recevoir des reproches. M. Pigache alors demanda un médecin de Paris. Il était une heure du matin. Castaing fit observer que l'heure était trop avancée. On attendit. M. Pigache profita de l'intervalle pour écrire deux lettres à deux médecins de Paris : et Jean, à trois heures du matin, partit avec les lettres pour ramener l'un ou l'autre des deux médecins à qui elles étaient adressées. M. Pigache se re-tira. Castaing l'accompagna. M. Pigache lui conseilla d'aller sur-le-champ chercher M. le curé de Saint-Cloud pour donner à Auguste les secours spirituels. Castaing se rendit à ce conseil. Il alla trouver le curé, qui vint en grande hâte avec le sacristain. Le curé trouva Auguste sans connaissance et ne parlant ni n'entendant. Il demanda à Castaing quel était le genre de maladie de ce jeune moribond. Castaing répondit que c'était *une fièvre cérébrale*. L'extrême-onction fut adminis-trée. Castaing resta à genoux pendant toute la céré-monie. Sa ferveur frappa le sacristain, qui dit au curé, comme ils s'en allaient : « Voilà un jeune homme « bien pieux. » M. le curé se retira. Castaing sortit de nouveau, et resta dehors une ou deux heures.

Ainsi finit cette seconde journée de la maladie.

Cette seconde journée, comme la première, fournit dans la conduite publique de Castaing matière à un assez grand nombre d'observations.

On voit que Castaing est dans un état de mouvement et d'agitation remarquable. Il fait jusqu'à quatre ou cinq absences dans la journée. Il sort une première fois dès quatre heures du matin, et fait même relever les gens pour sortir à cette heure indue. Il sort une seconde fois, après avoir fait prendre du lait à Au-guste. Il rentre. L'état d'Auguste empire au point qu'on est obligé d'aller chercher le médecin. Au lieu d'être resté auprès d'Auguste, Castaing était sorti une troisième fois. Il sort une quatrième fois dans la nuit pour accompagner le médecin. On administre son ami vers trois heures du matin. Il sort une cinquième fois, et reste deux heures dehors.

Après la première sortie, il fait prendre du lait froid à Auguste. Aussitôt qu'Auguste l'a pris des mains de Castaing, Auguste devient on ne peut plus gravement malade.

Castaing administre ensuite lui-même à Auguste une cuillerée de potion calmante. L'agonie commence ; Auguste ne recouvre plus ni ses sens ni son intelligence.

Le médecin et le curé demandent à Castaing sa pensée sur le genre de la maladie d'Auguste. Il répond à l'un que c'est un *cholera morbus*, à l'autre que c'est une *fièvre cérébrale*.

Le malade demande un médecin. Rien n'était plus pressé. Le plus voisin était le meilleur. Castaing propose un médecin de Paris. Il faut qu'Auguste insiste pour qu'on aille chercher celui de Saint-Cloud.

Le médecin de Saint-Cloud vient. Il demande les évacuations. On les a jetées. Et Castaing est médecin ! Et Castaing connaît bien l'importance des observations auxquelles elles peuvent être soumises ! Et Castaing donne pour raison que son ami l'a voulu ; que son ami n'en pouvait supporter l'odeur ; comme s'il n'eût pas été très-facile de les conserver loin du malade, et dans un autre lieu que sa chambre !

Le médecin ordonne des remèdes. Ses prescriptions ne sont pas exécutées, quoique naturellement Castaing eût dû y apporter un soin tout particulier.

Le médecin, qui est tout surpris de la marche de la maladie, offre de revenir dans quelques heures. Castaing s'y refuse.

Il revient cependant, parce que la maladie fait des progrès effrayans et qu'on est obligé de le rappeler. Il fait une saignée qui donne du soulagement. Il en propose une seconde ; Castaing l'en détourne, et lui fait peur de la responsabilité.

M. Pigache alors veut avoir un médecin de Paris. Il était nuit avancée, il est vrai ; mais Jean, le nègre, était là avec son cabriolet : il ne demandait pas mieux que de partir. Castaing trouve qu'il est trop tard et qu'il faut attendre le matin.

Les derniers sacremens sont administrés. Castaing y paraît abîmé dans le recueillement, la douleur et la piété. Et néanmoins le prêtre sorti, il sort lui-même et reste absent deux heures.

De plus, et dans cette même journée, il s'était décidé à faire venir à Saint-Cloud le domestique Jean et le cabriolet d'Auguste. Mais, en le faisant venir, il redouble de précautions pour qu'aucun des amis ni des parens d'Auguste ne sache où il est, n'apprenne qu'il est malade, et ne puisse approcher de son lit. Il donne par écrit à tous les domestiques de Ballet l'ordre formel de se taire. Il leur dit que c'est l'expresse volonté d'Auguste.

Voilà quelle a été dans cette seconde journée la conduite patente de Castaing. On dira tout-à-l'heure quelle a été sa conduite secrète. Mais auparavant il faut rendre compte de la troisième journée, de celle du dimanche 1er juin, qui fut la dernière d'Auguste.

Après le départ de Jean, Auguste resta livré aux soins des domestiques de l'hôtel, puisque ce fut ce temps que Castaing choisit pour aller faire un tour qui dura deux heures.

Castaing rentra vers six heures. Peu après arriva le docteur Pelletan fils. M. Pigache fut averti et vint de son côté. Ils se réunirent à penser que le malade était sans ressource.

On tenta quelques derniers remèdes qui ne produisirent aucun effet. Enfin Auguste expira entre midi et une heure, au milieu *des pleurs et des gémissemens de Castaing, qui paraissait pénétré de douleur.*

Quant aux médecins, ils furent frappés de surprise, et ils requirent la justice d'intervenir.

Elle intervint.

Le sieur Martignon, beau-frère, et, à cause de sa femme, seul héritier d'Auguste, à qui Castaing avait écrit le matin pour le prévenir de la mort prochaine d'Auguste, était aussi venu à Saint-Cloud.

Pendant qu'on procédait dans l'auberge à la recherche de tous les objets qui pouvaient jeter quelque lumière sur les causes de la mort de Ballet, Castaing usa de la liberté qu'on lui laissait encore. Il fit une assez longue absence. Elle fut remarquée. Dans l'instruction, il fut interrogé sur les causes de cette absence, très-inconvenante au moins dans les circonstances. Il affirma qu'il avait eu besoin de prendre l'air, et qu'il avait fait un tour dans le bois de Boulogne. Il en a imposé sur ce point comme sur une multitude d'autres, et tous ces mensonges ont eu pour but de cacher des démarches coupables qui ne permettent pas de douter du crime de Castaing. Il est temps de dévoiler les parties de sa conduite, que, dans ces trois tristes journées, il avait espéré de couvrir d'un voile impénétrable; et pour cela il convient de se reporter à la première de ces trois journées, celle du vendredi 3o mai.

§ VIII.

Auguste, comme on se le rappelle, après avoir pris la veille, vers son coucher, ce vin si suspect au sucre et au citron, avait passé une très-mauvaise nuit, et une si mauvaise que, de l'aveu de Castaing, il n'avait pu se lever le matin.

Ce même matin, dès quatre heures, Castaing était sur pied, comme il a été dit plus haut, et quittait son ami malade pour aller se promener, disait-il, dans le parc ; il éveillait les domestiques pour qu'on lui ouvrît les portes de la maison, qu'il avait trouvées fermées.

Castaing mentait quand il disait qu'il allait se promener.

Il allait à Paris.

Il prenait une voiture pour s'y rendre très-vite, et pour revenir vite aussi, de manière qu'on ne s'aperçût pas de son absence, ou qu'on ne l'attribuât, en effet, qu'à une promenade.

Et qu'allait-il chercher si vite et si mystérieusement à Paris ?

Du poison.

Quel poison ?

Du poison, le même que celui acheté déjà par lui dix-sept jours avant la mort d'Hippolyte.

Du poison végétal.

Du poison végétal, qui peut être employé, suivant qu'il l'a dit lui-même dans ses travaux, en telle sorte qu'il ne laisse aucune trace dans l'organisation humaine.

Du poison végétal, dont les effets, au dire des médecins, étant identiques avec ceux que produisent certaines maladies, permettent toujours, en présence des symptômes, de douter s'ils ont été produits par l'empoisonnement ou par la maladie.

De l'acétate de morphine.

Trahi par ses propres indiscrétions commises avec un compagnon de prison, et convaincu, par une expérience précédemment faite, de la sagacité avec laquelle avaient été poursuivies et découvertes toutes les circonstances relatives à la vente du testament, qu'il s'exposait plus par ses réticences sur des faits qu'il croyait découverts, que par ses aveux, il a confessé tous les détails de ce petit voyage qu'il a fait à Paris.

Il y arriva comme on ouvrait les boutiques.

Il entra dans celle de M. Robin, apothicaire, rue de la Feuillade, nº 5. Il n'y trouva que l'élève. Il se donna lui-même pour un commissionnaire, et il présenta à l'élève une ordonnance au crayon signée Castaing, docteur en médecine, pour se faire délivrer douze grains d'émétique. Cet élève, effrayé de la quantité, qui, de l'avis des médecins, est en effet plus que suffisante, administrée en masse, pour donner la mort, parut hésiter. Le commissionnaire lui dit que c'était pour le faire prendre en lavage, selon la méthode du docteur Castaing. Étourdi par ce grand mot, l'élève délivra les douze grains.

Muni de ce premier moyen de destruction, il se transporta, sans perte de temps, à la place du pont Saint-Michel, chez M. Chevalier, autre pharmacien, dont il a déjà été question dans le présent acte, à propos de la mort d'Hippolyte Ballet, et il lui acheta un

demi-gros d'acétate de morphine. Dans la conversation, contraint de s'expliquer sur l'usage auquel il le
destinait, il déclara que c'était pour faire des essais
sur des animaux.

Il rencontra un cabriolet, et revint, en grande hâte,
à Saint-Cloud. En rentrant dans l'auberge, il demanda
du lait froid pour son ami. Auguste but le lait. Les
vomissemens et les coliques le travaillèrent sur-le-
champ : et désormais, pour quiconque n'est pas privé
du bon sens, tout n'est que trop expliqué.

En effet, il devient évident qu'en partant pour Saint-
Cloud, Castaing s'était muni d'une dose de poison quelconque, qu'il avait crue suffisante pour l'effet qu'il s'en
promettait.

Et cette dose, il avait eu toutes les facilités du
monde pour l'emporter.

On a fait une perquisition chez Castaing. On y a
trouvé de l'acétate de morphine en quantité, et d'autres poisons, tant minéraux que végétaux; d'où il suit
que Castaing a pu, à son gré, puiser dans ses provisions de poison en partant.

Une autre circonstance est bien remarquable encore. On se rappelle que le jour où les deux amis sont
partis le soir pour Saint-Cloud, ils avaient fait, le matin, une course à Saint-Germain. Il n'est pas probable
que Castaing se fût nanti dès le matin de la dose de
poison dont il méditait de se servir à Saint-Cloud.
Aussi, entre son voyage de Saint-Germain et de Saint-
Cloud, est-il retourné chez lui, quoique sans grand
besoin apparent. Le vrai besoin était de s'approvision-
ner pour Saint-Cloud.

Ce fait connu, tout, dans les bizarreries de la conduite extérieure de Castaing à Saint-Cloud, s'explique.

Auguste et lui arrivent à Saint-Cloud le 29.

Le 3o, ils se promènent ; et, dans cette promenade, Castaing achète du citron et du sucre pour sa préparation du soir. Il fallait acheter soi - même du sucre et du citron, pour que l'aubergiste ne montât pas le vin tout préparé, et pour que Castaing eût un prétexte de mettre la main à la confection et d'y glisser l'ingrédient pernicieux. Il fallait du citron surtout. L'acétate de morphine est très-amère ; l'amertume dans le vin pouvait et trahir sa présence, et empêcher Auguste de boire. La saveur du citron a une grande énergie. Castaing espérait qu'elle masquerait et vaincrait la saveur de l'acétate.

A présent, on voit pourquoi Auguste et Castaing sont partis seuls, sans autres compagnons, sans domestiques. Castaing, pour le projet qu'il méditait, ne voulait avoir auprès d'Auguste que lui-même. Il n'avait pas besoin de témoins.

On voit pourquoi, dans un mélange de vin, de sucre et de jus de citron, qui ne devait recéler aucune particule d'amertume, Auguste a été frappé du goût amer du vin ; c'est que Castaing s'était trompé sur l'énergie de la saveur du citron, et qu'elle n'avait pu maîtriser l'autre assez pour qu'on ne s'aperçût pas de la présence de l'acétate de morphine.

On voit pourquoi Castaing, après avoir assaisonné le vin, et sans attendre qu'Auguste eût encore bu, s'est hâté de sortir de la chambre où cette confection avait été préparée. Il était pressé de se délivrer des enveloppes ou restes d'acétate, ou de toutes autres traces de ce poison qui étaient demeurées sur lui. Le voyage à la chambre du domestique, qui ne le demandait pas, et à qui il n'ordonna rien, fut un prétexte qui lui servait à se donner ce mouvement nécessaire pour se séparer de tout vestige accusateur.

On voit pourquoi Auguste n'a pas voulu boire de ce vin qui lui répugnait.

On voit pourquoi, n'en ayant pas bu, ou n'en ayant bu que fort peu, ce premier empoisonnement a manqué tout son effet, ou n'en a produit d'autre que celui de lui donner de grandes agitations, des coliques, des enflures, et de faire passer à Auguste une très-mauvaise nuit.

On voit comment Castaing fut confondu et contrarié de voir son projet avorté ; comment, dégarni qu'il était, désormais, de poison, soit parce qu'il avait mis dans le vin tout ce qu'il en avait apporté, soit parce qu'après y avoir mis la dose par lui jugée suffisante, il s'était hâté, dans le trajet de la chambre d'Auguste à celle du domestique, de se défaire de tout ce qu'il en avait pu conserver sur lui, et comment, persistant toutefois dans son affreux projet avec une obstination vraiment diabolique, il fut obligé de refaire une seconde provision.

On voit comment il fallait qu'il la refît à Paris, soit à cause de la difficulté de s'en procurer à Saint-Cloud, soit à cause de la peur très-naturelle d'être trahi par sa démarche même, dans un lieu où elle aurait été très-remarquable.

On voit comment il était si pressé de partir dès le grand matin, et comment il allait éveiller les gens de la maison, ce qu'il n'aurait pas fait sûrement pour la simple fantaisie d'une promenade.

On voit comment il met du mystère dans sa course ;
comment il se produit chez le premier apothicaire
comme un commissionnaire ; comment il dit au second qu'il veut faire des expériences sur les animaux ;
comment il achète chez le premier douze grains d'é-
métique, et un demi-gros d'acétate de morphine chez
le second, au lieu d'acheter le tout chez le même ;
ce qui était naturel, s'il n'eût eu que d'innocens projets ; mais ce qui, à lui-même, qui en roulait de criminels, semblait devoir éveiller des soupçons.

On voit comment il achète de préférence l'acétate
chez Chevalier, à qui il avait dit jadis qu'il faisait
des expériences sur les animaux, et de qui il redoutait moins des soupçons.

On voit comment, de retour à Saint-Cloud, il demande sur-le-champ du lait, du lait *froid*, que cette
qualité rend plus propre à resserrer les saveurs ; comment il le fait boire à Auguste, après y avoir certainement mis les douze grains d'émétique ; comment le lait
a produit sur-le-champ les vomissemens, les coliques,
les tranchées et le dévoiement qui se sont produits
aussitôt qu'il a été bu.

On voit comment, aussitôt après avoir administré
le lait, et tandis que son ami souffrait des vomissemens, Castaing faisait une course sans but apparent,
mais dont le but caché était d'ôter de sa possession
et de déposer quelque part l'acétate qu'il voulait conserver pour le besoin.

On voit comment, rentré à l'auberge, et s'apercevant
que l'effet du lait ne marchait ni assez vite ni assez
violemment, craignant peut-être même que la bonté
du tempérament d'Auguste ne triomphât de ce lait

homicide, il ressortait de l'auberge pour aller reprendre l'acétate ou la portion de poison qu'il avait mise en réserve ; comment il rentra, comment il donna la cuillerée de potion, et comment, après cette cuillerée de potion traitée par lui, et subitement, Auguste entra en agonie.

On voit enfin comment ces douze grains d'émétique et cet acétate de morphine achetés par Castaing ne peuvent plus être représentés par lui. Il ne peut les représenter parce qu'il les a mis dans le lait et dans la potion.

Tout le reste s'explique avec autant de netteté.

Il a été tout simple que Castaing prît tous les moyens d'éluder les ressources de salut pour sa victime ;

N'appelât un médecin que tard ;

Le voulût d'abord de Paris plutôt que de Saint-Cloud, parce que Paris était plus loin et donnait plus de temps à la mort pour arriver ;

L'acceptât ensuite de Saint-Cloud, mais sans volonté de l'aider ni de l'éclairer ;

Fît jeter toutes les évacuations ;

Ne veillât, en aucune manière, à l'exécution des ordonnances ;

Cherchât à décourager le médecin ou de revenir ou de recourir aux grands moyens ;

Éloignât l'arrivée du médecin de Paris que le médecin de Saint-Cloud appelait à son aide ;

Et enfin recommandât aux domestiques d'Auguste, quand il fut contraint de leur révéler l'état de leur maître, d'éloigner de lui parens et amis, comme il l'avait déjà pratiqué, avec succès, pour le malheureux Hippolyte.

Écrasé par l'énormité de ces charges, et tout-à-l'heure on verra qu'il s'en faut bien qu'elles soient les seules, Castaing a inventé le plus absurde des romans.

Si on l'en croit, « Auguste était parti de Paris déjà et depuis quelque temps, tourmenté par une affection cérébrale.

« Le 3o mai dernier, lendemain de leur arrivée à Saint-Cloud, il avait éprouvé des coliques et avait été obligé, même durant leur promenade de ce jour, de céder plusieurs fois à la mauvaise disposition que ces coliques produisaient.

« La nuit du 3o au 31 avait été agitée : et de plus les chiens et les chats avaient fait un tel vacarme que son ami lui avait demandé en grâce de l'en préserver pour la nuit prochaine.

« Castaing n'avait pas trouvé d'autre moyen d'atteindre ce but que de venir chercher à Paris du poison pour se défaire des chats et des chiens.

« Il y était venu le 31 dès le matin.

« Il avait acheté l'émétique et la morphine.

« Il était remonté dans le cabriolet, où il s'était empressé, dit-il, de mélanger l'émétique et la morphine ; car, contre l'évidence, Castaing a voulu soutenir qu'il n'avait acheté que de la morphine et non pas de l'acétate de morphine.

« Arrivé à Saint-Cloud, et voyant Auguste éprouver des vomissemens et des coliques après le lait bu, l'effroi l'a pris et il a jeté le paquet total dans les commodités. »

Il est bien de savoir, dès à présent, qu'on a visité fort scrupuleusement la fosse des latrines de la Tête-

Noire et qu'on n'y a trouvé ni paquet ni poison quelconque.

Ce n'est pas au reste par ce fait exclusif que doit être réfutée l'absurde version imaginée par Castaing.

Elle est de tout point révoltante pour la raison.

Si Auguste, dans la nuit du 30 au 31, où, selon Castaing, il n'était pas bien malade, avait souffert du bruit des animaux, il y avait un moyen bien simple de s'en débarrasser : ce n'était pas de les empoisonner, c'était de changer d'auberge.

Comment d'ailleurs imaginer que, pour les faire taire la nuit suivante, il suffisait de leur jeter du poison le jour d'auparavant? se seraient-ils donné rendez-vous pour se précipiter tous, à l'instant même, sur le poison, et pour mourir tous dans la journée?

En admettant même que l'emploi de ce moyen ne fût pas absurde, pourquoi venir à Paris? manquait-il de mort-aux-rats à Saint-Cloud et à Boulogne ?

Si Castaing venait à Paris, pourquoi le taire à Saint-Cloud? Pourquoi se cacher à Paris? Pourquoi, puisqu'il avait chez lui de l'émétique et de la morphine, n'aller pas les y prendre, au lieu d'en acheter inutilement des doses de plus ? Pourquoi, si Castaing ne voulait pas prendre la peine d'aller jusque chez lui, aller chez plusieurs apothicaires et ne pas acheter tous ses ingrédiens chez un seul?

Pourquoi se cacher et paraître un simple commissionnaire, au lieu de se montrer comme le docteur Castaing lui-même ? Pourquoi mentir à l'élève de M. Chevalier, et lui dire qu'on achetait l'acétate de morphine pour faire des expériences sur les animaux? Pourquoi avoir menti à la justice, et lui avoir soutenu qu'il n'avait pas acheté de l'acétate de morphine, mais de la morphine seulement qui est un poison moins violent? Pourquoi même avoir acheté ce genre de poison, lorsque la mort-aux-rats est un moyen assez bon et le moyen banal pour produire un tel effet? Comment, si Castaing portait un cœur pur, et était incapable d'un crime aussi horrible que celui dont il est accusé, l'idée qu'on pût le soupçonner de la mort de son ami a-t-elle pu se présenter à son esprit? Et comment enfin l'idée même de cette mort, que selon lui rien ne rendait alors probable, s'y est-elle présentée?

Et à ce sujet il est impossible de ne pas insister, d'une manière toute particulière, sur l'espèce d'acharnement qu'a mis Castaing à assurer que ce n'était pas de l'acétate de morphine, que c'était de la morphine seulement qu'il avait achetée chez Chevalier. Il sent tellement le poids de cette charge, qu'il a tout fait pour l'affaiblir. Dans la prison de Versailles, il demandait à Goupil, d'écrire à sa mère pour qu'elle vît Chevalier et les autres pharmaciens chez qui il avait acheté de l'acétate, afin de les engager à ne pas le déclarer. Dans la prison de la Force, à Paris, il tourmentait d'autres camarades de captivité, pour faire écrire à Chevalier de dire que c'était de la morphine, et non de l'acétate, qui avait été achetée. Tous ces moyens lui ayant manqué, une lettre anonyme, dont il est impossible de ne pas le regarder comme l'auteur ou l'inspirateur, à cause du défaut absolu d'intérêt de la part de tout autre d'en écrire une pareille, a été adressée à Chevalier pour l'engager à ne pas dire la vérité.

Enfin, pour terminer sur ce fait du voyage clandestin à Paris, et sur le bizarre motif qu'y assigne Castaing, il faut dire que tous les habitans de l'auberge de la Tête-Noire ont été entendus; que tous unanimement et sans exception se réunissent pour donner un démenti formel à Castaing sur le prétendu vacarme de la nuit du 30 au 31 mai; que tous affirment n'avoir pas entendu cette nuit le moindre bruit extraordinaire; en sorte que Castaing, pour venir ainsi à Paris, et y faire ses funestes provisions, a eu sûrement un autre motif, et leur préparait un tout autre emploi que ceux qu'il exprime.

A côté des faits qui établissent l'empoisonnement d'Auguste, il convient actuellement d'en placer d'autres qui, en ajoutant encore à la masse des charges relatives à ce même empoisonnement, mettent à découvert le genre d'intérêt qui incitait Castaing à le commettre.

§ IX.

Auguste avait bu la tasse de lait. Les vomissemens et les autres symptômes avaient suivi. La maladie devenait assez caractérisée pour que Castaing ne pût se dispenser plus long-temps d'appeler un médecin. D'ailleurs Auguste en demandait un. Toutefois, pour ceux qui n'étaient pas dans le secret de la cause du mal, il n'était pas assez intense encore pour qu'on crût le sort du malade décidé; et en effet le médecin Pigache, dans sa première visite, n'en avait pas conçu cette idée. Ce ne fut que quelques minutes après la cuillerée de potion que les symptômes devinrent tout-à-fait sinistres.

Lorsque cette cuillerée fut administrée par Castaing à Auguste, Jean, le domestique de ce dernier, était arrivé depuis quelques heures.

On se rappelle ce qui a été dit déjà, soit de la piété tendre avec laquelle Castaing assista à l'extrême-onction, selon que cela fut remarqué par ce bon sacristain du curé de Saint-Cloud, soit des pleurs et des gémissemens auxquels il se livra quand il vit son ami Auguste près d'expirer. Tel il avait été à la mort d'Hippolyte, qui n'avait pas rendu le dernier soupir qu'il vendait déjà son testament.

Au milieu de tous ces beaux semblans de douleur, d'amitié et de piété, il ne vendait pas celui d'Auguste, puisqu'au contraire il espérait bien le faire valoir à son profit. Mais le soin qui dominait toutes ses pensées, était de se bien assurer jusqu'à la dernière parcelle de la succession.

Dans la matinée du 31 mai, il s'était emparé des deux clefs qui fermaient les deux meubles de Paris dans lesquels Auguste renfermait son argent. Ces deux clefs étaient en effet très-précieuses pour le moment, car dans la caisse, à laquelle appartenait l'une d'elles existait alors une très-grosse somme, comme le savait Raisson. Cette somme était de 69 à 70,000 fr. en billets de banque.

L'invasion de ces clefs par Castaing prouve plusieurs points :

Le premier, que Castaing savait que les 70,000 fr. étaient là, et qu'il n'y avait peut-être pas de temps à perdre pour les y fixer;

Le second, que dès ce moment il était sûr de son fait et de l'événement; sans quoi il eût été bien imprudent de se saisir des clefs, au risque d'avoir un compte assez embarrassant à rendre un jour à Auguste, s'il en revenait, et des clefs et de la manière dont il en était devenu le possesseur. Ainsi c'est toujours la même prévoyance! Et comme il avait prophétisé jadis par ses actions la mort d'Hippolyte, encore aujourd'hui par ses actions il prophétisait la mort d'Auguste.

Le troisième enfin, qu'à côté de la piété qu'il faisait éclater lors de l'assistance à l'extrême-onction, et des pleurs et des gémissemens auxquels il s'abandonnait durant l'agonie, il savait très-bien placer le soin de ses intérêts personnels.

Maître des clefs, aussitôt que Jean fut arrivé, il les lui donna en lui disant que Ballet les lui avait confiées pour les remettre à quelqu'un à Paris, mais que, ne pouvant le quitter, c'était lui, Jean, qu'il chargerait de les porter à la personne désignée.

Cette personne désignée était, comme on l'a su depuis, un sieur Malassis, clerc de M\ Colin de Saint-Menge, notaire à Paris, marché des Jacobins.

Il faut dire quels rapports ont eus Malassis et Castaing.

Malassis est un personnage important dans l'instruction du présent procès, car le testament d'Auguste, objet de la convoitise du dernier crime de Castaing, s'est trouvé, lors de la mort d'Auguste, entre les mains de Malassis; et c'est lui qui, aussitôt après la mort, l'a produit au jour et déposé entre les mains de la justice.

Comment lui-même en était-il devenu dépositaire?

Malassis est un jeune homme de 26 ans, qui paraît

fort léger et fort imprudent. Peu s'en est fallu que, par son défaut primitif de loyauté, il n'ait même attiré sur lui d'assez graves soupçons. Revenu, quoique un peu tard, à plus de franchise, la justice a dû croire qu'il était indiscret plus que coupable. Toutefois il a toujours eu bien évidemment l'intention de favoriser Castaing, dont il est parent, et avec la famille duquel il est lié, en dissimulant ce qui l'accuserait trop ; en sorte qu'on peut placer une confiance entière dans les déclarations qu'il a faites à sa charge et qui sont d'une énorme gravité.

Malassis est depuis plus de deux ans l'ami de Castaing.

Il est second clerc de notaire et paraît entendre les lois.

Sous ce double rapport, il a été tout simple que Castaing se servît de lui pour ses affaires, en lui laissant ignorer, de ses secrets, tout ce qu'il aurait sans doute voulu s'en cacher à lui-même.

Il est très-possible que Castaing ait consulté Malassis sur la rédaction du testament d'Auguste ; ce qui le ferait croire, c'est que Malassis convient que, dans le courant de mai dernier, il a donné à Castaing une formule de testament olographe. Il est vrai que Malassis assure en même temps que Castaing lui dit alors que le testament était déjà fait. Mais comme, d'un côté, il n'était guère naturel que Malassis donnât la formule après coup, et que de l'autre Malassis est enclin à retenir, autant qu'il le peut, de la vérité, tout ce qui serait trop nuisible à son cousin, il est fort permis de penser que Malassis manque ici de véracité, et qu'en mai, lorsque Castaing le consultait sur le tes-

tament d'Auguste, c'était sur le testament d'Auguste
à faire, et non pas sur le testament d'Auguste *fait.* Il
suivrait de là que Castaing aurait fait antidater par
Auguste son testament, apparemment parce que, dans
sa prescience de la mort prochaine d'Auguste, il ne
voulait pas que la date du testament et la date de la
mort fussent trop voisines.

Quoi qu'il en soit, et quelque supposition qu'on ad-
mette, soit que Castaing parlât d'un testament *à faire,*
soit qu'il parlât d'un testament *fait,* il est certain qu'à
une époque de mai dernier (que Malassis a fini par
fixer du 20 au 23 de ce mois) Castaing a entretenu
Malassis du testament d'Auguste : ce qui, par le choix
du moment, et quand on songe qu'il précédait de bien
peu le jour de la mort d'Auguste, établit une coïnci-
dence bien effrayante entre la préoccupation de Castaing appliquée au testament, et l'événement très-pro-
chain qui allait faire produire à ce testament tout son
effet.

Mais lors de cette conférence, il se passa quelque
chose de bien pis. Castaing, sans nommer le testateur
à Malassis, du moins si l'on en croit ce dernier, lui
dit que ce testateur, qui était son ami à lui Castaing,
avait une sœur avec qui il était brouillé; qu'il ne
voulait pas que sa fortune passât entre les mains de
celle-ci, et qu'en conséquence il avait fait son testament au profit de Castaing, à qui il reviendrait 10 à
12,000 fr. de rente. Il ajouta que cet ami était atteint
d'une maladie grave, et qu'il avait eu déjà des crachemens de sang. Il finit par demander à Malassis s'il
voudrait être dépositaire de ce testament. Malassis y
consentit.

Une douzaine de jours avant cette conversation, Malassis en avait eu une autre avec Castaing, dans laquelle, sans s'expliquer aussi clairement, Castaing lui demandait si un testament fait en faveur d'un médecin avant la maladie était bon : ce à quoi Malassis répondit affirmativement.

Enfin, un jour de mai qui suivit toutes ces conversations, Malassis trouva un paquet sur son bureau. Malassis, toujours évidemment dans la crainte de nuire à Castaing, laisse ce jour dans le vague. Il a dit seulement qu'il croyait être sûr que c'était du 23 au 25 de mai. Castaing, plus franc que Malassis sur ce point, a déclaré que c'était le 29 de mai, après son arrivée de Saint-Germain et avant son départ pour Saint-Cloud, que le paquet fut déposé chez Malassis.

Ce paquet renfermait le testament d'Auguste et une lettre qui contenait, assure Malassis, à peu près ces mots : « Voici le testament de Ballet. Vous êtes prié « de le conserver. Vous pouvez le lire. » Cette lettre était de la main de Castaing. Malassis assure l'avoir supprimée.

Tel est le récit fait en totalité par Malassis, et reconnu, dans sa plus grande partie, vrai par Castaing, des premières relations établies entre eux à propos du testament.

On n'a pu l'obtenir tout d'abord de Malassis. Longtemps il avait prétendu que le testament, dont il ne connaissait pas l'auteur (et en effet il est constant qu'il n'a jamais vu Auguste), lui était arrivé, sans que jamais auparavant il en eût entendu parler à qui que ce fût, par un commissionnaire qui l'avait remis au portier, et qu'il ne connaissait nullement l'auteur du billet qui l'accompagnait. Depuis Malassis, pressé par le sentiment de son propre péril, et par la nécessité qu'à la fin il a aperçue de séparer sa position de celle de Castaing, a livré à la justice tous les autres détails.

Avant d'aller plus loin, il importe de bien fixer les points principaux qui résultent du récit de Malassis.

Ils sont au nombre de quatre :

1° Castaing, vers le milieu de mai, interrogeait Malassis pour savoir si un legs fait à un médecin avant la maladie serait bon ; ce qui semblerait indiquer une *faction* future de testament.

2° Castaing, du 20 au 23 mai, vint proposer à Malassis de se faire le dépositaire d'un testament qui lui donnait 10 à 12,000 fr. de rente.

3° Castaing, dans cette même conférence, dit à Malassis que le testateur était atteint d'une maladie grave, et qu'il avait eu déjà des crachemens de sang : sur quoi il faut savoir, dès à présent, que jamais Auguste n'a craché de sang ; qu'Auguste n'était atteint, dans le mois de mai, ni ne l'avait jamais été, d'aucune maladie grave ; et que ses maîtresses, ses domestiques, ses parens et ses amis affirment *tous* qu'il se portait on ne peut mieux. Il y a même, sur la santé d'Auguste, sa propre déclaration. Il est assez remarquable que son testament commence par ces mots : *Quoique dans un parfait état de santé.*

4° Enfin, *le 29 mai*, et quelle date encore ! *le 29 mai*, à l'instant où Castaing venait d'arriver avec Auguste de Saint-Germain, à l'instant où il allait repartir avec Auguste, sans le dire à personne, pour Saint-Cloud, il vient, en grande hâte et un jour où tous ses momens avaient été remplis, déposer à Malassis le testament de Ballet, comme s'il avait su que, dans une heure, il partait pour aller enterrer Auguste à Saint-Cloud ; comme s'il avait su qu'il ne reviendrait pas de ce voyage de deux ou trois jours, sans que fût arrivé l'événement qui devait rendre nécessaire la production du testament d'Auguste ; et comme s'il avait frissonné de l'idée qu'on ne trouvât sur lui, ou du moins en sa possession, dans la situation où il allait se trouver sous peu de jours, la preuve (qu'il voulait dérober à tout le monde) qu'il connût des dispositions où l'on pourrait supposer qu'il aurait puisé, avec l'intérêt de commettre un crime, le projet et la volonté de s'en rendre coupable.

En effet, il ne faut pas se méprendre sur l'intention qui avait suggéré à Castaing cette partie de ses manœuvres.

Déterminé à empoisonner Auguste, il se disait que ce serait la source de graves soupçons contre lui que la connaissance qu'il aurait eue du testament. Il avait donc imaginé, pour tarir cette source, de remettre ce testament en d'autres mains que les siennes. De cette manière, l'événement arrivant, il disait, *comme il l'a fait*, qu'il ne connaissait pas de testament. Sa déclaration d'ignorance se renforçait de l'apparition du tiers dépositaire qui, comme l'a fait d'abord Malassis, et tant qu'il n'a pas senti le danger qu'il y avait pour lui-même à s'associer à de pareilles combinaisons, disait, de son côté, que Castaing était étranger au testament ; que le dépôt avait été fait à lui, Malassis, par l'ordre du testateur, et par une voie anonyme ; que jamais Castaing n'avait eu connaissance ni ne lui avait parlé du testament.

Toute cette combinaison perfide a été déjouée par le retour forcé de Malassis, du moins à une partie de la vérité; et la combinaison n'a fait rien autre chose que créer une charge énorme contre son artisan, en révélant ses plus secrètes pensées, et en apprenant que toutes ces mesures qui ont rempli le mois de mai, et dont la dernière, si mystérieuse et si expressive, est du 29 de ce mois, sont des préludes nécessaires et intelligens de la catastrophe connue à l'avance par Castaing, et qui devait arriver à Saint-Cloud le 1ᵉʳ juin, trois jours après.

Avant de quitter ce fait du dépôt du 29, il faut dire qu'en effet Malassis et Castaing s'accordent à affirmer qu'il s'est fait par voie de lettre, et hors de la présence l'un de l'autre. Seulement, et tout en convenant qu'Auguste n'avait jamais vu Malassis, et ne le connaissait pas, Castaing soutient qu'Auguste et lui sont allés, le 29, avant de partir pour Saint-Cloud, déposer le testament du dernier à Malassis; qu'ils n'ont pas trouvé Malassis, et qu'ils ont laissé le testament sur son bureau, avec la lettre écrite par Castaing. Cette circonstance de l'intervention d'Auguste en pareil cas est si absurde, qu'il faudrait, pour y faire croire, autre chose que la déclaration de Castaing.

Castaing ayant donc ainsi investi Malassis de sa confiance pour tout ce qui était relatif au legs universel qu'il allait recueillir, on voit à présent comment le fait des deux clefs par lui dérobées à Auguste durant les premières crises, et de leur envoi projeté à Malassis, se lie à cette confiance.

Castaing, qui savait que la caisse d'Auguste renfermait une somme de 70,000 fr., et qui, malgré ses pleurs et ses gémissemens, ne s'occupait qu'à conserver l'argent qu'il convoitait, redoutait apparemment la main-mise provisoire des héritiers, s'il les laissait se saisir, **avant l'accomplissement des formes nécessaires** à la production du testament, d'une valeur aussi facile à soustraire que des billets de banque. Il n'avait garde de vouloir laisser échapper une aussi riche proie. Le moyen qu'il imagina fut de se nantir des clefs, et de les faire passer à Malassis par Jean, en disant à celui-ci que c'était de l'ordre d'Auguste.

Le gros bon sens de Jean s'effraya de cette commission. Je craignais, dit-il naïvement, *d'être compromis :* et après la mort d'Auguste, il les remit à Castaing, qui les garda.

Castaing a continué de soutenir, dans tous ses interrogatoires, que c'était Auguste qui lui avait ordonné de les remettre à Malassis.

Ce qui résulte de tous ces faits, c'est la préoccupation constante de Castaing à Saint-Cloud, de s'assurer la proie qui lui avait coûté tant de manœuvres et de crimes à conquérir.

Cette conquête enfin était consommée : le malheureux Auguste était expiré ; et le testament, ce testament qu'il connaissait si bien, allait recevoir son exécution.

Aux approches de la mort, il avait bien fallu mander le beau-frère d'Auguste ; et comme on l'a vu, le 1er juin dans la matinée, Castaing n'avait pu retarder plus long-temps de le faire avertir. M. Martignon se transporta sur-le-champ à Saint-Cloud. D'autres amis de la famille, Lebret et Georgerat, frappés d'un tel événement, s'y rendirent aussi. Tous ils demandèrent à Castaing s'il y avait un testament à tous; il répondit qu'il l'ignorait tout-à-fait. Il dit même à Georgerat qu'il ne le croyait pas, parce qu'Auguste était un homme concentré et qui avait des idées bizarres. Il crut cependant ne devoir pas laisser ignorer à M. Martignon qu'il avait les deux clefs, et il lui fit la fable de l'ordre à lui donné par Auguste de les remettre à Malassis.

Toutefois, pendant que Castaing était livré à toutes ces conversations, il roulait bien des pensées.

La justice agissait.

On allait et venait autour de lui.

On l'examinait.

Les gens de Paris l'interrogeaient.

Il voyait trop clairement qu'on était surpris, consterné, soupçonneux, et que personne ne regardait ni la mort d'Auguste comme un événement tout simple, ni lui-même comme un homme ordinaire.

Il ne savait plus ni que résoudre, ni que faire, ni s'il convenait de produire dès à présent le testament, ni s'il ne serait pas plus sûr d'attendre. A travers ces pensées, une crainte lui vint, savoir, que Malassis, s'il était averti de la mort d'Auguste, ne prît son parti tout seul, ne déposât le testament, ne tînt quelque discours contraires à ce que Castaing avait déjà dit, ou à ce qu'il voulait dire, et ne fît enfin quelqu'action qui mît ses intérêts et ses secrets en péril. Il était donc bien important de donner des instructions à Malassis.

Castaing se mit à les tracer bien à la hâte dans un billet. Ce billet, où se trouvent plusieurs ratures et interlignes, se ressent du désordre de son ame. Il est ainsi conçu :

« Mon cher ami, Ballet vient de mourir, mais n'a-

« gissez pas encore avant demain lundi. Je vous ver-
« rai et vous dirai s'il faut agir *oui* ou *non*. Je pré-
« sume que son beau-frère, M. Martignon, grêlé de
« visage, décoré, ira vous voir. Je lui ai dit que
« j'ignorais si Ballet avait fait ses dispositions, mais
« qu'avant de mourir il m'avait chargé de vous remet-
« tre deux petites clefs que je dois vous donner moi-
« même demain lundi. Je n'ai pas dit que nous étions
« cousins, mais que je ne vous avais vu qu'une ou
« deux fois chez Ballet, avec qui vous étiez lié. En
« conséquence de cela ne dites rien avant que je vous
« aie **vu**. Mais surtout ne dites pas m'être parent. »

Bien des points sont à remarquer dans ce billet.

D'abord la sécheresse qui y règne. Dans le secret
de ce billet il n'y avait plus personne à tromper. Il
n'y avait plus de témoins à détourner de mauvaises
pensées par de l'affectation de piété, des pleurs et
des gémissemens. Le cadavre de Ballet est encore
tout chaud ; sa perte est récente ; son ami Castaing va
l'apprendre à Malassis. « Mon cher ami, Ballet vient
« de mourir. » Voilà tout ce que Castaing en dit ; voilà
toute la douleur qu'il en exprime. Il n'y a pas un mot,
dans le reste du billet, qui soit donné à l'expression
de la douleur ou du regret. Tous les mots sont pour
l'intérêt de Castaing.

En second lieu, la plus grande fluctuation d'idées
se produit à chaque ligne. « N'agissez pas encore... je
« vous verrai... je vous dirai s'il faut agir *oui* ou *non*...
« ne dites rien avant que je vous aie vu...... » Et
pourquoi donc toutes ces incertitudes ? Le testament
était entre les mains de Malassis. Le testateur était
mort. Si le testament était innocent, si la mort du

testateur était naturelle, il n'y avait pas de sujet de délibération. Malassis n'était pas le maître de le retenir. Son devoir était de le produire.

En troisième lieu, c'est en y pensant bien qu'il avait affirmé à Martignon qu'il ignorait l'existence du testament : et il en prévient Malassis pour que Malassis ne dise à personne que Castaing le connaissait ; que Castaing lui en avait parlé ; que Castaing le lui avait déposé. L'on a vu, au reste, que long-temps Malassis avait été fidèle au vœu de son ami. Même en justice, il avait commencé par bien assurer que ce n'était pas Castaing qui le lui avait déposé.

En quatrième lieu, Castaing ne dit pas à Malassis qu'Auguste lui a confié les deux clefs pour les lui remettre, mais *qu'il l'a dit* à Martignon.

En cinquième lieu, Castaing y dicte des mensonges à son cousin. « Je ne vous ai vu que deux fois chez « Ballet.... c'est avec lui que vous étiez lié... je n'ai « pas dit que nous étions cousins.... surtout ne dites « pas que nous sommes parens. »

D'où viennent donc toutes ces ruses, toutes ces craintes, tous ces mensonges, toutes ces manœuvres ? La source en est aisée à découvrir. C'est le crime qui faisait trembler le criminel, et qui lui faisait redouter que toutes les machinations relatives au testament, si elles se découvraient, ne trahissent la cause secrète de la mort du testateur.

Ce billet fait, il fallait qu'il parvînt à Malassis, et ce n'était pas ce qu'il y avait de plus facile. Il n'avait pas été écrit, au reste, pour être confié à personne. Castaing en sentait trop l'importance. C'était lui-même qui devait aller le porter, aller dire à Malassis tout ce qu'il contenait et peut-être beaucoup d'autres choses encore, et concerter avec lui leur conduite ultérieure à tous deux. Mais Malassis pouvait ne pas se trouver chez lui. Il fallait que Castaing restât peu de temps à Paris, de peur que son absence de Saint-Cloud ne fût remarquée et découverte. En conséquence, le billet avait été écrit par Castaing, pour être porté à Malassis par Castaing, et pour être laissé chez le premier par le second, dans le cas où le premier ne se trouverait pas chez lui.

Et c'est en effet tout ce qui arriva.

On se rappelle la promenade que Castaing, navré de douleur, fit le dimanche soir, deux ou trois heures après la mort d'Auguste, dans le bois de Boulogne, où il avait eu besoin d'aller prendre l'air.

Cette promenade s'était faite à Paris.

Il avait pris une voiture pour y venir en grande hâte, était venu chez Malassis, ne l'avait pas trouvé, lui avait laissé le billet, et était retourné tellement vite à Saint-Cloud, qu'on y crut en effet ce qu'il dit, qu'il avait fait un tour et pris l'air dans le bois.

Cependant il était observé. Sa conduite parut ce qu'elle était, louche, énigmatique et inexplicable. Il fût arrêté. Les plus vives anxiétés le saisirent. Au milieu de ces anxiétés, et le lundi 2 juin, Martignon lui fit demander les deux clefs dont il avait été obligé de lui parler la veille. Castaing alors vit bien qu'il fallait prendre son parti, et il répondit que, si l'on demandait ces clefs pour chercher le testament, elles étaient inutiles, parce que ce testament était entre les mains de Malassis.

Ainsi fut enfin révélée à M. Martignon l'existence

de ce testament que, la veille encore, on voulait lui cacher.

M. Martignon se rendit chez Malassis.

Malassis convint qu'il l'avait.

Malassis le déposa le lendemain.

Malassis parut à la justice un témoin précieux.

Il fut appelé.

Malassis avait reçu la lettre que Castaing lui avait apportée le 1er au soir. Cette lettre lui recommandait bien d'attendre pour faire des déclarations d'avoir vu Castaing ; et, en tout, elle s'exprimait assez mystérieusement pour que Malassis vît bien que Castaing desirait beaucoup que tout ce qui s'était passé entre lui et Malassis, l'intervention de Castaing dans le dépôt du testament, les discours qu'il lui avait tenus, les lettres qu'il lui avait écrites, ne fussent pas révélés à la justice. Mais que fallait-il dire? que fallait-il taire? Malassis n'en savait rien. Ce qu'il savait seulement, ce qu'il sentait et ce qu'il voulait aussi, parce qu'apparemment, ignorant tous les détails de cette affreuse affaire, il croyait Castaing coupable uniquement d'imprudence et de cupidité, c'était de mettre Castaing tout-à-fait à l'écart du testament. Il avait bien saisi dans le billet de Castaing que c'était ce que celui-ci desirait, et il se promit de servir son cousin en ce sens.

Il parla donc.

Mais il parla pour mentir.

Il fit le roman le plus maladroit et le plus invraisemblable.

Selon ce roman, il n'avait jamais ni vu Castaing à propos du testament, ni entendu Castaing parler du testament ni de Ballet.

Il est vrai qu'il convint aussi n'avoir ni connu ni vu Ballet.

Cela n'avait pas empêché qu'un jour il ne reçût, comme du ciel, un paquet qui contenait le testament de Ballet, et une lettre anonyme qui lui annonçait qu'il eût à le garder.

Quelques jours après, il reçut une autre lettre anonyme aussi. Elle lui apprenait la mort de Ballet.

Il n'avait pas conservé ces lettres, parce qu'il les avait jugées n'avoir nulle importance.

Il n'en connaissait pas les auteurs.

Il n'avait pas reconnu l'écriture.

Quoique lié depuis long-temps avec Castaing, il ne croyait pas que les deux lettres fussent de sa main.

Telle fut la première version de Malassis.

Il n'y persista pas long-temps.

Dès la fin même de son premier interrogatoire, en homme qui a le bonheur de ne pas savoir mentir, il fut ébranlé, et laissa échapper que véritablement il croyait que c'était Castaing qui lui avait envoyé le testament.

Cet état d'ébranlement durait encore lors de son second interrogatoire ; mais ce qui évidemment y dominait, c'était la crainte de compromettre Castaing.

Il sentit à la fin la gravité de sa position ; et c'est alors que toute sa fermeté première l'abandonnant, il se résolut à se rapprocher de la vérité, sauf à jeter un peu de vague sur les dates pour qu'elles ne devinssent pas trop offensives pour Castaing.

Dans cette détermination nouvelle il reconnut:

Que Castaing, dans le mois de mai, lui avait demandé si un testament fait au profit d'un médecin était valable;

Que, peu de temps après, il lui avait parlé d'un testament fait à son profit par un ami gravement malade et qui crachait du sang;

Qu'il lui avait dit que ce legs lui vaudrait 10 à 12,000 fr. de rente;

Qu'il lui avait proposé d'être dépositaire du testament : ce qu'il avait accepté;

Que trois ou six jours après, le testament et la lettre non signée lui étaient arrivés;

Que, le 1er juin, il reçut la lettre de Castaing qui lui apprenait la mort de Ballet;

Qu'il eut d'abord l'intention de la conserver;

Mais que M. Sené, notaire, lui ayant parlé des circonstances de la mort de Ballet, il craignit que la lettre ne compromît Castaing, et la déchira.

Voilà la seconde version de Malassis. Elle était plus vraie que la première, cependant ce n'était pas toute la vérité, comme il était facile de le voir à l'embarras qui règne encore dans cette seconde déclaration.

Il fit de nouvelles réflexions dans la nuit.

Le lendemain il rapporta la lettre du 1er juin, de Castaing, qu'il avait seulement pris la précaution de déchirer en quatre pour l'honneur de son récit de la veille.

Lors du dépôt qu'il en fit, il se rapprocha encore pour les dates plus près de la vérité. Il convint que c'était, au plutôt, du 20 au 23 mai, que Castaing lui avait parlé de lui faire le dépôt du testament.

Dans un autre interrogatoire, il a ajouté que le paquet lui a été envoyé du 23 au 25 mai, mais sans oser assurer cette date, qui, en effet, est fausse d'après les propres aveux de Castaing, puisque celui-ci est convenu qu'il est allé faire le dépôt à Malassis le 29 mai, quelques momens avant d'emmener Auguste à Saint-Cloud.

Pendant que Malassis mentait à Paris pour sauver Castaing, Castaing périssait d'inquiétude et mentait à Versailles.

On y faisait l'autopsie du malheureux Auguste.

On y constatait qu'Auguste avait été d'abord attaqué d'une assez vive inflammation de l'estomac dont la nature et les effets peuvent s'expliquer par des causes naturelles; que ces effets se sont promptement apaisés, ce qui a produit une journée de calme; mais qu'ils ont été bientot remplacés par une irritation cérébrale violente de la nature de celles qu'on nomme *arachnitis*, ou inflammation de l'arachnoïde, inflamation qui suit souvent celle de l'estomac, et qui est favorisée par l'exposition au soleil et par les passions.

Par ce procès-verbal, les médecins se contentaient de décrire les symptômes sans se prononcer sur leur cause, et sans dire si ces symptômes avaient été produits par le poison.

Depuis, la justice a desiré compléter cette opération. Elle a appelé devant elle, d'abord les deux médecins Pelletan et Pigache qui avaient procédé à l'autopsie, et ensuite sept ou huit des médecins de Paris les plus distingués par leur probité, leur haute capacité et leurs connaissances, comme MM. Chaussier, Lherminier, Laeneck, Vauquelin, Segalas, Magendie, Baruel et Orfila.

Puis, après les avoir invités à se bien pénétrer, ce

qu'ils ont fait, des observations rapportées dans l'autopsie d'Auguste, dont le procès-verbal a été livré à leurs méditations, elle leur a adressé cette question :

« Tous ou quelques-uns des phénomènes cadavé-« riques constatés par l'autopsie du corps d'Auguste « Ballet, et qui ont paru constituer une congestion « dans le cerveau, peuvent-ils aussi résulter de l'em-« ploi d'une substance délétère quelconque, et notam-« ment de l'émétique, de l'acétate de morphine et de « la strychnine?

Les dix médecins y ont *unanimement* fait cette réponse foudroyante :

« La congestion cérébrale et les autres phénomènes « cadavériques observés sur le corps d'Auguste Ballet, « et qui sont décrits dans le procès-verbal d'autopsie, « se rencontrent très-fréquemment dans les cadavres « d'individus morts de certaines maladies. *Plusieurs* « *poisons, au nombre desquels nous rangeons l'*ÉMÉ-« TIQUE, *l'*ACÉTATE DE MORPHINE *et la* strychnine, PEU-« VENT PRODUIRE AUSSI LES MÊMES ALTÉRATIONS. »

Ainsi, ces médecins consciencieux n'ont pas assuré que les symptômes dont il s'agit prouvent qu'Auguste a été empoisonné avec de l'émétique ou de l'acétate de morphine, et cela par la raison toute simple que ces deux poisons ne laissant pas de vestiges qui leur soient exclusifs, après eux, leur présence ne peut jamais être aperçue.

Mais ils ont assuré que l'acétate de morphine et l'émétique, quand ils sont employés, produisent tous les effets observés sur le corps d'Auguste.

En sorte que si Auguste a été empoisonné avec de l'émétique et de l'acétate de morphine, son corps s'est trouvé être dans l'état précisément dans lequel il devait être.

Qu'on rapproche cette réponse des médecins de tous les faits constatés, et qu'on tire la conséquence.

Durant que l'autopsie se faisait à Saint-Cloud, Castaing, au dire de tous les témoins, montrait une impatience extrême de savoir quel en serait le résultat.

Il est d'abord remarquable que, mis sous la surveillance de plusieurs gendarmes qui se sont succédé pendant vingt-quatre heures pour le garder, il a été véritablement aux petits soins avec eux, plein d'attention pour eux; les faisant dîner, souper et déjeûner avec lui; leur proposant à boire; les traitant, en un mot, de manière à ne leur inspirer pour lui que de l'affection.

C'est ainsi que, dès avant la mort d'Auguste et dans l'auberge, il avait grand soin (contre l'usage presqu'universellement pratiqué par les voyageurs qui passent plusieurs jours dans les auberges) de payer avec une grande exactitude tout ce qu'on fournissait, à son ami et à lui, au fur et à mesure des fournitures mêmes.

Ces circonstances ne peuvent pas être insignifiantes pour ceux qui ont observé la marche du cœur humain.

Il est évident que, soit avant, soit après la mort d'Auguste, Castaing voulait que tous ceux qui l'entouraient, lui Castaing, fussent contens de lui, et conçussent pour lui les préventions favorables qui naissent toujours de la bienveillance montrée à ceux dont on ambitionne, pour l'occasion, les bonnes dispositions.

Pourquoi cette espèce de captation pratiquée par

Castaing sur tous ceux qui l'entouraient? Il semble que
l'intention perce de tous côtés.

Un premier service que Castaing attendait de ses
gendarmes et des gens de l'hôtel, était de calmer les
inquiétudes qui le bourrelaient par rapport aux résultats de l'autopsie, et de lui donner ou de lui laisser prendre des informations sur tout ce qui se passait.

Il demandait en grâce aux gendarmes de lui faire
parler à M. Pelletan; de prier M. Pelletan de venir le
voir. Sur le refus d'un des gendarmes de l'avertir, il
épiait sur le pallier le nègre Jean pour lui donner le
même message. Entendant les médecins passer, il ouvrait la porte pour leur demander s'il serait retenu
toute la journée à Saint-Cloud. L'autopsie lui paraissant durer trop long-temps, il priait le greffier d'aller
quérir M. Pelletan. Sur le refus du greffier, il son-
nait les domestiques pour qu'ils lui rendissent ce bon
office. Il écrivait au crayon un petit billet pour qu'on
le portât à M. Pelletan. Enfin M. Pelletan vint. Il lui
demanda *si dans l'ouverture du cadavre il n'avait
rien trouvé qui pût être inquiétant pour lui :* bien
singulière question de la part d'un homme qui, s'il
était innocent, devait être bien sûr de son innocence,
et n'avait rien à demander qu'à sa conscience !

Visité par Georgerat et Raisson, en revenant avec
eux sur les détails de la maladie d'Auguste, sur lesquels l'interrogeaient ces deux amis, il leur disait que
c'était Auguste qui avait voulu qu'on jetât les évacuations; que, quant à lui, il ne le voulait pas, *attendu
qu'on ne savait pas ce qui pouvait arriver :* autre
bien singulière prescience des soupçons auxquels pou-

vait donner lieu une mort *qui n'était pas encore arrivée*. Du reste, il leur disait qu'Auguste était mort d'un *cholera morbus*, ou d'une fièvre cérébrale.

En retrouvant Raisson sur l'escalier, il lui disait qu'il deviendrait fou si sa position ne changeait pas. Et déjà il avait dit à Benard, le greffier de la justice de paix, que si l'inquiétude dans laquelle il était durait encore quelques jours, il en tomberait malade, et que dans ce moment même il avait la fièvre.

Ces déclarations sont d'autant plus remarquables qu'elles paraissent avoir été jetées comme autant de pierres d'attente pour une ruse nouvelle que, dans son effroi de l'issue de la procédure, et dans le desir d'assurer en toute supposition son salut, il avait imaginée. En effet, et depuis sa translation à Paris, Castaing s'est avisé de faire le fou, de manière à finir par faire douter les médecins, qui d'abord n'en avaient rien cru, s'il ne l'était pas réellement. Son genre de folie consistait à boire son urine et à s'abstenir de tous alimens. Au bout de trois jours il se lassa de cette manière d'être. Il revint ou parut revenir à la raison, sans plus persister dans cet état qui, vrai ou simulé, est plus propre à l'accuser qu'à le justifier, puisque les innocens, à propos d'une accusation, ne deviennent pas ordinairement fous, et surtout ne feignent jamais de le devenir.

Les agitations de Saint-Cloud ne le quittèrent pas lorsqu'il en sortit pour aller à Versailles.

Elles le suivirent sur la route. « Est-ce devant M. le « procureur du roi qu'on me conduit ? » demandait-il au gendarme Riache qui l'accompagnait. « Dieu seul « peut me rendre justice, » ajoutait-il.

Elles le suivirent dans les prisons de Versailles. A peine y fut-il arrivé qu'il chercha et trouva un prisonnier qui pût recevoir ses confidences et l'aider à combattre les difficultés de sa position. Deux ou trois idées pesaient principalement sur son imagination et semblaient le pénétrer de terreur. Il craignait, par-dessus tout, qu'on ne découvrît ses manœuvres par rapport au testament d'Hippolyte, et les achats de poison qu'il avait faits à Paris. Il craignait que les médecins qui avaient eu occasion de voir Hippolyte dans les derniers jours de sa vie, ne l'eussent ouï parler de son testament, ou de ce qui pouvait s'y rapporter. Il craignait aussi que les pharmaciens chez qui il avait acheté de si singuliers poisons, à des époques si suspectes, ne le déclarassent à la justice. Il aurait bien voulu trouver un moyen d'arriver à toutes ces personnes pour les supplier de ne rien dire si elles étaient interrogées. Il sentait bien qu'il ne pouvait rien faire à cet égard personnellement, que ses démarches étaient éclairées et probablement sa correspondance visitée. Un autre prisonnier, qui ne le serait pas pour un délit grave, pouvait devenir un intermédiaire précieux. Il crut rencontrer cet intermédiaire dans un sieur Goupil, compagnon de sa captivité, mais qui n'était poursuivi que pour un délit fort léger, et dont les démarches ou les lettres n'étaient pas, par conséquent, soumises à une grande surveillance. Il lui fait donc, sauf l'aveu de ses crimes, toutes ses confidences sur sa triste situation; sur la résolution qu'il avait prise de se suicider par un moyen très-subtil et très-doux, si l'autopsie avait été à charge contre lui; sur son commerce avec une femme dont il avait **eu deux enfans**; sur l'amitié qui l'avait lié avec les deux Ballet; sur les soupçons qui se rattachaient à lui, et par rapport au testament du premier, et par rapport à la mort presque subite du second; sur les 100,000 fr. qu'il possédait et qui lui venaient d'un oncle; sur les placemens qu'il en avait faits et qu'il lui détailla; sur les poisons qu'il avait en sa possession; sur ceux qu'il avait achetés dernièrement; sur le grand danger qu'il y avait pour lui, que beaucoup de ces faits fussent connus, et sur son grand intérêt d'obtenir de ceux qui les connaissaient, de vouloir bien se taire. Il proposa à Goupil de se charger d'écrire à la mère, de lui Castaing' pour qu'elle fît auprès d'eux toutes les démarches propres à les persuader d'accéder à ce vœu. Goupil y consentit. Il écrivit à la mère de Castaing, et celle-ci en est convenue; puis, tourmenté du poids de ces singulières confidences, il les a transmises à la justice.

Enfin, ces mêmes agitations le poursuivirent dans les prisons de Paris. Là encore il s'occupa de nouer des intrigues analogues avec des prisonniers pour qu'ils écrivissent à Chevalier de ne pas dire que c'était de l'acétate de morphine que Castaing avait acheté chez lui. Là aussi, ne sachant plus comment sortir du chaos inextricable de contradictions et de mensonges versés dans ses divers interrogatoires, il prit le parti de contrefaire le fou.

On vient de dire que ses interrogatoires fourmillent de contradictions et de mensonges.

Il est impossible, en finissant, de ne pas relever les plus grossiers.

Ainsi, il a dit qu'Auguste, avant le voyage de Saint-

Cloud, s'était plaint de mal de tête et de mauvaises dispositions de santé, quoique tout le monde, et lui-même dans son propre testament, assurât qu'il jouissait de la santé la plus florissante.

Ainsi, il a soutenu que c'était Auguste qui avait demandé le vin chaud : tous les témoins le démentent ;

Que c'était la dame Cornaille qui lui avait dit d'aller voir Bouteiller, quand ce vin chaud fut versé à Auguste : la dame Cornaille dit qu'il n'en est rien ;

Que c'est Auguste qui a demandé le lait : et personne ne l'a entendu, et tout le monde a entendu Castaing le demander ;

Que lui, Castaing, a demandé du lait chaud ; et il est constaté qu'il a demandé du lait froid, et qu'on lui a donné du lait froid ;

Qu'il n'avait jamais dit qu'Auguste fût malade ou mort d'un *cholera morbus* : et plusieurs témoins en déposent ;

Que c'était de la morphine seulement qu'il a achetée le samedi matin : et la preuve est acquise qu'il a acheté de l'acétate de morphine ;

Qu'il a jeté, dans les latrines de la Tête-Noire, la morphine et l'émétique par lui achetés à Paris : et la vidange des fosses a prouvé qu'il n'en est rien ;

Qu'il n'a jamais parlé de maladie grave et de crachemens de sang à propos d'Auguste et du testament, à Malassis : et Malassis affirme le contraire ; on pourrait même dire que Castaing corrobore cette affirmation par la manière équivoque dont il se défend ; car il dit qu'il a pu parler à Malassis d'hémorroïdes, ce de flux hémorroïdal qu'aurait eu Auguste ; et qui, pour les hommes qui comprennent, équivaut à un aveu de la part de Castaing, d'avoir en effet entretenu Malassis d'un événement probable qui donnerait prochainement ouverture à l'exécution du testament;

Qu'il n'a remis les clefs à Jean qu'après la mort : et Jean assure qu'il les lui a remises avant d'avoir donné la cuillerée de potion;

Qu'il n'a pas consulté Chevalier sur les effets des poisons végétaux : et Chevalier le dément;

Qu'il n'a pas dit à Goupil qu'il tenait les 100,000 fr. d'un de ses oncles : et Goupil le dément;

Qu'il n'a pas proposé à deux personnes de la Force d'écrire à Chevalier, pour l'inviter à dire qu'il n'a livré à Castaing que de la morphine : et ces prisonniers viennent affirmer à la justice qu'il le leur a dit, et avec des détails qu'évidemment ils ne peuvent tenir que de lui, et qui servent de garantie à la véracité de leurs témoignages;

Qu'il n'avait jamais donné à Auguste le conseil d'acheter 100,000 fr. le testament d'Hippolyte; jamais dit à Auguste que sa sœur avait offert 80,000 fr. pour qu'on fît valoir ce testament; jamais dit qu'il eût caché Hippolyte dans une alcôve, pour le faire assister à une conversation avec le clerc de notaire qui assurait ce fait; jamais dit à la demoiselle Percillé qu'Auguste était si méfiant, qu'il avait craint de lui confier les 100,000 fr. qu'il fallait compter à Lebret : et la demoiselle Percillé et les autres témoins le lui ont soutenu en face.

Voilà quelques-uns des mensonges de Castaing qu'il n'a pas rétractés, quoique tous les genres de preuves s'élèvent contre lui pour lui prouver qu'il ment.

En voici d'autres sur lesquels il a fini par se donner à lui-même les plus formels démentis.

Il n'avait pas eu connaissance, à l'en croire, d'aucun testament qu'eût fait Hippolyte. Il est convenu qu'il savait qu'il en avait fait un ; il a même assuré qu'il l'avait brûlé devant lui.

Il avait nié d'être allé, avec Auguste et Prignon, à la Banque de France, où Auguste allait prendre les 100,000 fr. qu'il a remis à Castaing. Il l'a confessé depuis.

Il avait bien assuré qu'il ne possédait rien au monde que la pension que lui faisait sa mère ; et peu de momens après, vaincu par l'évidence, il n'a pu s'empêcher d'avouer qu'il possédait 100,000 fr.

Il avait repoussé avec énergie, repoussé deux fois la supposition qu'il eût rien reçu ni d'Hippolyte, ni d'Auguste, à l'occasion de la succession du premier ; et quand il a vu qu'on savait tout, il est tombé d'accord qu'il avait reçu 100,000 fr. d'Auguste, en faisant un conte ridicule pour expliquer les causes de ce don.

Il avait dit connaître à peine Malassis, ne lui avoir jamais parlé ni du testament d'Auguste, ni de rien qui s'y rapportât ; ne lui avoir pas fait le dépôt du testament ni écrit la lettre qui parlait de ce dépôt ; ne lui avoir jamais ni écrit de lettre de Saint-Cloud, ni appris la mort d'Auguste : et il n'avait pas fini d'articuler tous ces mensonges, que, voyant ou croyant tout découvert, il est convenu de tout ; et des conversations du mois de mai, relatives au testament ; et du dépôt qu'il avait fait de ce testament ; et de la lettre écrite par lui à Malassis à ce sujet ; et de la lettre par lui écrite à Malassis, pour lui apprendre la mort d'Auguste, et pour lui donner des instructions.

Même, dans ces dernières confessions, il avait menti encore, et placé le dépôt du testament à l'époque du 18 mai; mais il est revenu presque sur-le-champ à la vérité, en confessant qu'il avait effectué ce dépôt le jour même, et pour ainsi dire à l'instant de son départ avec Auguste pour Saint-Cloud.

Il avait dit qu'il n'était sorti le samedi à quatre heures du matin que pour aller faire un tour de promenade. Il a dit qu'il avait menti, et qu'il était venu à Paris acheter du poison.

Il avait dit enfin qu'il n'avait pas quitté Saint-Cloud le dimanche soir, et que si on l'avait perdu quelques instans de vue, c'est qu'il était allé prendre l'air dans le bois de Boulogne. Il a avoué qu'il était venu à Paris apporter à Malassis la lettre d'instruction.

Ici finit l'exposé de cette terrible affaire.

Les charges qui s'élèvent contre Castaing, en résumé sont les suivantes :

Quant à l'empoisonnement d'Auguste :

1. Dès sa jeunesse, sa propre mère disait de lui des horreurs.

2. Son père se plaignait avec amertume de sa conduite.

3. Il tenait une très-mauvaise conduite, avait une maîtresse et des enfans.

4. Privé de toute fortune, cette mauvaise conduite même lui avait imposé de vastes besoins auxquels il ne savait comment subvenir.

5. Il était dévoré cependant d'un ardent désir de faire fortune.

6. Déjà cette soif de l'argent lui avait inspiré les plus mauvaises pratiques pour voler 100,000 f. à Auguste.

7. Il avait obtenu, on ne sait comment, d'Auguste, un testament où celui-ci l'avait institué son légataire universel, et il puisait dans ce testament un grand intérêt d'ouvrir la succession.

8. Il mettait une grande sollicitude à veiller sur elle pour qu'elle ne dépérît pas, et tout porte à croire qu'est de lui la lettre anonyme qui gourmandait Auguste sur l'excès de ses dépenses.

9. Il fallait que ses projets sur la fortune d'Auguste eussent bien alarmé les amis de celui-ci, puisque la demoiselle Percillé détournait Auguste de Castaing, et disait au premier. *Ne te sers pas de Castaing, il sera cause de ton malheur.*

10. Depuis du temps déjà Castaing faisait provision de poisons, et, par préférence, de poisons végétaux, et notamment d'acétate de morphine.

11. Castaing s'était occupé de l'étude des poisons, et il savait que l'acétate de morphine ne laisse pas de traces après lui.

12. Vers le mois de mai dernier, il y avait une espèce de refroidissement entre les deux amis. Auguste voulait même, pour échapper à la nécessité de rencontrer aussi souvent Castaing, dont il était le voisin, changer de logement.

13. Dans ce même mois, Castaing se préoccupa beaucoup du testament et de ses suites. Une première fois il alla chez Malassis pour savoir si un testament au profit d'un médecin était valable.

14. Une seconde fois, il alla le prier de recevoir le dépôt de ce testament.

15. Dans cette dernière conférence, il dit à Malassis que le testateur était attaqué d'une maladie grave, et qu'il avait craché plusieurs fois du sang, ce qui *était absolument faux*.

16. Peu de jours après cette convention de dépôt et ces discours étranges, il lie avec Auguste une partie de campagne pour Saint-Germain et pour Saint-Cloud.

17. Castaing, qui avait des malades, et qui exerce une profession dont les premières conditions sont la résidence et l'assiduité, sans motif grave, consent à cette course qui va l'enlever plusieurs jours à ses malades.

18. Ils partent pour ce petit voyage le 29 mai au matin, et vont d'abord à Saint-Germain-en-Laye. Ils partent seuls, et par les petites voitures, quoique Auguste eût trois chevaux, des voitures et des domestiques, qui, pendant ce temps-là, ne faisaient rien.

19. Ils reviennent de Saint-Germain le 29 mai dans l'après-dînée, et repartent le soir, toujours dans les petites voitures, eux deux seuls et sans domestiques.

20. Dans l'intervalle des deux courses, Castaing va chez lui, quoique nul motif apparent ne semblât devoir l'y déterminer, puisqu'il arrivait avec Auguste, et qu'il allait repartir avec Auguste.

21. Castaing avait chez lui des poisons, et notamment de l'acétate de morphine; on en a même retrouvé encore en quantité, lors de la perquisition faite chez lui.

22. Castaing, entre les deux courses, va aussi chez

Malassis ; il ne le trouve pas ; il n'en laisse pas moins un paquet pour lui qui contient le testament d'Auguste et une lettre sans signature.

23. Il est même évident, par la conduite ultérieure et de Castaing et de Malassis, qu'il avait été entendu entre eux que, pour quelque cause que ce soit, Castaing paraîtrait ni n'avoir jamais parlé à Malassis du testament et du testateur, ni encore moins avoir fait le dépôt du testament.

24. Auguste et Castaing arrivèrent le 29 mai à Saint-Cloud. De ce moment, ils ne se quittent plus. Le 30 mai, toute la journée, ils se promènent ensemble. Le soir du 30 mai, ils rentrent à l'auberge de la Tête-Noire. Castaing demande du vin chaud pour son ami.

25. Il recommande en même temps de ne pas donner de sucre. Il avait acheté, dit-il, du sucre dans ses promenades.

26. Castaing avait même acheté du citron, ce qui pouvait être utile pour neutraliser dans le vin chaud une saveur amère, si on y mettait un ingrédient d'une telle saveur ; et la saveur de l'acétate de morphine est amère.

27. Le mélange du sucre et du citron se fait dans le vin sans témoins.

28. A peine ce mélange est-il fait, que Castaing quitte la pièce et monte chez un domestique de l'hôtel à qui il ne prescrit rien.

29. Castaing dit qu'il y était monté sur l'invitation de la maîtresse de l'hôtel, et la maîtresse de l'hôtel le nie.

30. Auguste trouve son vin tellement amer qu'il

ne peut en boire beaucoup. Du vin , du sucre et du citron n'auraient pas dû être amers. Il en était autrement si on y avait mêlé de l'acétate de morphine.

31. Il paraît qu'Auguste, repoussé par cette amertume, but fort peu de vin ; Castaing l'a dit ainsi. Peut-être fut-ce son salut. Il a néanmoins une nuit très-agitée ; le matin, il est hors d'état de se lever.

32. Dès quatre heures du matin qui suit cette nuit, Castaing va éveiller les gens de l'hôtel pour qu'on lui ouvre les portes. Il veut, dit-il, aller se promener dans le parc.

33. Il revient, et il dit qu'il est allé se promener dans le parc. Il ment ; il était allé à Paris pour y acheter de l'émétique et de l'acétate de morphine.

34. Il avait de ces poisons chez lui ; et ce n'est pas chez lui qu'il va les prendre, comme cela eût été naturel s'il n'y avait eu rien que d'innocent dans sa course. Il va les acheter chez des apothicaires.

35. Il va acheter l'émétique (12 grains) chez l'un, et le demi-gros d'acétate de morphine chez l'autre, au lieu de les acheter chez le même, comme cela eût dû être s'il n'y avait pas de mystère dans ses actions.

36. Chez l'apothicaire où il achète l'émétique , il n'est pas connu : il ne se fait pas connaître. Il paraît avec une ordonnance du docteur Castaing, et paraît être un commissionnaire.

37. On lui fait des observations sur l'énorme quantité qu'il demande. C'est , dit-il, pour l'administrer en lavage , selon la méthode du docteur Castaing.

38. Chez l'autre pharmacien, quoiqu'il y soit connu, on lui demande ce qu'il veut faire d'un demi-gros d'une

telle substance. Il répond que c'est pour faire des expériences sur les animaux.

39. Long-temps en justice il nie cette course ; et
quand il est forcé de la confesser, il prétend qu'il a
acheté ce poison à la prière d'Auguste pour le délivrer
du bruit des chats et des chiens de l'auberge ; et pas
un seul des gens de l'auberge n'a entendu ce bruit.

40. Revenu avec ce poison, il ne s'en est pas servi
pour les chats. Il en convient. Depuis, on lui demande
ce qu'il en a fait; il assure qu'à son retour, effrayé
des nouveaux symptômes du mal d'Auguste, il a jeté
le poison dans les latrines.

41. On ouvre les latrines, et on n'y trouve ni poison, ni enveloppes, ni boîte, ni nulle trace.

42. Ce poison était bien extraordinairement choisi
pour des chats et des chiens ; il n'y avait rien à cacher
sur les causes de leur mort : de l'arsenic était aussi
bon ; un médecin aurait trouvé de l'arsenic partout,
même à Boulogne.

43. Revenu avec ce poison, il demande sur-le-
champ du lait pour Auguste.

44. Il veut du lait *froid.*

45. Il le fait prendre à Auguste.

46. Aussitôt qu'Auguste a bu ce lait, les vomissemens et les évacuations de toutes sortes arrivent.

47. Castaing, *médecin,* les fait ou les laisse jeter :
il n'en est pas resté une seule qu'on pût soumettre au
médecin.

48. En les faisant jeter, il lui vient, à ce qu'il assure, une singulière idée, celle d'en éprouver du regret, parce qu'on ne sait pas, disait-il, ce qui peut
arriver.

49. Au milieu des vomissemens de son ami, il est encore pressé de sortir, comme il l'avait été déjà le matin. Il sort, et il le laisse aux soins de la servante de l'hôtel.

50. Il rentre. Auguste demande un médecin; il lui en propose un de Paris.

51. Il en vient un du lieu. Celui-ci apprend que Castaing est médecin; il l'invite à prescrire des médicamens : Castaing le refuse.

52. Castaing prie ce médecin, M. Pigache, d'écrire ses ordonnances; il les fait retirer avec soin, et les conserve, apparemment pour prouver qu'Auguste a eu un autre médecin que lui.

53. M. Pigache offre de revenir; Castaing le refuse.

54. Castaing ne veille pas à faire exécuter les prescriptions de M. Pigache, et elles ne sont pas exécutées.

55. M. Pigache revient cependant; il trouve les symptômes empirés; il saigne par les sangsues et la lancette : il en résulte un mieux; il propose de recommencer : Castaing l'en détourne.

56. Castaing, apparemment par l'ordre d'Auguste, mande un domestique et une voiture de Paris. Mais, de sa main, il prescrit de la manière la plus expresse, au nom d'Auguste, de cacher la maladie, et de ne laisser venir personne à Saint-Cloud.

57. Ce domestique arrive. Il lui remet deux clés d'Auguste, dont l'une est celle de sa caisse où est une très-grosse somme, et il lui dit de les porter à Malassis.

58. M. Pigache avait commandé une potion calmante : Castaing en administre une cuillerée; le ma-

lade, trois minutes après, tombe dans l'agonie, et perd connaissance pour ne plus la recouvrer.

59. M. Pigache veut avoir un médecin de Paris. Castaing pense qu'il faut attendre, et l'on attend.

60. M. Pigache conseille l'extrême-onction : Castaing va la chercher; la cérémonie s'accomplit. Castaing fait montre d'une piété peu commune.

61. M. Pigache et l'autre médecin qui vient de Paris sont frappés de la marche extraordinaire de cette maladie.

62. Le malheureux Auguste expire. Castaing répand des pleurs et pousse des gémissemens.

63. Sans perte de temps, du milieu même de ces prétendus gémissemens, il envoie une lettre anonyme à Malassis pour lui apprendre la mort, et lui prescrire de l'inertie, du mystère et des mensonges relativement au testament; il lui arrange même des fables qu'il devra répéter à M. Martignon.

64. Lui-même il se dérobe à tous les regards, et il se rend à Paris chez Malassis qu'il ne trouve pas : il lui laisse sa lettre.

65. Il revient à Saint-Cloud, et fait croire qu'il a pris l'air dans le bois de Boulogne dont il n'est pas sorti.

66. Avant tout cela, il avait été interrogé sur l'existence du testament; il avait nié qu'il le connût.

67. Interrogé depuis, en justice, pour savoir s'il a écrit à Malassis le jour de la mort, pour la lui apprendre, et s'il est venu à Paris, il le nie.

68. Forcé depuis d'en convenir, il fait le conte le plus absurde, et soutient qu'il n'a écrit à Malassis la lettre et tout ce qu'elle contient, que par ordre d'Auguste, qui ne connaissait pas Malassis.

69. A l'instant même de la mort, tout le monde en soupçonne la cause ; les médecins la proclament extraordinaire : ils invoquent la surveillance de la justice.

70. Cette surveillance observe tout d'abord Castaing. On le met sous la garde des gendarmes ; il les comble d'attentions, de prévenances, les fait boire et manger. Jusque là il avait eu une attention extrême à contenter tout le monde de l'auberge. Il payait tout avec la plus sévère exactitude, et au fur et à mesure des fournitures.

71. Pendant les opérations de justice, il est très-inquiet et très-agité.

72. Pendant l'autopsie, il s'épuise de mouvemens, de sollicitations et de démarches pour en connaître le résultat.

73. Il cherche à répandre l'opinion qu'Auguste est mort d'un *cholera morbus* ou d'une congestion au cerveau.

74. Les médecins trouvent sur le corps d'Auguste tous les symptômes qui doivent y être, si Auguste est mort empoisonné par de l'émétique ou de l'acétate de morphine, quoiqu'ils ne puissent pas assurer que telle soit la cause de la mort.

75. Durant sa translation à Versailles, dans les prisons de cette ville, dans celles de Paris, il cherche des confidens et des émissaires pour avoir les moyens d'obtenir des pharmaciens chez qui il a acheté des poisons, de n'en pas convenir.

76. Enfin, pendant quatre jours, il fait le fou.

Quant à la vente du testament d'Hippolyte :

1. L'immoralité de Castaing ;

2. Ses vastes besoins nés de cette immoralité ;

3. L'existence certaine du testament d'Hippolyte à une époque rapprochée de sa mort;

Il en avait parlé à Lebret, à Raisson, à Bidault. Auguste et Castaing lui-même ont dit qu'il avait existé.

4. Castaing se vante à Auguste d'avoir fait supprimer le double qui était en la possession d'Hippolyte, et il parle, en termes généraux, d'un autre double qui doit être quelque part.

5. La veille même du jour où Hippolyte tombe malade, Castaing persuade à Auguste que Madame Martignon a promis au dépositaire 80,000 fr. si le testament est bon, et il annonce qu'il fera des démarches auprès de lui.

6. On ne laisse voir personne à Hippolyte pendant sa courte maladie.

7. Peu de jours après, Castaing propose à Auguste de payer 100,000 fr. à Lebret pour anéantir le testament.

8. Le jour même de la mort d'Hippolyte, Castaing fait une course chez Lebret.

9. Il revient. Auguste écrit de la maison même de son frère qui vient d'expirer, qu'il lui faut 100,000 francs *dans la journée*.

10. La lettre est mystérieuse. Auguste recommande de la déchirer.

11. Le 7 octobre, l'agent de change vend des effets appartenant à Auguste pour 100,000 fr.; et il lui donne de suite un mandat de 100,000 fr. sur la banque de France.

12. Auguste, Castaing et Prignon vont ensemble le

8 octobre à la Banque. Auguste reçoit le mandat. En remontant en voiture il montre les billets à Castaing, et lui dit : Voilà les 100,000 fr.

13. Long-temps Castaing nie sa présence en cette circonstance. Il la confesse à la fin.

14. En sortant de la Banque, Castaing et Auguste vont chez Lebret.

15. Castaing y monte seul.

16. Dans cette même journée, Auguste dit à Prignon qu'il a jeté 100,000 fr. par la fenêtre et que c'est pour hériter de son frère.

17. Dans cette même journée, Auguste dit à la demoiselle Percillé qu'il a terminé avec Lebret; qu'on lui a livré le testament de son frère; et il en montre même le cachet.

18. Auguste a dit à plusieurs personnes qu'il avait agi ainsi par les conseils de Castaing.

19. Castaing a même reproché à Auguste l'indiscrétion de s'être confié à la demoiselle Percillé.

20. Auguste a dit à d'autres témoins qu'il avait fait compter cette somme de 100,000 fr. par Castaing, et Castaing s'est plaint de ce qu'Auguste avait eu toutes les peines du monde à la lui confier.

21. Malgré les recherches les plus exactes, on ne peut découvrir que la fortune de Lebret ait augmenté d'un sol vers ce temps.

22. Castaing, peu de semaines auparavant, n'avait pas un denier à lui. Il n'avait pu payer qu'avec les plus grands efforts, en mai 1822, une misérable dette de 600 fr. créée depuis 4 ans, exigible depuis deux.

23. Le 11 octobre 1822, Castaing prêtait à sa mère 30,000 fr. sans intérêts pendant 15 ans.

24. Le 14 du même mois, il prêtait à sa maîtresse 4,000 fr. sans intérêts pendant 4 ans.

25. Le 14 du même mois, il achetait pour 66,000 fr. d'effets publics.

En tout cent mille francs.

26. Castaing mettait ses inscriptions sous le nom même de son agent de change.

27. Interrogé bien long-temps depuis en justice sur sa fortune, Castaing déclare qu'il n'a rien au monde pour vivre que la pension que lui fait sa mère.

28. Interrogé s'il a jamais rien reçu d'Auguste, à l'occasion de la succession d'Hippolyte, il le nie. Il le nie plusieurs fois. Il le nie avec force.

29. Interrogé de nouveau s'il est allé le 8 octobre à la Banque et chez Lebret, il le nie.

30. Il convient enfin qu'il est allé à la Banque; mais, pour rester étranger aux 100,000 fr. de ce jour, il fait le conte le plus ridicule sur le motif particulier qu'il avait eu de s'associer à cette course.

31. Après avoir tout nié, et la course à la Banque et la course chez Lebret, et d'avoir rien reçu d'Auguste, il convient avoir reçu en octobre les 100,000 fr. dont l'emploi est ci-dessus spécifié : et il fait un nouveau conte encore plus absurde que l'autre pour expliquer les causes de ce prétendu don.

32. Auguste a été surpris de voir Castaing placer 8,000 fr., quoique Castaing prétende qu'il lui en avait donné 100,000.

33. Castaing, dans sa prison, a dit que les 100,000 fr. lui venaient d'un de ses oncles, quoique le fait ne soit pas vrai.

34. Enfin, Castaing a voulu faire agir auprès de ceux

qu'il croyait avoir pu recueillir, de la bouche même d'Hippolyte, quelques détails sur son testament, pour obtenir leur silence.

Quant à l'empoisonnement d'Hippolyte :

1. L'immoralité de Castaing ;

2. Ses besoins pressans ;

3. La nécessité de se défaire d'Hippolyte pour vendre son testament à Auguste ;

4. L'urgence de s'en défaire pour qu'il ne changeât pas de volonté, et pour qu'il n'entrât pas en explication avec madame Martignon ;

5. Castaing vivait dans la plus grande intimité avec Hippolyte. Il mangeait avec lui.

6. Castaing était son médecin ordinaire.

7. Castaing s'occupait beaucoup alors de poisons.

8. Sa conversation avec M. Chevalier sur les effets des poisons végétaux.

9. La connaissance qu'il avait de l'imperceptibilité de leurs effets.

10. Dix-sept jours avant la mort d'Hippolyte, il achète de l'acétate de morphine.

11. La veille même du jour où il tombe malade, Castaing fait à Auguste la fable des 80,000 fr. promis par madame Martignon, si le testament d'Hppyolite est valide ; fable évidemment inventée pour préparer une proposition ultérieure à Auguste de l'acheter moyennant 100,000 fr.

12. Hippolyte meurt aussi en quatre jours.

13. Les symptômes constatés par l'autopsie d'Hippolyte conviennent aussi bien à l'empoisonnement par

de l'acétate de morphine qu'à une fluxion de poitrine.

14. L'hypocrisie de Castaing, qui paraissait un ami affligé quand il n'était que le spoliateur de la succession de celui qu'il pleurait.

15. Sa cupidité insensible et barbare qui lui faisait conclure le marché de la destruction du testament de l'ami qui venait d'expirer, à côté du lit même où il rendait le dernier soupir.

Dans ces circonstances, Edme-Samuel Castaing est accusé :

* Voir l'exposé des chefs d'accusation, page 225.

ARRÊT.

Vu par la Cour, l'arrêt rendu le vingt-six août mil huit cent vingt-trois, par la Cour royale de Paris, chambre d'accusation, qui ordonne la mise en accusation et le renvoi devant la Cour d'assises du département de la Seine de Edme-Samuel Castaing, âgé de vingt-sept ans, médecin, né à Alençon département de l'Orne, demeurant à Paris, rue d'Enfer, n° 3 1, taille de cinq pieds, cheveux et sourcils blonds, front rond, yeux bleus, nez pointu, bouche moyenne, menton rond, visage ovale et coloré;

L'acte d'accusation dressé le premier septembre mil huit cent vingt-trois par le procureur général contre Edme-Samuel Castaing, duquel acte il résulte qu'il est accusé 1°. D'avoir, dans les premiers jours du mois d'octobre mil huit cent vingt-deux, à l'aide de substances pouvant donner la mort, attenté à la vie de Daniel-Hippolyte Ballet;

2°. D'avoir, à la même époque, de complicité avec Claude-Louis-Auguste Ballet, décédé, détruit volontairement, un titre contenant les dispositions de dernière volonté dudit Daniel-Hippolyte Ballet;

3°. D'avoir, dans les derniers jours du mois de mai, et le premier juin mil huit cent vingt-trois, à l'aide de substances pouvant donner la mort, attenté à la vie dudit Claude-Louis-Auguste Ballet;

Le procès-verbal de signification tant dudit arrêt que dudit acte d'accusation, faite le vingt-neuf octobre dernier audit Edme Samuel Castaing, et de la remise de sa personne en la maison de justice près la Cour;

La déclaration du jury portant:

Sur la première question : Non, l'accusé n'est pas coupable d'avoir attenté à la vie de Daniel-Hippolyte Ballet,

Sur la seconde question : Oui, l'accusé est coupable d'avoir détruit volontairement, de complicité avec Louis-Auguste Ballet décédé, un titre contenant les dispositions de dernière volonté de Daniel-Hippolyte Ballet;

Sur la troisième question, à la majorité de sept voix contre cinq : Oui, l'accusé est coupable d'avoir, dans les derniers jours du mois de mai et le premier juin mil huit cent vingt-trois, à l'aide de substances pouvant donner la mort, attenté à la vie dudit Claude-Louis Auguste Ballet.

Vu enfin l'arrêt de la Cour, étant ensuite de la déclaration du jury, portant qu'à l'unanimité elle se réunit à la majorité des jurés, sur la question par eux affirmativement résolue à la simple majorité.

La Cour, après avoir entendu M. de Broé, avocat général, pour le procureur général, en son réquisitoire pour l'application de la loi, l'accusé en ses observations, et en avoir délibéré;

Attendu qu'il résulte de la déclaration du jury et de l'arrêt de la Cour étant ensuite, que Edme-Samuel Castaing s'est rendu coupable;

1°. D'avoir détruit volontairement, de complicité,

un titre contenant les dispositions de dernière volonté
de Daniel-Hippolyte Ballet;

2° D'avoir, dans les derniers jours du mois de mai
et le premier juin dernier, à l'aide de substances pouvant donner la mort, attenté à la vie de Claude-Louis-
Auguste Ballet;

Crime et délit prévu par les articles 439, 301, et
302 du Code Pénal;

Faisant application desdits articles, ensemble de
l'article 12 du même Code, desquels articles il a été
fait lecture par le président, et qui sont ainsi conçus,
savoir :

L'article 439 : « Quiconque aura volontairement
« détruit d'une manière quelconque des registres,
« minutes ou actes originaux de l'autorité publique,
« des titres, billets, lettres de change, effets de com-
« merce ou de banque, contenant ou opérant obliga-
« tion, disposition ou décharge, sera puni ainsi qu'il
« suit :

« Si les pièces détruites sont des actes de l'autorité
« publique, ou des effets de commerce ou de banque,
« la peine sera de la réclusion;

« S'il s'agit de toute autre pièce, le coupable sera
« puni d'un emprisonnement de deux ans à cinq ans,
« et d'une amende de cent francs à trois cents francs; »

L'article 301 : « Est qualifié empoisonnement tout
« attentat à la vie d'une personne par l'effet de sub-
« stances qui peuvent donner la mort plus ou moins
« promptement, de quelque manière que ces substan-
« ces aient été employées ou administrées, et quelles
« qu'en aient été les suites; »

L'article 302 : « Tout coupable d'assassinat, de par-

« ricide, d'infanticide et d'empoisonnement, sera puni
« de mort, sans préjudice de la disposition particulière
« contenue en l'article 13, relativement au parricide; »

L'article 12 : « Tout condamné à mort aura la tête
« tranchée; »

Condamne Edme-Samuel Castaing à la peine de mort;

Ordonne qu'il sera exécuté conformément à l'article
12 précité.

Et statuant sur les conclusions prises à l'audience
par Mᵉ Coche, avoué des sieur et dame Martignon, négocians, demeurant à Paris, rue Bourg-l'Abbé, n° 26,
parties civiles au procès, tendantes à ce qu'il plaise à
la Cour déclarer nul et de nul effet, en ce qui con-
cerne Castaing, le testament d'Auguste Ballet, en date
en apparence du premier décembre mil huit cent
vingt-deux, ou en tous cas le déclarer indigne du legs
universel qui y est contenu à son profit;

En conséquence le condamner, même par corps, à
rendre et restituer tout ce qu'il pourrait avoir touché
de la succession d'Auguste Ballet;

Ensemble le condamner, même par corps, à rendre
et restituer la somme de cent mille francs que Castaing est reconnu avoir frauduleusement obtenue dudit Auguste Ballet, comme prix de la destruction du
testament d'Hippolyte, et le condamner en outre en
tous les frais du procès sous toutes réserves;

Le Ministère public entendu sur ce, ainsi que l'accusé;

La Cour, après en avoir délibéré;

Attendu que, par la destruction du testament d'Hippolyte Ballet, Castaing a causé à la partie civile un
préjudice qu'il doit réparer;

En ce qui touche la demande en nullité du testament d'Auguste Ballet :

Attendu que la Cour n'est compétente que pour statuer sur les restitutions et dommages-intérêts ;

Condamne Edme-Samuel Castaing à payer aux sieur et dame Martignon, parties civiles, la somme de cent mille francs ;

Et pour le surplus des demandes de la partie civile, la renvoie devant les juges qui en doivent connaître ;

Et conformément à l'article 368 du Code d'instruction criminelle, condamne ledit Castaing aux frais du procès et de l'intervention, liquidés, ceux faits à la requête du Ministère public, à la somme de dix-huit cent quatre-vingt-quatre francs, et ceux de la partie civile à la somme de............. en ce non compris le coût, enregistrement du présent arrêt.

Ordonne que le présent arrêt sera imprimé et affiché dans le mode déterminé par la loi, et exécuté à la diligence du procureur général du Roi, en ce qui touche l'action publique.

Fait et prononcé au Palais de Justice à Paris, le dix-sept novembre mil huit cent vingt-trois, en l'audience publique de la Cour, où siégeaient M. Hardoin, président ; MM. Busson, Leschassier-de-Mery, Mars et Bergeron d'Anguy, conseillers ; lesquels ont signé le présent arrêt avec Me Grandin, greffier.

AFFAIRE

PAPAVOINE.

Le procureur général près la Cour royale de Paris :

Expose que, par arrêt du 14 janvier 1825, la Cour a ordonné la mise en accusation et le renvoi devant la Cour d'assises du département de la Seine pour y être jugé conformément à la loi,

De Louis-Auguste Papavoine, âgé de 41 ans. . . . .

. . . .

Déclare le procureur général que des pièces et de l'instruction résultent les faits suivans :

Le 10 octobre dernier, deux jeunes enfans de l'âge de 5 et 6 ans furent poignardés aux côtés de leur mère, pendant qu'elle les promenait dans le bois de Vincennes.

L'assassin fut arrêté presque sur-le-champ.

C'était Louis-Auguste Papavoine.

Papavoine, âgé de quarante et un ans, a reçu une éducation soignée : fils d'un fabricant de draps établi à Mouy, il se destina de bonne heure à la carrière des emplois dans l'administration de la marine. Placé, en 1804, en qualité de commis extraordinaire, il fut embarqué successivement à bord de plusieurs vaisseaux de l'État, avec lesquels il fit diverses courses maritimes. Nommé ensuite commis de deuxième classe, puis quartier-maître, puis commis de première classe, il devint enfin, en 1818, commis de première classe en exercice au port de Brest. Ces différens emplois entraînaient des maniemens de fonds et une comptabilité assez étendue; on doit ajouter qu'il les a toujours remplis avec zèle, et que jamais ses chefs n'ont eu à lui reprocher d'inexactitude. Mais en tout temps Papavoine s'était fait connaître comme un homme dont les mœurs étaient peu sociables; il fuyait avec affectation ses camarades, il paraissait sombre et mélancolique; on le voyait souvent se promener seul, et il choisissait de préférence les lieux solitaires. Jamais on ne lui a connu de liaisons intimes, ni même aucune de ces faiblesses qu'explique la fragilité humaine, quoiqu'avec juste raison la religion et la morale les condamnent; jamais il ne communiquait ses pensées à autrui. Cependant, sous les rapports qu'exigeaient ses fonctions, on avait trouvé toujours ses idées pleines de justesse et de convenance.

Au mois de décembre 1823, le sieur Papavoine père vint à décéder : il avait conservé son établissement de Mouy, mais il laissait à sa veuve et à son fils ses affaires commerciales dans le plus grand désordre. Cependant Auguste Papavoine sollicita de ses chefs, et obtint, dans cette occasion, un congé; il se rendit auprès de sa mère, et jugeant que celle-ci serait hors d'état de continuer l'exploitation de leur manufacture, il se détermina à demander sa retraite. Il obtint aussi une petite pension. Elle fut liquidée à la somme de 360 francs. En conséquence il s'établit à Mouy. Jusqu'alors la manufacture qu'il possédait avait eu le privilége de faire des fournitures pour l'habillement des troupes. Mais peu de temps après, l'administration de

la guerre refusa de renouveler ses marchés, et par ce
refus les affaires de la famille Papavoine se trouvèrent
dans une situation fort critique. Dès ce moment Papavoine parut se repentir d'avoir abandonné son emploi ;
il fit même des démarches pour y rentrer. Ces démarches ont été infructueuses. Les contrariétés qu'il
éprouva dans cette occasion influèrent, à ce qu'il paraît, sur ses mœurs, au point que sa mère profita d'un
prétexte pour ne plus prendre ses repas en même
temps que lui, quoiqu'ils vécussent sous le même toit
et au même feu.

C'est dans cet état de choses que, dans les derniers
jours du mois de septembre dernier, Papavoine préten-
dit qu'il était malade ; un médecin fut appelé auprès de
lui. Ce médecin, ayant reconnu qu'il avait quelques
symptômes de fièvre, lui conseilla de prendre un vo-
mitif et de faire un petit voyage. En effet, il prit le
remède qui lui avait été indiqué. Il éprouva du soulagement et il se rendit à Beauvais, où il arriva le
2 d'octobre. Il devait trouver dans cette ville des parens et un sieur Branche avec lequel il avait des
relations commerciales. Il paraît qu'il se conduisit envers ces personnes d'une manière conforme à ses habitudes. Cependant sa mère leur avait écrit quelques
mots qui semblaient manifester de certaines inquiétudes, et ces personnes se sont rappelées depuis qu'il
leur avait adressé une question bizarre relativement à
la mort de son oncle et de son frère décédés depuis
long-temps.

Le 3 du même mois d'octobre, et par conséquent
le lendemain de son arrivée à Beauvais, Papavoine,
qui était toujours en réclamation auprès de l'adminis-

tration de la guerre pour le renouvellement de ses marchés, reçut inopinément de sa mère deux de ses soumissions qui avaient enfin été agréées par le ministère de la guerre.

Mais ces soumissions avaient besoin d'être régularisées, et il se détermina à se rendre aussitôt à Paris. Il y arriva le 6, après avoir emprunté quelque argent pour faire la route. Il emportait avec lui ceux de ses effets qu'il avait pris à Mouy pour son voyage de Beauvais; ils ne suffisaient pas pour un plus long voyage; il écrivit à sa mère pour qu'on lui en envoyât d'autres. Il est à remarquer qu'il avait compris parmi les premiers deux couteaux de table aigus et non fermans.

Il descendit à l'hôtel de la Providence, situé rue Saint-Pierre-Montmartre, et il se rendit immédiatement chez des négocians, fort honorables ses correspondans, auxquels il remit ses nouveaux marchés, afin qu'ils prissent la peine de les soumettre à la formalité du timbre. Depuis cette démarche jusqu'au dimanche suivant 10 octobre, il paraît que Papavoine a vécu fort isolément, puisqu'on n'a trouvé, malgré les plus scrupuleuses recherches, aucune trace des relations qu'il aurait eues. Cependant il est constant que ce même jour il sortit de grand matin, qu'il rentra vers neuf heures à l'auberge où il était descendu, qu'il demanda son déjeûner, et qu'il manifesta une grande impatience à être servi. Il sortit de nouveau après un léger repas, et il se dirigea vers Vincennes.

Le même jour et presqu'au même instant, mais dans un autre quartier de Paris, une demoiselle Malservait, marchande de modes, recevait la visite d'un sieur Fournier, avec lequel elle avait eu jadis un commerce fort intime. Il paraît que ce commerce avait cessé ; mais ils continuaient à se voir. Le sieur Fournier même donnait de temps à autre quelques secours à cette fille, qui n'était pas dans l'aisance. Ce jour Fournier entra chez elle, comme il y entrait de temps à autre ; il lui dit qu'il allait chez son frère à Alfort. La demoiselle Malservait qui, selon elle, n'avait pris l'air de long - temps, lui proposa de l'emmener. Il ne voulait pas la conduire chez son frère, ils convinrent qu'ils partiraient de Paris ensemble, que la fille Malservait irait se promener à Vincennes pendant que Fournier irait à Alfort, et qu'ils se rejoindraient à une heure donnée dans un café de Vincennes qu'ils se désignèrent.

Du reste, il est établi que la demoiselle Malservait n'a jamais connu Papavoine, et qu'elle n'a eu ni directement ni indirectement, avant ce jour, aucune relation avec lui.

D'un autre côté, également le même jour et à la même heure, une demoiselle Hérein, conduite par une malheureuse fatalité, se transporte elle-même à Vincennes.

La demoiselle Hérein est âgée de vingt-quatre ans, elle est fille du portier de l'intendance militaire ; elle demeure avec ses père et mère dans la rue du Bac. Depuis l'année 1815, cette jeune personne avait fait la connaissance du sieur Gerbod fils. Une liaison intime s'est établie entre eux, et deux enfans du sexe masculin, âgés l'un de cinq ans et l'autre de six, en avaient été le fruit.

Gerbod fils, qui avait reconnu ces enfans, avait depuis long-temps manifesté l'intention d'épouser la demoiselle Hérein; mais son père s'était constamment opposé à cette union.

Le sieur Gerbod père a eu pendant beaucoup d'années un établissement considérable de charronnage; il paraît qu'à l'aide de ses travaux et d'une honnête industrie, il est parvenu à acquérir une sorte d'opulence, et l'on conçoit que ce père de famille se soit refusé à marier son fils avec une personne sans fortune et déjà devenue mère de deux enfans sous les yeux de ses parens, qui souffraient son mauvais commerce avec Gerbod fils. La répugnance du père se conçoit d'autant mieux, que c'était à cette époque même qu'il venait d'abandonner à ce fils, de la manière la plus avantageuse, son vaste établissement. D'ailleurs il avait d'autres projets, qui, à la vérité, ne purent avoir de suite, soit à cause des refus du jeune homme, soit à cause de la reconnaissance faite par celui-ci de ses deux enfans naturels. Cependant, et nonobstant un acte respectueux signifié, et une scène assez vive entre la demoiselle Hérein et la famille Gerbod, la bonne intelligence ne s'est pas sérieusement troublée entre le père et le fils. Aucune relation, aucun rapprochement n'ont jamais existé entre Papavoine et les familles Gerbod et Hérein.

Les jeunes enfans dont il est question avaient été mis en pension à Vincennes.

La demoiselle Hérein, comme cela a été dit plus haut, se rendit le dimanche 10 octobre auprès d'eux. Déjà d'une part Papavoine, et de l'autre la fille Malservait, se dirigeaient vers le même lieu. Ils s'y trouvaient tous les trois à dix heures.

La demoiselle Malservait entra dans la boutique de

la dame Jean, elle se fit servir un verre de liqueur. Dans le même moment Papavoine a été vu s'arrêter auprès de cette boutique et suivre la demoiselle Malservait dans le bois. Il était vêtu d'un pantalon noir, et d'une redingotte bleue boutonnée depuis le haut jusqu'en bas.

De son côté, la fille Hérein, accompagnée de ses enfans, se promenait dans les allées de Vincennes.

La demoiselle Malservait avait rencontré la demoiselle Hérein ; elle demanda à cette dernière la permission de faire quelques caresses à ses enfans ; Papavoine passa près d'elles, ôta son chapeau et les salua. Il continua sa route. La demoiselle Malservait se dirigeant du même côté l'atteignit, et Papavoine, lui adressant la parole, lui dit : *Connaissez-vous les enfans que vous venez d'embrasser ?* à quoi elle répondit : *On peut faire des caresses à des enfans qu'on ne connaît pas.* Papavoine s'éloigna ; c'est alors, à ce qu'il paraît, qu'il conçut l'épouvantable pensée qu'il exécuta peu d'instans après. Il se transporta dans la boutique de la dame Jean, il demanda un couteau. La dame Jean n'avait que des couteaux assortis par douzaine. Papavoine ne voulut pas prendre la douzaine entière. Il obtint qu'on en détachât un qui était en tout semblable de forme, de mesure et de proportion aux autres, en offrant de le payer un peu plus cher qu'on ne l'aurait vendu s'il l'avait été avec les onze autres. Le couteau lui fut livré, puis Papavoine retourna dans les allées du bois où les enfans se trouvaient encore. La fille Malservait n'était plus dans ces allées ; elle était partie pour se rendre au café convenu avec Fournier. Il était alors 11 heures et demie. Papavoine aborda la demoiselle Hérein ; il avait la figure pâle, sa voix était troublée : *Votre promenade a été bientôt faite*, dit-il à la mère, et se baissant comme pour embrasser l'un des enfans, il lui plongea son couteau dans le cœur. Aux cris de son enfant, la demoiselle Hérein, quoiqu'ignorant encore l'étendue de son malheur, frappa Papavoine avec un parapluie qu'elle tenait à la main ; le parapluie atteignit le chapeau de cet homme, et y a laissé une trace qui a été remarquée depuis. Pendant que la malheureuse mère s'occupait de cette première victime, Papavoine plongea son couteau dans le cœur de l'autre enfant, s'enfuit à pas précipités, et s'enfonça dans le taillis.

La demoiselle Hérein, se livrant à un désespoir qu'il est facile de comprendre, appela du secours : plusieurs personnes accoururent ; elle leur signala l'assassin par la forme, la couleur de ses habits, et par des signes non équivoques ; quelques-unes se souvinrent de l'avoir aperçu peu de temps auparavant. On fit de vains efforts pour rappeler à la vie les deux malheureux enfans. Mais chacun s'empressa, avec le zèle le plus louable, de prendre des mesures pour saisir l'auteur du crime. Les portes du bois de Vincennes furent fermées, et la gendarmerie royale, aidée par les militaires de la garnison, se mit en devoir de fouiller le bois.

Pendant ce temps la demoiselle Malservait fut arrêtée. La prudence exigeait cette mesure, dès qu'on était convaincu qu'elle avait été suivie par l'auteur du crime, qu'elle l'avait suivi elle-même et qu'elle lui avait parlé peu de minutes avant l'événement. Mais

ces indices, tout forts qu'ils étaient, n'ont pas amené
de preuves de culpabilité à sa charge, et elle a été rendue depuis à la liberté.

L'autorité locale, poursuivant ses recherches, décou-
vrit bientôt l'acquisition du couteau faite chez la dame
Jean. Les indications fournies par cette dame sur le
signalement de l'individu qui l'avait acheté se trouvèrent d'accord avec ce qu'avait déjà déclaré à cet
égard la demoiselle Hérein. La dame Jean avait en
outre remarqué que cet individu avait un crêpe à son
chapeau, et que ce crêpe était retenu d'une manière
particulière et avec une boucle.

Enfin, vers midi, un gendarme rencontra, dans une
allée parallèle à celle où le crime avait été commis, et
séparée de celle-ci par un taillis considérable, un individu qui causait avec un militaire. Le signalement
donné par la demoiselle Hérein s'appliquait sous tous
les rapports à cet homme; le gendarme le somma de
le suivre. Il ne fit aucune résistance; mais il objecta,
avec l'apparence du calme, qu'il n'avait rien à se reprocher, et que peut-être son arrestation ferait perdre
les traces du véritable coupable. Cependant le militaire qui était avec lui ayant déclaré que quelques
minutes auparavant il était sorti du taillis; qu'il lui
avait demandé les moyens de quitter Vincennes; qu'il
l'avait remarqué examinant ses habits avec une grande
attention, comme pour s'assurer qu'il n'y existait aucune tache, et qu'il l'avait même questionné sur le fait
de savoir s'il n'avait pas la figure *barbouillée*, c'en
fut bien assez pour déterminer le gendarme à l'arrêter. En conséquence il fut conduit dans la maison
où la demoiselle Hérein s'était retirée; et confronté

avec cette dernière, elle s'écria au premier abord :
C'est le monstre qui a tué mes enfans!

La dame Jean le reconnut aussi pour lui avoir vendu le couteau dont on a parlé.

Plusieurs témoins dirent également l'avoir aperçu dans les allées de Vincennes peu avant l'exécution du crime.

Ce particulier repoussa avec autant de calme que d'adresse ces accusations. Il déclara se nommer Papavoine. C'était lui-même en effet.

On s'occupa de l'autopsie des cadavres des deux jeunes victimes. Il fut reconnu que leur mort avait été le résultat instantané de coups d'un instrument dont la forme ressemblait à celle d'un couteau. La dame Jean fournit un des onze couteaux restant de la douzaine dans laquelle avait été pris celui qu'elle avait vendu à Papavoine, et ce dernier, appliqué sur les plaies, s'y adaptait parfaitement.

Conduit devant M. le juge d'instruction, et interrogé par ce magistrat, Papavoine chercha dans ses réponses à repousser l'accusation dirigée contre lui; il combattit, et s'efforça d'expliquer toutes les circonstances qui lui étaient rappelées; et sa défense prouve non-seulement la rectitude et la clarté de ses idées, mais encore une habileté véritable et peu commune. Il suivit le même système depuis le 10 octobre, jour de son arrestation, jusqu'au 13 novembre. Mais à cette dernière époque, accablé par l'évidence des preuves, et sentant qu'il s'était, par ses dénégations absolues, frayé la plus dangereuse de toutes les routes, il prit le parti de développer avec beaucoup d'adresse un nouveau système.

Il commença par déclarer qu'il avait de grandes ré-vélations à faire.Mais il y mit pour condition qu'il serait entendu par deux augustes princesses, dont le respect dû à leur sang, comme à leur sublime bonté, ne permettait pas plus que nos formes criminelles qu'on affligeât leurs regards de l'aspect d'un coupable aussi atroce. Cette demande lui fut donc refusée. Il la restreignit ensuite à la faveur de paraître devant une seule des deux princesses. Nouveau refus. Il parut alors se déterminer à parler. Il se reconnut coupable de l'assassinat des deux enfans : mais comme si ce n'était pas assez de scélératesse, il annonça qu'il s'était trompé en donnant la mort aux deux enfans de la demoiselle Hérein, et que son intention, mille fois plus condamnable encore, avait été, en égorgeant deux enfans bien autrement précieux, de plonger la France entière dans le désespoir et la douleur.

Cette horrible explication, démentie par la vraisemblance, par les faits et même par les opinions politiques de Papavoine, n'a trompé personne. On n'a vu en elle que la base du nouveau système de défense adopté par l'accusé, et développé ensuite par lui avec une barbare habileté, pour donner à croire sans doute qu'il est atteint d'une démence furieuse.

En effet, à peu près à la même époque il demandait à des prisonniers de lui procurer un couteau bien pointu, se levait pendant la nuit et feignait d'en chercher un. Un autre jour, il tentait de mettre le feu à son lit. Enfin, le 17 novembre, étant dans la prison, il se saisit avec violence d'un couteau qui était entre les mains d'un prisonnier, et il frappa avec cette arme un jeune homme nommé Labiey, qui ne lui avait donné aucun sujet de plainte. Les personnes présentes l'empêchèrent heureusement de consommer ce nouveau crime, qui cependant a eu pour résultat des blessures assez graves.

Ainsi cet homme a fourni l'exemple, heureusement fort rare, d'un accusé qui cherche dans de nouveaux crimes la justification d'un premier attentat.

Après avoir rendu compte des faits de cette déplorable affaire, il resterait à bien assigner les motifs, les intérêts ou les passions qui ont pu déterminer Papavoine à commettre les crimes dont il s'est souillé.

Et c'est ici que la tâche devient difficile.

Papavoine est-il le seul coupable, ou bien a-t-il des complices, des suggesteurs, et n'est-il qu'un instrument?

Diverses hypothèses ont dû se présenter à l'esprit; et la justice, dans son devoir d'explorer la vérité et dans la direction de ses recherches, les a toutes épuisées.

La cause commune des crimes est l'intérêt.

Quel intérêt a-t-on pu avoir d'égorger deux pauvres enfans naturels?

Si Papavoine n'est qu'un instrument, qui l'a mis en œuvre?

Est-ce la famille Gerbod, puisqu'il ne faut reculer devant aucune supposition, qui a ordonné leur mort pour empêcher un mariage qu'elle ne voulait pas?

Mais d'abord cette coalition de toute une famille pour commettre un grand crime n'est pas moralement possible. La perversité humaine n'est sans doute pas trop malheureusement un miracle. Mais ce serait un vrai prodige qu'un père, deux filles et deux gendres, se réunissant pour faire assassiner deux bâtards de son fils et de leur frère. Le concours fortuit de cinq pareils scélérats se trouvant ainsi placés, par hasard, à côté les uns des autres, dans une seule famille, n'est pas dans la marche commune de la nature. N'est-ce qu'un seul membre de cette famille qui aura inspiré et salarié le crime? mais voici d'autres difficultés. Sur qui fixera-t-on les soupçons? Sur le père? on ne le connaît que sous des rapports honorables. Il était opposé au mariage inconvenant de son fils : cela est vrai. Un bon père pouvait répugner à un mariage disproportionné pour la fortune. Un ami des mœurs pouvait répugner à un mariage qui avait commencé par la débauche, et même à une alliance avec une famille qui, pauvreté à part, paraissait peu estimable, puisqu'elle souffrait que sous ses yeux une jeune fille entretînt un commerce illégitime , et devînt mère *deux fois*. Porterait-on les soupçons sur l'une des filles ou sur l'un des gendres? Mais où était, après tout, leur grand intérêt de tuer ces deux enfans? Empêcher le mariage? Pourquoi? Que leur faisait que leur frère épousât cette fille ou une autre? Gerbod fils avait vingt-neuf ans. On ne peut prêter à ses sœurs le calcul d'hériter de lui. Et d'ailleurs, pour empêcher le mariage, à qui cette horrible pensée eût pu venir, l'égorgement des enfans était bien inutile. La mère vivait toujours. C'était la mère qu'il eût fallu tuer.

Ensuite, et malgré l'exactitude la plus sévère des perquisitions, on n'a pu se procurer le moindre adminicule de preuve ou même de vraisemblance que la famille Gerbod ou personne de cette famille ait trempé dans le crime.

Enfin et de plus, pour aposter Papavoine, il eût fallu le connaître. On n'a pas découvert entre la famille Gerbod et lui le moindre rapport, le moindre contact. Ils sont étrangers l'un à l'autre ; ils ne se connaissent pas ; ils ne se sont jamais vus. Personne ne les a ni vus, ni rencontrés ensemble. Papavoine n'est arrivé que le 6 octobre à Paris ; il a commis son crime quatre jours après. Comment, en moins de quatre jours, la famille Gerbod, ou les membres de cette famille qui auraient été les instigateurs du forfait, auraient-ils découvert Papavoine, se seraient-ils confiés à lui, l'auraient-ils déterminé à commettre le meurtre, auraient-ils combiné toutes les mesures qui devaient le consommer ? Il y a absurdité dans la supposition.

Si ce n'est pas la haine de la famille Gerbod qui a produit le crime et armé le criminel, est-ce la cupidité ?

Mais à quoi pouvait se prendre la cupidité ?

La mort des deux bâtards de la fille d'un portier et d'un garçon de vingt-neuf ans ne pouvait ni importer à personne, ni produire de bénéfice à personne.

Etait-ce jalousie ou rivalité d'un amant secret de la mère, ou d'une maîtresse ignorée du père ? Gerbod et la demoiselle Hérein paraissent être dans la plus profonde sécurité sur leur fidélité et leur passion réciproques ; et pas le moindre indice n'est venu faire douter que cette sécurité ne soit pas bien fondée.

Etait-ce enfin vengeance ? Ils ne se connaissent pas un ennemi, et ils conviennent eux-mêmes qu'ils ne sauraient sur quels faits ni sur quelle base asseoir une pareille conjecture.

Dans tous les cas, et à quelque de ces suppositions

qu'on crût devoir accorder quelque créance, resterait
toujours l'invraisemblance, l'impossibilité, l'absurdité
même d'admettre qu'en quatre jours cet ennemi forcené (quel qu'il fût) du père, de la mère et des enfans, quel que fût son mobile, rage, haine, vengeance
ou cupidité, ait pu, par une révélation bien extraordinaire, savoir qu'il y avait un homme qu'il ne connaissait pas, qu'on appelait Papavoine, qui, par sa position sociale et son éducation, n'était pas un sicaire,
et pourtant portait en lui-même assez de férocité pour
égorger deux enfans; l'attendre à la descente de la
voiture, entrer sur-le-champ en négociation avec lui,
le corrompre sur-le-champ, et sur-le-champ le déterminer à commettre sans retard un si monstrueux assassinat?

Si Papavoine n'a pas de complices, quel a pu être à
lui-même son propre mobile?

Il a osé s'en donner un qui fait frémir. Vaincu par
les preuves, et ne pouvant échapper à une funeste évidence, il a voulu *décorer* son forfait en le retirant de
l'ignobilité des simples assassinats, pour le relever jusqu'à la dignité des forfaits politiques. Tel fut en effet,
pendant quelque temps, le funeste effet des mauvaises doctrines trop audacieusement professées, qu'elles
étaient parvenues presque à ennoblir les crimes dans
les jugemens faussés, et qu'on rougissait plus des mauvaises actions qui s'attaquaient à un seul individu, que
de celles qui menaçaient la société d'un bouleversement
général. Papavoine a donc pensé qu'en donnant au
massacre des deux enfans une couleur politique, il at-
ténuerait l'horreur qu'il devait inspirer, sans faire attention qu'il confondait le passé avec le présent, et

qu'il en appelait à des passions heureusement éteintes enfin dans cet amour monarchique qu'ont recréé la sagesse et la justice de deux règnes.

Tout, au surplus, a démenti cette infâme explication de son forfait.

Les Séides et les Erostrates ne le deviennent pas en un jour.

Il a existé un de ces fanatiques qui, une fois, a couvert la France de deuil. On ne savait pas à l'avance qu'il méditait son crime; à l'avance, on savait qu'il était en état de le commettre. Dès son enfance, il ne nourrissait son esprit que de lectures corruptrices. Les plus mauvais ouvrages d'une secte impie et désorganisatrice lui plaisaient davantage : il avait suivi avec amour toutes les phases de la révolution. La dernière de toutes, celle qui avait élevé le despotisme sur les débris des rêveries philosophiques, le transportait de bonheur. Toujours sa bouche s'ouvrait pour louer avec emphase le dévastateur du monde. On ne prononçait pas le nom de ce dernier devant son humble adorateur, que son œil n'étincelât de plaisir. Son imagination s'allumait en parlant de ses faits d'armes. Une fois il avait entrepris, pour aller le servir, le voyage de son île d'Elbe. C'était un fanatisme, une incandescence, une adoration de tous les momens; et quand on connut le crime de ce misérable enthousiaste, personne ne fut surpris de lui avoir vu sacrifier une si grande victime à celui dont il avait fait son Dieu. Les antécédens expliquèrent ce qui avait suivi.

Mais ici rien de pareil.

Papavoine n'a reçu dans son éducation que de bons principes.

Sa mère et sa famille sont royalistes et pieuses.

Jamais il n'a laissé échapper une seule parole qui décèle l'amour et le regret du passé.

Il ne s'occupait pas de politique, ou ne s'en occupait que pour agir comme tous les hommes de bien.

Une seule fois, l'année dernière, il pressa sa mère de lui céder sa cote d'impositions pour lui conférer la qualité d'électeur, et ce droit il l'exerça consciencieusement et dans le sens monarchique.

Il se ment donc aujourd'hui à lui-même, il ment à sa probité passée, à la vérité et à la vraisemblance, en s'accusant d'opinions qu'il n'eut jamais, et d'intentions qui ne sont pas, qui ne peuvent pas, d'après toutes les données humaines, être les vraies intentions de son crime.

Quelles furent-elles donc? Et pourrait-on supposer que son action est le résultat d'une affreuse démence?

C'est sûrement ce qu'a voulu et ce que veut encore aujourd'hui faire croire Papavoine.

C'est pour faire croire à la démence qu'il se proclame plus scélérat encore qu'il ne l'est.

C'est pour faire croire à sa démence qu'il a tenté de commettre un second meurtre, sans cause et sans intérêt.

Mais ses efforts à cet égard sont vains encore, et l'on n'a pu retrouver dans l'instruction aucun fait qui donne lieu de penser que sa raison ne soit pas en général dans la mesure de celle des autres hommes.

Loin de cela, ses interrogatoires sont de vrais chefs-d'œuvre de dialectique, de lucidité d'idées et de suite dans les raisonnemens.

Il suffit de le lire, il suffit aussi de le voir et de l'entendre pour rester convaincu que Papavoine n'est pas un être désorganisé ; qu'il est un homme qui pense, parle, agit comme un autre ; qui a des lumières comme un autre, qui a suffisamment de raison, quand il veut la consulter, pour en être éclairé comme un autre.

Il se peut bien sans doute que cette raison ne soit pas toujours la plus forte, comme il arrive chez les autres hommes, contre les passions. Il se peut bien qu'il y ait dans le secret de son organisation triste, sombre, atrabilaire, quelque vice horrible, quelque instinct de férocité native, quelque goût de cruauté bizarre, quelqu'affreux caprice de misanthropie poussée jusqu'à une sorte de rage contre les individus plus heureux que lui, et que, semblable à bien d'autres penchans vicieux propres à l'espèce humaine, et dont elle ne triomphe qu'avec des combats et de la force de volonté, cette disposition diabolique, comme naguère on l'a vu d'un autre misérable du même caractère (Léger *), l'ait entraîné à se livrer à une barbare soif de sang d'autrui, et à assouvir une jalousie forcenée du bonheur de ses semblables. Et peut-être serait-ce là qu'il faudrait aller chercher l'explication de son crime.

Peut-être aussi son action est-elle le résultat de quelque épouvantable mystère que n'a su découvrir, malgré les efforts soutenus de leur zèle, la sagacité des magistrats.

* Condamné en 1824 à la peine de mort, par la Cour d'Assises de Versailles, pour avoir dévoré une jeune fille.

Mais tout cela deviendrait trop conjectural, et la justice n'a pas besoin de plonger dans les abîmes du cœur humain.

Tout ce qu'elle a besoin de connaître est prouvé.

Le crime est constant. Les cadavres des deux malheureux enfans sont là.

Le coupable est convaincu. Les preuves l'accablent. Ses aveux confirment les preuves.

La loi est là qui prononce sur le sort de ceux qui par cupidité, ou par jalousie, ou par vengeance, ou par instinct de férocité, se baignent volontairement dans le sang des hommes.

Il est permis d'être incertain sur la vraie cause du crime. On ne saurait l'être sur le crime même.

Le reste est entre Dieu et la conscience du coupable.

La justice humaine en sait assez pour défendre la société.

En conséquence Louis-Auguste Papavoine est accusé :

1° D'avoir, le dix octobre mil huit cent vingt-quatre, **commis volontairement, avec préméditation et de guet-à-pens, un homicide sur les personnes des deux enfans Gerbod** ;

2° D'avoir, le dix-sept novembre dernier, commis volontairement et avec préméditation une tentative d'homicide sur la personne du nommé Labiey, laquelle tentative, manifestée par des actes extérieurs et suivie d'un commencement d'exécution, n'a manqué son effet que par des circonstances indépendantes de la volonté de son auteur.

Crimes prévus par les articles 2, 295, 296, 297, 298, et 302 du Code pénal.

Fait au parquet de la Cour Royale de Paris le 22 janvier 1825.

FIN DU TOME CINQUIÈME.

ACTES D'ACCUSATION.

FIN DE LA TABLE DES MATIÈRES.